躺著讀世界史 II

日本現代知識巨人 出口治明 著

陳心慧、郭清華、黃琳雅 譯

自序

我之所以萌生撰寫五千年史的念頭，原因之一，是因為在長達二十萬年的人類歷史中，距今五千五百年到五千年前起，才開始留下文字資料。若以繪畫或考古遺跡為基礎來思考，容易流於用已知的事物去推測其他同類事物，相較之下，以文字傳遞的資訊量更為龐大。這些文字記錄了當時人們生活、思考的證據，因此我認為以文字為基礎來探討歷史，是深具意義的。

有些人對古代歷史沒興趣，認為現代史才重要。然而我的想法是，如同人類從嬰兒成長為大人一般，時代也並非一轉眼就變成現代的。唯有學習長久累積至今的歷史，我們才能創造美好的新時代。

「哈利卡那索斯（Ἁλικαρνασσός）出身的希羅多德（Herodotus）因為擔憂人世間發生的事情會隨著時間流逝而為世人所遺忘，就連希臘人或異邦（barbaroi）所為之偉大且令人驚嘆的種種事蹟（尤其是導致兩者陷入交戰局面的背景成因），也終將無人知曉，是以親自進行研究調查，並根據其結果撰寫本書。」（《歷史（上）》希羅多德著，松平千秋譯，岩波文庫）

我認為這段話的含意，是「人類是一種無可奈何的動物，總是重蹈覆轍。我把自己在世界各地的所見所聞與調查結果記錄下來，希望你們透過這些紀錄好好學習，好變得聰明一點」。這段話已經完全闡明了學習歷史的意義。

這本書的原書名是《*Historiai*》，意為「探究」。希羅多德認為人類的足跡必須透過走遍世界各地來調查，歷史已經不只是希臘一國的東西，它存在於各國的關係之中。

我們無法只透過分析眼前的現象來理解歷史事件，因為倘若對整體沒有通盤的了解，亦無法掌握部份所代表的意義。換言之，日本史或中國史並非獨立存在於人類歷史中，全人類只有一個獨一無二的歷史（本書將其稱為五千年史），各地區的歷史都存在於這個大框架之下。

另外，我們都很熟悉將耶穌基督誕生的年份（其實是西元前四年左右）視為西元（AD）元年。AD是拉丁語的Anno Domini（主的年份），若以英語表達，則是in the year of our Lord。而在這之前的時間稱為西元前（BC，Before Christ），以倒數的方式計算。然而自從人類出現以來，時間的洪流宛如大河般奔騰至今，既不曾停下，也不曾倒流。

本著這樣的想法，我試圖將文字發明至今這五千年的歲月視為一道巨流來細細端詳。本書將這五千年區分為五個千年來記述，同時避免使用大眾較不熟悉的詞彙（例如將英國稱為聯合王國，將荷蘭稱為尼德蘭）。

我並非歷史專家，這本書充其量只是一個喜愛歷史的市民出自興趣而撰寫的。但即使如此，我依然力求正確。倘若各位在讀完本書後能對歷史產生興趣，那將是我最大的喜悅。恭候各位讀者的感想與意見。

來信請寄到：hal.deguchi.d@gmail.com

最後，本書能得以問世，全都要歸功於新潮社的內山淳介先生，以及將我拙澀的言詞化為洗練文章的小野田隆雄先生。我在二〇一三年接受採訪，現在他們將訪談內容整理為這本書。在此我要向兩位致上最深的謝意。

出口治明

二〇一五年十二月　盼望有一天能撰寫「詳說五千年史」

第四部　第五千年紀前半＝西元1001至1500年

第五章　文藝復興時期（Quattrocento）……18

第五部　第五千年紀後半＝西元1501至2000年

第一章　亞洲四大帝國與宗教改革，及新大陸時代

第二章 亞洲四大帝國極大化，路易十四君臨歐洲……104

第三章 產業革命與法國大革命的世紀 150

第四章 歐洲初掌世界霸權

第五章 兩次世界大戰

第四部

第五千年紀（前半）

AD 1001 —— AD 1500

（承上冊）

第五章　文藝復興時期（Quattrocento）

「Quattrocento」是義大利語，是「一四〇〇年代的世紀」的意思。在藝術學上，Quattrocento 是義大利文藝復興時代的同義詞。十五世紀是義大利的光榮世紀，文藝復興便是那個世紀的代表性事件。

十五世紀前三十年左右的鄭和大艦隊，是中國在海上最後輝煌時代的象徵。但這支艦隊卻因為要修補萬里長城而被廢除，印度洋於是成為權力的空白地帶，等待不久之後造訪的葡萄牙船隻。

此時歐亞大陸中央的帖木兒王朝勢力最強大，但不久後就開始衰微，印度地區出現了獨立的普什圖人的洛迪王朝，波斯的黑羊王朝、白羊王朝等突厥系王朝。在俄羅斯地區的欽察汗國勢力也逐漸衰落，莫斯科大公國成立了。在俄羅斯西邊的鄂圖曼王朝，終於消滅了超過一千五百年歷史的羅馬帝國。而白羊王朝又與鄂圖曼王朝爆發衝突，騎兵部隊首次敗給了步兵與鎗砲。

而歐洲這邊，英格蘭與法國的百年戰爭結束了。德國的哈布斯堡家族取得天下，諸侯分立的局面大致固定了。另外，義大利佛羅倫斯的麥第奇家族崛起，科西莫精明地掌握了權力，他的孫子羅倫憑藉著優秀的才華與外交手腕，築出佛羅倫斯藝術上的黃金時代，讓義大利的文藝復興運動開花結果。

在伊比利半島上，葡萄牙的航海王子恩里克南下大西洋，獲得了撒哈拉以南非洲的金子，葡萄牙變成富裕的國家。大約與此同一時期裡，亞拉岡與卡斯提克合併為一國，消滅了伊斯蘭的納斯里王朝，完成收復故土的運動。

此時哥倫布抵達新大陸，拉開了新時代的序幕。大西洋航路的開闢終結了地中海時代，變成面對大西洋的國家掌握霸權的時代。

1　帖木兒之死與永樂帝即位

十五世紀一開始，從遠征印度返回西方的帖木兒朝著安那托利亞半島前進。鄂圖曼王朝的巴耶塞特一世在現在土耳其共和國首都之地的安卡拉一帶，迎擊帖木兒的軍隊。但巴耶塞特一世轉眼之間就被帖木兒擊敗（一四〇二年的安卡拉之戰）。從這一戰就可以看兩者在將領才能上的差異，巴耶塞特一世確實比不上帖木兒，巴耶塞特一世甚至還在這一戰中被帖木兒俘虜。

鄂圖曼王朝也因為這一戰而暫時滅亡，約莫過了十年後，才由穆罕默德一世再興。同樣的一四〇二年，中國明朝的永樂皇帝打敗了建文皇帝，即位為明朝的第三代皇帝。

帖木兒在打敗了鄂圖曼王朝後，沒有後顧之憂地接收了幾乎是原本蒙古帝國的所有領土，除了大元兀魯思外。接著，他為了征服明朝，離開國都撒馬爾罕，向東前進。然而把建立世界帝國為目標的帖木兒，畢竟不敵年齡的限制。西元一四〇五年，帖木兒在越過錫爾河後，病歿於訛答剌。奔波於戰場與首都建設之間的帖木兒，結束了六十九年的生涯。曾經被蒙古軍破壞，在帖木兒手中重建起來的撒馬爾罕，今日仍然是藍色瓷磚閃耀著光芒的美麗城市。

帖木兒是戰爭的天才，若他沒有在六十九歲時病歿，他與永樂皇帝的戰爭會對歷史造成什麼樣的影響呢？勝利可能站在永樂皇帝這邊嗎？

2 從視忽必烈為學習對手，到鄭和艦隊的誕生

永樂皇帝是朱元璋的四子，在朱元璋的命令下，成為北平的守護者。生活在北平的他，無可避免地受到了忽必烈的影響。將北平改名為大都，進行了建設的忽必烈，其英雄性的一生，是北平街頭巷尾的傳說。

還有，永樂皇帝有篡位者的意識，他的帝位是從長兄的嫡子建文皇帝那裡奪來的。以當時的情況，他若不篡奪帝位，就有被殺的可能。永樂即位時，似乎曾經想抹去建文帝存在的所有紀錄。但那畢竟是不可能的事情。

中國的皇帝對篡奪帝位之事十分在意，這大概是受了孟子易姓革命理論的影響吧？「他皇位雖然是搶奪而來的，但那是他的天命，所以在政治上有很好的表現。」篡位者們希望得到的，便是後世之人的這種評價。所以他們特別賣力讓自己在政治上有出色的表現。唐朝的李世民（唐太宗）、宋朝的趙匡義（宋太宗），還有忽必烈，都是如此。不過，能夠篡奪正統皇帝的地位，正是他們是能力者的佐證。

也有相同背景的永樂皇帝當然會視忽必烈為學習對象。

忽必烈做了什麼事呢？忽必烈聯結了水路與陸路，也讓銀子成為流通的貨幣。然而明朝是禁止交易的國家，所以只有朝貢貿易。世界各國為了頌讚永樂皇帝的功德而來朝貢時，是不能使用現金（銀子）做交易的，所以永樂皇帝想出了不同於忽必烈的交易方式。事實上，當時來朝貢的國家使者不會空手回去，經常帶著數倍於朝貢物品的東西回去。

這就是永樂皇帝實行的政策。他派遣使者、官員藉由陸路、水路前往包括帖木兒王朝在內的各國，要那些國家來進貢。名留後世的伊斯蘭教徒官宦與鄭和的大艦隊，就是經由海路的永樂皇帝朝貢勸誘艦隊。

鄭和大艦隊的規模空前絕後

大艦隊的組建，活用了從宋朝傳承到大元兀魯思的造船技術與強大的航海能力。建造皇帝領銜的大艦隊，對有技術的造船工人來說，應該是無上光榮的事情吧！

紀錄上說這個大艦隊有六十艘以上的船隻，有兩萬八千名船員，主力艦（寶船）超過一千兩百噸（也有說超過兩千噸的），全長超過一百三十公尺，寬超過五十公尺。當時沒有比這個更大規模的船隻了。十六世紀前半的麥哲倫環球航行艦隊的船隻只有五艘，船員三百五十人；哥倫布的艦隊船隻只有三艘，船員八十八人，主力艦的全長是二十五公尺。

鄭和的大艦隊在一四三三年時就已七次往返於印度洋、阿拉伯海之間，遠達到麥加和非洲的肯尼亞、坦尚尼亞等地。

《永樂大典》、《四書大全》、《五經大全》

永樂皇帝在忽必烈的陰影下，拚命地想做一個了不起的皇帝。他消滅了在越南（安南國）篡位陳朝的胡朝，擴充了明朝的領土。

中國最大的類書（百科辭典）《永樂大典》，也完成於永樂皇帝時期（一四〇八

十五世紀的歐亞大陸與鄭和大艦隊的航線

年）。完成《永樂大典》的重要工程之一，就是抹消與「永樂皇帝是篡位者」相關的文字。另外，永樂皇帝還命人編纂、完成四書五經的注釋書《四書大全》與《五經大全》（一四一五年）。

四書是指大學、中庸、論語、孟子，五經指的是易經、書經、詩經、禮記、春秋。四書五經都是儒教的聖典。「大全」是由政府解釋聖典，做為科舉基準的官學書，是根據成為明朝官學的朱子學說編成。因此，後來清朝的有骨氣學者顧炎武便批評這兩本書，留下「《大全》出而經說亡」的名言。

皇帝掛名最前面，編纂了解釋四書五經基準的書。這是檢定教科書的極致之道，學者們面對這樣的書時，什麼話也不敢說了。因為對被稱為是「篡位者」之事耿耿於懷，所以永樂皇帝似乎是在利用出版事業統一、控制思想。這一點與忽必烈完全不同。

一四〇六年，出生於突尼斯的中世紀偉大歷史學者伊本·赫勒敦，留下名著《歷史緒論》去世了。《歷史緒論》成為鉅著《歷史》的一部份，以重視推動歷史的原動力「團體的團結意識」而有名。這本書以客觀的態度，敘述了人類社會的種種不同領域，是足以證明當時的伊斯蘭擁有進步學術的證據。

永樂皇帝建紫禁城，遷都北京

永樂皇帝為了驅逐北元，曾經五次親征蒙古高原。但這恐怕也是考慮到後世對自己的評價，而勉力為之的吧！

永樂皇帝即位後仍然住在北平，沒有搬到明朝的首都南京。一四二一年，北平的新宮殿完成了，永樂皇帝將北平改名為北京，把國都由南京遷移到北京。那時的新宮殿就是現在的中國故宮紫禁城。

一四二四年，永樂皇帝去世，不久後越南恢復獨立，出現了新的王朝——黎王朝（一四二八年—一五二七年）。

3 帖木兒王朝對歐亞大陸的影響

帖木兒王朝在帖木兒去世後，帖木兒的四子沙哈魯收拾了混亂局面，即位為新君（在位期間：一四〇九年—一四四七年）。沙哈魯與鄂圖曼王朝及明朝交換和平條約，把國都從撒馬爾罕遷到自己的根據地——阿富汗的赫拉特。此一時期是帖木兒王朝的鼎盛時期。

帖木兒入侵印度，攻佔了德里（圖格魯克王朝滅亡），帖木兒王朝的武將赫茲爾汗於一四一四年在德里建立了賽義德王朝。

因為赫茲爾汗以沙哈魯為宗主，所以沒有襲「蘇丹」的名號。因此印度（賽義德王朝）獨立，是赫茲爾汗的兒子木巴拉克．夏的時代。

帖木兒王朝因為印度獨立而領土縮小，但王朝內局勢反而變得安定，持續著和平的時代。當時統治舊首都撒馬爾罕的人，是沙哈魯的長子烏魯伯格。

沙哈魯過世後，烏魯伯格繼位，但兩年後就遭到暗殺，帖木兒王朝因此陷入撒馬爾罕與赫拉特兩個政權對立的狀態。

見到如此的情勢，帖木兒王朝的屬國之一黑羊王朝的傑汗．沙赫趁機獨立，脫離帖木兒王朝。

一四四六年，李氏朝鮮的第四代君主世宗制定了朝鮮的民族文字「韓文」。

4—瓦剌的也先，在土木堡之變時俘虜了明英宗

蒙古高原西部有一個叫做瓦剌的蒙古系遊牧民族。十五世紀時，這個民族出現了一位優秀的領導人，他就是也先。也先帶領部隊越過萬里長城，數度入侵明朝。而當時明朝的皇帝是永樂皇帝的曾孫——明英宗（正統帝）。

英宗被壟斷政治的宦官王振煽動，魯莽地倉促親自上戰場，結果卻於一四四九年在北京西北的土木堡大敗給也先，變成俘虜，成為漫長的中國史中唯一一位在戰場中被敵軍虜走的中國皇帝。

中國的歷史非常有意思，越是無能的皇帝在位時，越會出現能力強大的大臣。例如宋朝簽訂澶淵之盟時的宰相寇準。而明英宗時可以比擬為寇準的人，就是于謙。于謙原本就反對英宗親征，並且認為逃到南京（遷都南京）的話，明朝就等於滅亡了。於是在英宗被俘後，推舉英宗的弟弟為皇帝（景泰帝），繼續與也先對抗，抗戰到底，逼得也先最後不得不撤兵。

而被也先帶回瓦剌的英宗雖然是俘虜，但畢竟是一國之君，所以並沒有遭受粗暴的對待。也先很禮遇英宗，也與英宗成為朋友。一四五〇年，也先與明朝講和，把英宗送回北京。

于謙軟禁了被送回北京的英宗，不給英宗權力。然而代替英宗成為皇帝的景泰帝一

生病（一四五七年），服侍英宗的宦官與官員們聯手抬出英宗，殺了于謙。就這樣，明朝又回到英宗的時代。

也先是有能力虜走中國皇帝的實力者，自己即位為北元的可汗（瓦刺是構成北元的諸部族之一）。然而，隔年也先便被暗殺了，因為他不是成吉思汗的男系子孫。在中央歐亞大陸的遊牧民族世界裡有一個傳承，那就是成為遊牧民族盟主的人，一定要成吉思汗的男系子孫才可以。這種傳承就像伊斯蘭世界裡的，什葉派一定要有胡笙的血統，才能獲得伊瑪目（領袖）的認可一樣。

一四五四年也先被暗殺，瓦剌的勢力隨之瓦解，北元也陷入暫時分裂的狀態，直到一四八七年達延汗即位，才再度統一。

5 騎兵軍團敗給了步兵與槍械

印度方面，一四五一年，普什圖族的領導者巴赫魯爾．洛迪推翻了賽義德王朝，建立洛迪王朝。當時的印度以德里為中心，西北邊有洛迪王朝，德干高原有由圖格魯克王朝的德干總督建國，同樣是普什圖族人建立的巴赫曼尼王朝（一三四七年—一五二七年），而南方則有信奉印度教的毗奢耶那伽羅王朝，形成三國分立的局面。

波斯方面，黑羊王朝的傑汗．赫沙脫離帖木兒王朝而獨立，並且擴大了勢力。但傑汗．沙赫於一四六八年被白羊王朝的烏尊．哈桑打敗。烏尊．哈桑趁勢擴大勢力，從伊朗高原一帶擴大到安那托利亞東部。

白羊王朝的據點是安那托利亞半島東部的迪亞巴克爾，這對鄂圖曼王朝而言，是極大的威脅。同一個時期裡，鄂圖曼王朝的英雄穆罕默德二世也出現了，他攻下君士坦丁堡，氣勢正盛，和烏尊．哈桑都如旭日般光芒萬丈。

一四七三年，穆罕默德二世與烏尊．哈桑在安那托利亞半島的巴什肯德一決雌雄。那是白羊王朝的騎兵軍團對耶尼切里軍團之戰，結果步兵與槍械戰勝了騎兵。軍事革命從馬戰車進化到騎兵，再進化到槍械（之後還有戰車→飛機的軍事革命）。在此之前，歐亞大陸中央的騎兵軍團從未打過敗仗。縱橫兩千年，號稱歐亞最強軍事力量的遊牧民族（騎兵軍團），終於在歷史中被迫走向黃昏。

一四八〇年，莫斯科大公國在烏格拉河畔擊敗了欽察汗國，成功地獨立了。獲得獨立的莫斯科大公國理應歡天喜地才是，事實並非如此。關於這一點，已在前面的第一卷敘述過了。娶了東邊羅馬帝國的皇室之女，自稱莫斯科是「第三羅馬」的伊凡三世，是在看到宗主國欽察汗國的首都薩萊在帖木兒攻擊之下變得無力，才決意獨立的。在印度或伊朗地區，也常看到這種因為宗主國的衰落而尋求獨立的國家。

6—鄭和的大艦隊變成萬里長城

秦始皇建築的萬里長城（正確地說，應該說是秦始皇整建戰國七雄的長城）的現在模樣，是明代完成的。明朝為了防備北元，花了約兩百年的時間去修補長城。但修補長城必須花費龐大的資金，便把腦筋動到鄭和的大艦隊上。鄭和的大艦隊養活兩萬八千人在海上過生活。現代美國的核動力航空母艦上面有五千至六千人，據說一艘航空母艦一天的費用約在一億至兩億日圓之間，所以說海軍是錢坑。如果沒有兩萬八千人、六十艘船隻的鄭和大艦隊，不就可以修補萬里長城了嗎？

就這樣，大艦隊變成了萬里長城，印度洋變成沒有主權力者的空白海域。當鄭和的大艦隊還在印度洋上航行時，海盜們因為畏懼大艦隊而不敢任意出沒，但是大艦隊已經消失的消息一旦傳開，海盜們便開始頻繁地出沒於印度洋上。話雖如此，因為大海盜們早被鄭和消滅，剩下的都是小海盜。

之後，葡萄牙的船隻開始進入印度洋。一艘葡萄牙船的船上大約有三百五十位船員，他們的力量已經比小海盜強多了。這樣開始的時代，就是俗稱的「大航海時代」。不過，和鄭和的艦隊比起來，或許稱此為「小航海時代」更合適。然而，所謂的「大航海」似乎不是以艦隊的規模為基準，而是指航路的寬廣。考慮到日本學者們提倡的這個用語並不符合時代的實態，所以本書原則上避免使用這個用語。

此外，「東洋」、「西洋」是鄭和艦隊使用的語詞。最初「東洋」是指馬來半島以東的海洋，「西洋」是指馬來半島以西的海洋。

7 匈牙利國王西吉斯蒙德成為羅馬皇帝，解決教派分裂的問題，但在胡斯戰爭時吃了敗仗

將一三〇〇年定為聖年一事，成為教皇被擄移到法國亞維農的導火線。但是，這個聖年事件卻獲得極大的成功。

羅馬教會最初考慮以五十周年為聖年，但從一四〇〇年起，卻以二十五年為一周期。因為當時的人平均年齡只有三十歲左右，如果是二十五年的話，那麼大部份的人一生都會遇到一次聖年，會前往羅馬朝聖。而人們前去朝聖時，都會奉上獻金，教廷就會有收入。對教廷而言，人們前來朝聖的次數當然是越多越好。

在康士坦茨大公會議上解決了教派分裂的問題

一四一〇年，卡爾四世之子——匈牙利國王西吉斯蒙德被選為羅馬皇帝。首先，西吉斯蒙德認為羅馬和亞維農兩地都有應該加冕為羅馬皇帝的教皇，是不對的事情。其次，

他為了取回因為尼科波利斯戰役大敗給鄂圖曼帝國的顏面，所以決定出面解決教派分裂的問題。

一四一四年，西吉斯蒙德把與羅馬教會有關的人員，邀請到瑞士國境附近的德國康士坦茨，在那裡召開大公會議，解決了兩地教派分裂的局面。

當然，將近四十年歲月的流逝，對解決教派分裂的問題有著相當大的幫助。當教皇要回到羅馬時，亞維農的人為了即將缺少信徒獻金的問題而大為反對。只是，隨著時間的過去，羅馬教皇回歸羅馬變成再自然不過的事情，亞維農的人也開始覺得硬要教皇留在亞維農不太合理。就像日本的明治天皇移居東京一樣，一國的元首居住在首都是理所當然的事，京都人再不樂意，慢慢地也只好接受了。

此外，西吉斯蒙德把自己勃蘭登堡選帝侯的地位，讓給對自己有功的霍恩索倫家族的選帝侯腓特烈一世（一四一五年）。另有一種說法是：西吉斯蒙德為了還錢而出讓自己的選帝侯地位。總之，霍恩索倫家族從此崛起了。

威克里夫與胡斯被視為宗教異端份子而遭刑。西吉斯蒙德在胡斯戰爭中大敗而盡失威信

康士坦茨大公會議決定以異端份子的罪名，用火刑懲處威克里夫與胡斯。威克里夫

是牛津大學的神學者，留有「人民的、因人民而起的、為了人民的統治」這樣的名言，但在被判定為異端份子時，就已經去世了，所以處罰他的方式就是把他的骸骨挖出來焚燒。胡斯是布拉格大學的教授，非常推崇威克里夫的理念，在波西米亞很受支持。波西米亞就是現在的捷克，首都是布拉格。

一四一九年，西吉斯蒙德兼任波西米亞國王，市民們不滿對以火刑來處死胡斯的波西米亞國王西吉斯蒙德，於是擁戴胡斯派的揚．傑式卡為領導，舉兵反對西吉斯蒙德（胡斯戰爭）。西吉斯蒙德不僅在戰爭中落敗，想以政治的方式解決問題時，也得到失敗的結局。西吉斯蒙德沒有兒子，所以選擇女婿——哈布斯堡家族的阿爾布雷希特二世繼任為羅馬皇帝（一四三八年）。當時有三大家族想爭奪羅馬皇帝之位，分別是盧森堡家族、維特爾斯巴赫家族、與哈布斯堡家族，結果哈布斯堡家族的阿爾布雷希特二世因為娶了西吉斯蒙德的女兒，而獲得最後的勝利。

阿爾布雷希特二世死後，繼任者是同樣來自哈布斯堡家族的腓特烈三世。腓特烈三世雖然被世人認為是無能之人，但他二十五歲便就任德國國王，三十七歲還加冕為羅馬皇帝，一直活到七十八歲，他的對手都比他還早死。腓特烈三世雖然一生沒有特別的作為，但由於他是羅馬教皇加冕的最後一位羅馬皇帝，因此留名於世。

8 百年戰爭再起

英法百年戰爭發生於十四世紀末，最後以回歸戰前原有領土的條件下結束戰爭。但是，到了一四一五年，英格蘭的亨利五世趁機開啟戰端，雙方再度開戰，英法戰爭再起。在敘述英法百年戰爭前，必須先介紹一下當時兩國的情形。

愛德華三世開啟百年戰爭，他的繼承人是四子「岡特的約翰」（蘭開斯特公爵）；「岡特的約翰」的繼承人是長子亨利四世；亨利四世的長子是亨利五世。

愛德華三世之後，英格蘭的王位本來應該由黑太子愛德華繼位，但身為長子的黑太子愛德華早逝，所以由其長子理查二世繼位，並由叔父「岡特的約翰」輔佐。但理查二世昏庸無能，被亨利四世罷黜，並自立為英格蘭國王。亨利四世的後繼者是亨利五世。而這位「岡特的約翰」的家系，就是蘭開斯特家族。英格蘭從亨利四世起，開始了蘭開斯特王朝，而金雀花王朝結束於理查二世。

至於法國方面，因為查理六世的精神狀態有問題，因此前任法國國王查理五世的弟弟，也就是第一代的勃艮第公爵「勇敢的菲利普」，與查理六世的弟弟奧爾良公爵路易為了掌握實權而互相仇視，結果第二代的勃艮第公爵約翰暗殺了路易。路易死後，路易的兒子查理便去投靠舅父阿馬尼亞克伯爵貝爾納（阿馬尼亞克派），雙方對立的情形進一步激化了。

一直在觀察法國情勢的亨利五世認為此時有機會戰勝國內紛亂的法國，便向法國宣戰。

一四一五年，這場戰爭的序幕在法國西北的阿金庫爾開啟了。參與這場戰爭的英格蘭士兵應該都很清楚彼此戰力的差距。當時法國士兵的人數是英格蘭的三倍，而且百年戰爭的前半部戰爭中，英格蘭是落敗的一方。所以在決戰前夕時，英格蘭的士兵是忐忑不安的。莎士比亞曾經形容過亨利五世在這場戰爭決戰前夕時，來回軍營鼓舞士兵的模樣。阿贊庫爾之役開打後，英格蘭軍獲得大勝。

英格蘭與勃艮第派聯手，英法簽訂特魯瓦條約

阿金庫爾之役後，獲勝的亨利五世繼續往南進軍，一四一九年攻陷塞納河畔的諾曼第的首府盧昂。這一年，換成第二代勃艮第公爵約翰被暗殺了。

不過，勃艮第公爵的領地中心並不在著名的勃艮第，而是在法蘭德斯地方，那裡是約翰·赫伊津哈《中世紀的衰落》的舞台，也是土壤肥沃的豐腴之地，所以代代的勃艮第公爵幾乎都住在那裡。

第三代的勃艮第公爵是「善良的菲利普」，他清楚地看到了亨利五世的強大，有了新的對策。法蘭德斯地方是英格蘭羊毛的銷售地，把羊毛做成毛織品後，再轉銷售出去，

英格蘭王家

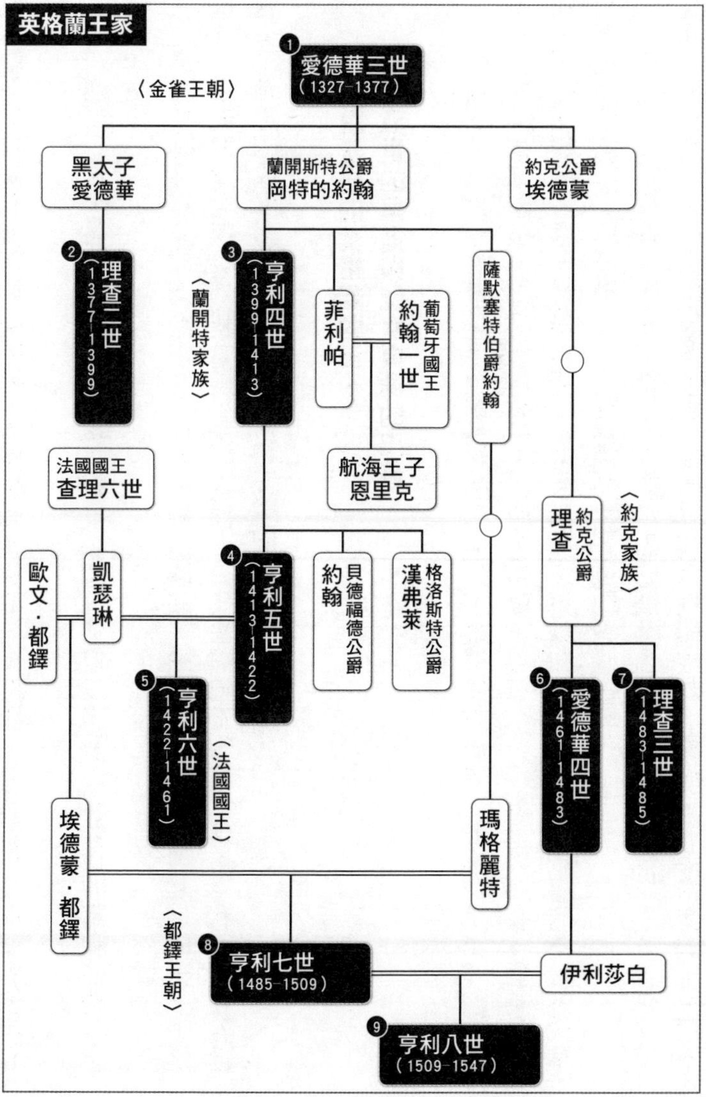

1 愛德華三世（1327–1377）
〈金雀王朝〉
黑太子愛德華
蘭開斯特公爵 岡特的約翰
約克公爵 埃德蒙
2 理查二世（1377–1399）
3 亨利四世（1399–1413）
〈蘭開特家族〉
菲利帕
葡萄牙國王 約翰一世
薩默塞特伯爵約翰
航海王子 恩里克
法國國王 查理六世
歐文·都鐸
凱瑟琳
4 亨利五世（1413–1422）
貝德福德公爵 約翰
格洛斯特公爵 漢弗萊
約克公爵 理查
〈約克家族〉
5 亨利六世（1422–1461）
〈法國國王〉
6 愛德華四世（1461–1483）
7 理查三世（1483–1485）
埃德蒙·都鐸
瑪格麗特
〈都鐸王朝〉
8 亨利七世（1485–1509）
伊利莎白
9 亨利八世（1509–1547）

原本就與英格蘭有著密切的關係。考慮到勃艮第的防衛問題，菲利普於是與亨利五世和解。

一四二〇年，英格蘭與勃艮第聯手對抗法國，強迫法國簽訂屈辱性的講和條約——特魯瓦條約。

患有精神性疾病的法國國王查理六世被迫廢嫡，除了解除兒子查理七世的王太子之位外，不僅把女兒嫁給亨利五世，還同意把下一代法國國王的位子讓給亨利。亨利五世獲得了輝煌的成就，此時也是蘭開斯特王朝的鼎盛期。

不會說法語的英格蘭國王、亨利五世的早逝與聖女貞德的出現

因為亨利五世一直是在英格蘭長大的，所以不是很能說法語，他恐怕是第一個不會說法語的英格蘭國王。可以說自諾曼人征服英格蘭三百五十多年來，終於有一個英格蘭國王不受法國的影響。從莎士比亞以下的描述，可以知道亨利五世對法語的不熟悉。亨利五世問法國公主凱瑟琳：「『妳很漂亮』的法語要怎麼說？」

但是，簽了特魯瓦條約的兩年後，才三十四歲的亨利五世卻突然去世了。沒有多久，查理六世也死了，於是出生還不到一年的亨利六世即位為法國國王與英格蘭國王。還不

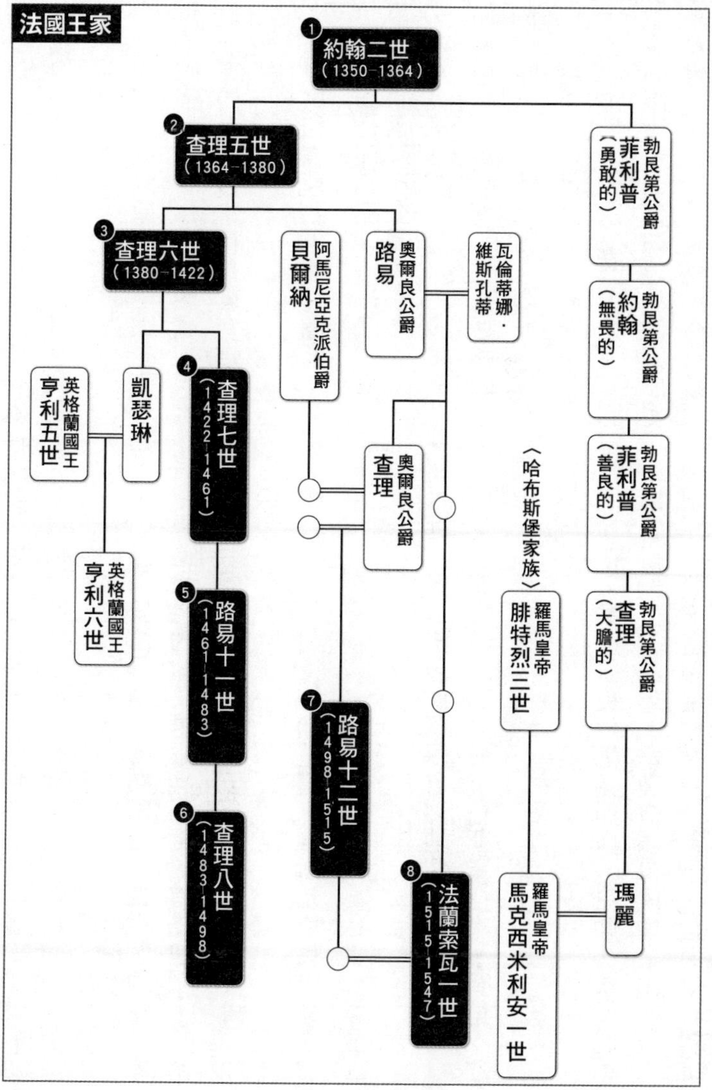
法國王家
1 約翰二世 (1350–1364)
2 查理五世 (1364–1380)
勃艮第公爵 菲利普（勇敢的）
3 查理六世 (1380–1422)
阿馬尼亞克派伯爵 貝爾納
奧爾良公爵 路易
瓦倫蒂娜·維斯孔蒂
勃艮第公爵 約翰（無畏的）
英格蘭國王 亨利五世
凱瑟琳
4 查理七世 (1422–1461)
奧爾良公爵 查理
〈哈布斯堡家族〉
勃艮第公爵 菲利普（善良的）
英格蘭國王 亨利六世
5 路易十一世 (1461–1483)
羅馬皇帝 腓特烈三世
勃艮第公爵 查理（大膽的）
7 路易十二世 (1498–1515)
6 查理八世 (1483–1498)
8 法蘭索瓦一世 (1515–1547)
羅馬皇帝 馬克西米利安一世
瑪麗

到一歲的亨利六世當然沒有能力處理國事，所以由亨利五世的弟弟貝德福德公爵約翰擔任攝政，治理法國。同樣是亨利五世的弟弟格洛斯特公爵漢弗萊，則代替約翰治理英格蘭。

而被廢黜的原法國王太子查理七世，則以位於法國中央的布爾日為據點，與亨利六世的政權對抗。為了消滅查理七世，貝德福德公爵約翰於是派兵南下，首先包圍了布爾日前方的奧爾良。但是就在這個時候，聖女貞德出現了，她突破了包圍網，拯救了奧爾良。

貞德和查理七世前往蘭斯，在那裡舉行了查理七世的加冕禮。蘭斯是位於巴黎東北方的城市，也是法國第一個王朝——梅洛溫王朝克洛維一世加冕的場所，因此法國國王習慣在此舉行加冕禮。

雖然國際條約上的法國國王是亨利六世，但是法國民眾很自然地認為在蘭斯舉行了加冕禮的查理七世，才是法國的國王。於是憤怒的勃艮第派與英格蘭軍俘虜了貞德，並在一四三一年時以魔女的罪名燒死貞德。

百年戰爭仍然各有勝負地持續了一段時間。

貞德死後，法國歷史並沒有忘記她的存在，拿破崙更視她為偶像。幫助法國擺脫革命後的困境，創造輝煌的法國歷史，是拿破崙一生的職志。拿破崙為自己塑造出「為了偉大的法國，可以與全歐洲為敵」的戲劇性形象，這和聖女貞德「為了法國而挺身對抗英格蘭」的形象，是貼合的。

聖女貞德現在雖然擁有聖人的名號與對待，但她死後很久，直到進入二十世紀後，才被羅馬教會列為聖人。

9 航海王子恩里克展開非洲西海岸的探險

一四一五年，也就是英法阿金庫爾之役的那一年，蘭開斯特公爵「岡特的約翰」的女兒與葡萄牙國王所生的王子恩里克從海上出發，目標撒哈拉以南非洲。

恩里克見到伊朗商人橫越撒哈拉沙漠，獨佔了撒哈拉以南非洲的黃金、象牙交易路線，認為如果不能開通西海岸的交通路線，就無法直接取得黃金與象牙。當時正是鄭和大艦隊活躍於印度洋的時代。

從那時起，葡萄牙花了三十年左右的時間，終於來到塞內加爾河的河口維德角半島（達卡），即以前的「達卡拉力賽」的終點。這個時候航海使用的船隻是「卡拉維爾帆船」。以前的帆船只有一支船桅或兩支船桅，卡拉維爾帆船有三隻船桅，船身比較大，可以延長航行的距離。與卡拉維爾帆船同時開發出來的還有「克拉克帆船」，二者都是葡萄牙航海時代的明星級船隻。

話說回來，和鄭和大艦隊的主力船一千兩百噸比起來，大約一百噸卡拉維爾帆船只能說是小船了。

這條海上航線的發現，給葡萄牙帶來龐大的利益，用駱駝載運黃金與象牙的伊朗商隊，也敗給了這條海上航線。陸路與海路競爭時，由載運量更大，速度也更快的海路勝出，是可想而知的事情。獨占了海路的葡萄牙，就此展開一段黃金時代。

10 麥第奇家族的科西莫回到佛羅倫斯

在佛羅倫斯，麥第奇家的喬凡尼以銀行業鞏固了地位。喬凡尼死後，他的長子科西莫雖然因為政爭而被放逐，但一年後的一四三四年又回到佛羅倫斯。

義大利的自治城市對待政敵的方式不是殺害，更多的時候是處以放逐的懲罰。這種習慣類似於古代希臘城邦國家的「陶片放逐法」（在陶罐碎片較為平坦處，刻上認為應該被放逐者的名字，碎片到達一定的數量時，碎片上名字的人就會遭受放逐）。

被放逐的科西莫之後仍然可以回到家鄉，足見科西莫一派在佛羅倫斯有相當龐大的勢力。不過，話雖然如此，因為科西莫曾經被放逐，這對初創企業龍頭的他來說，是一大失敗。但他也從這個失敗中學習到很多。

佛羅倫斯有很多官員，自己出去面對的話，或許又會遭到放逐，這是科西莫擔心的事情。莫西科於是決定成為「擁立國王者」，讓自己栽培人才成為官員，控制了佛羅倫斯的政壇。

首先，他做了讓市民感到開心的事情。他振興產業，讓城市熱鬧起來，並且推動了文化事業。他還經常捐款，讓市民的生活變得更容易。但在做這些事情的背後，他也巧妙地掌控著政治。就這樣，佛羅倫斯便在不知不覺中變成了科西莫的王國。

現在世界上最大的石塊鋪砌圓頂教堂——花之聖母大教堂（聖母百花聖殿）的半球形屋頂，是科西莫的時代，由布魯內萊斯基建造出來的。

然而麥第奇銀行的實力，還是與遠比不上百年前的巴爾迪、佩魯茲、阿加渥利等佛羅倫斯三大銀行。這是因為黑死病使得人口銳減，讓十五世紀的歐洲經濟陷於整體不景氣的關係。

11—羅馬帝國滅亡，百年戰爭結束與洛迪之和

一四五三年，鄂圖曼王朝的穆罕默德二世攻陷君士坦丁堡，消滅了羅馬帝國。自凱撒以來，約一千五百年歷史的羅馬帝國結束了，君士坦丁堡成為鄂圖曼王朝的新首都，也就是後來的伊斯坦堡。此外，到了鄂圖曼王朝的時代，君士坦丁堡仍然允許東正教的活動。

同一年，隨著波爾多的淪陷，英法百年戰爭也結束了。因為法國人承認查理七世，

勃艮第公爵菲利普明白了時代的氛圍，「既然是法國人，當然要站在法國這邊」，於是與查理七世和解，結束了與英格蘭的合作關係。遭到勃艮第公爵菲利普背叛的英格蘭方面，在確保歐洲大陸仍然可以保有卡萊這個領地後，也撤兵了。百年戰爭的結果，終於讓英格蘭放棄對法國的執著，開始邁向完全屬於自己的路。

一四五四年，在義大利，被尊稱為「老人」的科西莫提出了「洛迪之和」的議題。義大利境內小國分立，原本就互有衝突，而德國與法國勢力正想趁勢介入，取得在義大利的好處。科西莫看到如此的情況，便提議：至少米蘭、威尼斯、佛羅倫斯、教皇廳與那不勒斯王國這五大義大利城邦應該和平共處。

為了防範大國的侵略，科西莫的提議確實明智。果然，洛迪之和為義大利帶來了將近四十年的和平時代。這個時代也是文藝復興的準備時代。那麼了不起的藝術，是不會出現在戰爭的年代裡的。

12 英國的玫瑰戰爭

失去了在法國的領土的亨利六世，是亨利五世與法國公主凱瑟琳的兒子，但他也繼承了凱瑟琳的之父查理六世的精神病血液。百年戰爭敗北後，愛德華三世的第五子約克公爵埃德蒙的孫子理查，在亨利六世的時代叛變了。理查認為自己從母系那裡繼承了第三子的血緣，在血統上更接近王位。

就這樣，以愛德華三世的第四子為始祖的蘭開斯特家族，和以第五子為始祖的約克家族，展開了英格蘭血親之間的內戰。某一個時期是約克家族勝出，有愛德華四世與理查三世兩位英格蘭王，但是最後是由與蘭開斯特家族有遠親關係的亨利．都鐸（亨利七世）獲得勝利，並且開創了都鐸王朝。

從一四五五年開始到一四八五年的英格蘭內戰，因為蘭開斯特家族的家徽是紅玫瑰，而約克家族的家徽是白玫瑰，所以這場內戰也被稱做「玫瑰戰爭」。不過（亦有別的說法），也有人說「玫瑰戰爭」是十九世紀的作家華特．斯各特命名的。

在這場歷時三十年左右的戰爭裡，由於英格蘭的許多貴族分成了兩個陣營，相互交戰，造成了舊貴族勢力式微而王權卻進一步被強化的結果。

此外，玫瑰戰爭開始的一四五五年，德國人的谷騰堡活用印刷的技術，完成了聖經。

13 「無所不在的蜘蛛」路易十一世與勇士查理，及哈布斯堡家族的運氣

獲得百年戰爭勝利的查理七世死後，路易十一世即位（在位其間：一四六一年—一四八三年）。路易十一的綽號是「慎密者」，也有人稱他是「無所不在的蜘蛛」。也就是說：路易十一是一位心機很深的人；說得不好聽一點，他就是一個陰險狡猾的人，

像蜘蛛一樣會到處織網捕捉獵物的君王。

勃艮第公國進入第四代的查理時代。查理的綽號是「大膽公爵」，他使用富裕的勃艮第公國的財力，以熱情和使命感，大膽地擴充領土。路易十一世注意到這位大膽公爵的行動了。

於是路易十一巧妙地唆使這位大膽的查理公爵，讓他開啟與瑞士的戰爭，最後戰死於南錫戰役。瑞士軍的強大也因此響徹歐洲。

計劃拿到勃艮第，趁機取得法蘭德斯的路易十一，等待的就是這種結果。但是路易十一並沒有如願。因為法蘭德斯伯爵家族與勃艮第公爵家族有婚姻關係，而成為勃艮第家族財產的東西，並非原本就是法國國王的東西。

查理死後，留下一個獨生女瑪麗。瑪麗嫁給了羅馬皇帝腓特烈三世之子馬克西米利安一世。「哈布斯堡結婚吧」的諺語，就是來自這個婚姻。靠著婚姻不戰就獲得領土，是哈布斯堡家族好運的開始。

14—羅倫佐成為麥第奇家族的當家時，是義大利文藝復興的鼎盛期

一四六四年，佛羅倫斯的科西莫去世了，他的繼承人皮耶羅也在幾年後死去了。

一四六九年，二十歲的羅倫佐成為麥第奇家族的當家。羅倫佐的時代，就如同義大利佛

羅倫斯畫派的波提且利所描繪的名作《春》一般，是華麗而歡娛的時代，也可以說是「加冕春天的時代」，是文藝復興的鼎盛時期。

在這個時代裡，佛羅倫斯陸續出現了波提且利、達文西等畫家、彫刻家、建築家，及人文學者與詩人。費奇諾的柏拉圖全集也是在這個時代裡完成的。

可以說鼎盛的文藝復興，是由麥第奇家的財富堆砌出來的。然而，當時麥第奇銀行已經式微了，所以羅倫佐為了藝術、學問及大規模慶祝活動等花的大把金錢中，其中有許多屬於佛羅倫斯的公帑。

德國作家湯瑪斯・曼的小說《布登勃洛克家族：一個家族的衰落》，敘述一個家族第一代只知拚命賺錢，第二代認真賺錢但也懂得享受人生，熱愛藝術與文化；到了第三代，完全只傾心於藝術、文化，最後家族衰敗了的故事。

說到羅倫佐，讓人忍不住想到《布登勃洛克家族》。羅倫佐也被稱為「偉大的羅倫佐」，他像是一個以享受生活為主題寫詩的人。在意識到麥第奇家的財富就要見底的情況下，他大量地使用公帑，促使文藝復興運動開出富麗的花朵。他確實讓佛羅倫斯的文藝復興之花盛開了。

教皇思道四世與麥第奇家的對決

羅倫佐成為麥第奇家族的當家二年後，來自羅維雷家族的思道四世就任。思道四世想得到佛羅倫斯統治者的地位，於是和麥第奇家族對立的帕齊家族聯手。

一四七八年，帕齊家族的刺客趁著花之聖母大教堂舉辦彌撒時，行刺羅倫佐與羅倫佐的弟弟朱利亞諾（帕齊家的陰謀）。結果朱利亞諾遇刺身亡，羅倫佐幸運地逃過一劫。帕齊家族因為謀刺失敗，家族的成員遂一一被羅倫佐處死。憤怒的思道四世於是又結合了那不勒斯王國，想發動戰爭攻擊佛羅倫斯。但在羅倫佐獨自前往那不勒斯進行說服行動之下，好不容易以和平收場。

然而，此時麥第奇家族的榮景已經蒙上陰影了。

15 — 西班牙的出現與異端審判所的開設

思道四世是一個心胸狹窄又苛刻的人，不過，因為他在任內完成了西斯廷禮拜堂的建築，所以也名留歷史了。

此外，思道四世在亞拉岡國王斐迪南二世的要求下，正式批准設立獨立於教皇廳的異端審判所。這個異端審判所是受到王權保障的常設機構，並且擁有極大的權力。

一四六九年，伊比利半島的卡斯提亞王國女王伊莎貝拉與亞拉岡王子斐迪南結婚，不久後兩個王國合併了。以下本書將以西班牙或西班牙王國來稱呼這個國家。不過，這個國家成為真正單一的中央集權國家，則是一七〇七年的事。這兩位國王對收復失地運動投注了很大的熱情。

在收復失地運動的過程中，以猶太皈依者（改信基督教的猶太教教徒）與穆斯林皈依者（改信基督教的伊斯蘭教教徒）為對象的異端審判所，變成一個非常活躍的機關。

16 發生於一四九二年，具有時代特徵的事件

收復失地運動與放逐猶太人

一四九二年，唯一在安達魯斯的伊斯蘭國家納斯里王朝被滅，阿蘭布拉宮淪陷。西班牙終於完成收復失地運動，伊莎貝拉與斐迪南將伊斯蘭的勢力完全逐出伊比利半島，羅馬教皇因此褒獎他們為「天主教二王」。

但是，伊莎貝拉與斐迪南趕走了伊斯蘭的勢力還不夠，接下來他們一刻也不得閒地馬上展開驅逐猶太人的行動。異端審判所的功能完全啟動了。八百年來伊斯蘭教、基督教、猶太教和平共存，孕育出華麗文化的幸福西班牙時代，就此成為過去。

驅逐猶太人的西班牙會發生什麼事情呢？例如：卡斯提亞的財政大臣是猶太人。傳統上猶太人是非常擅長做生意與處理金融的民族，這時西班牙會發生的事情，就像現在美國紐約趕走猶太人會發生的事情一樣。猶太人如果被趕出美國，美國馬上會變成一個窮國吧！所以說西班牙驅逐猶太人是給自己埋下未來的禍端。

而被驅逐出西班牙的猶太人去哪裡了呢？接受被驅逐出西班牙的猶太人最多的地方，是君士坦丁堡（鄂圖曼王朝）。鄂圖曼王朝至此邁向鼎盛期。

哥倫布登陸巴哈馬群島

這一年，來自熱那亞的船員哥倫布獲得卡斯提亞女王伊莎貝拉的支援，橫渡大西洋後，登陸巴哈馬群島。但哥倫布直到去世，都深信自己登陸的地方是印度。此外，我們稱為哥倫布的這個名字，是從拉丁語的 Columbus 這個字音譯來的，西班牙語的哥倫布是 Colón，義大利語是 Colombo。

哥倫布登陸巴哈馬群島之事，開啟了大西洋時代的序幕。

繼哥倫布之後，葡萄牙軍人瓦斯科·達伽馬於一四九七年七月從里斯本出發，繞過非洲南，朝著印度洋，終於在一四九八年抵達印度洋西海岸的科澤科德。鄭和的大艦隊離去後，平靜的印度洋展開雙手，迎接歐洲。

麥第奇家的羅倫佐去世

一四九二年，讓佛羅倫斯的文藝復興開出燦爛花朵的羅倫佐去世了，長子皮耶羅繼承了他的地位。同年，西班牙波吉亞家族的亞歷山大六世即位為羅馬教皇。從各種層面上來看，一四九二年是劃時代的一年。

17 羅倫佐長子皮耶羅的失政，與修道院長薩佛納羅拉的神權統治

羅倫佐的長子皮耶羅不如父親羅倫佐聰明。

法國在路易十一世後，查理八世成為法國國王。查理八世是一個血氣方剛之人，一心想要侵略別的地方來壯大自己的國家，首先便把南義大利的那不勒斯王國視為目標。查理八世的祖先查理·安茹成為西西里國王，又在西西里晚禱戰役後統領了那不勒斯王國。但是，一四四二年時，那不勒斯被亞拉岡王（兼西西里王）阿方索五世征服了。一四九四年，查理八世主張自己那不勒斯的繼承權，引發第一次義大利戰爭。

因為大國的出現，洛迪之和的時代過去了，皮耶羅在法國軍隊逼近佛羅倫斯之前與法國進行交涉，但他的處置犯下錯誤，激怒了佛羅倫斯市民而被市民趕走。

取代麥第奇家族成為佛羅倫斯指導者的，是聖多明尼加修道院的道明會修士薩佛納

羅拉。薩佛納羅拉對佛羅倫斯無節制的奢華與混亂的風紀、腐敗的政治有著極為嚴厲的批評；他倡言世界末日將近，世人將受到神的懲罰。然而羅倫佐卻不在意薩佛納羅拉的批判，反而派人保護他。可是，羅倫佐死後法國人卻來攻打佛羅倫斯，使得市民認為這果然是神的懲罰。

趕走皮耶羅的佛羅倫斯市民讓薩佛納羅拉主導政治，志得意滿的薩佛納羅拉開始了狂熱的神權政治，他強烈要求市民必須粗衣粗食，每天都要向神禱告，並且燒毀了美術品或工藝品，認為那是冒瀆神的物品。

然而早已習慣了豐富物質生活的佛羅倫斯市民，怎麼忍受得了過堅苦修士生活的神權政治？教皇亞歷山大六世眼見薩佛納羅拉不得佛羅倫斯市民的心，便巧妙的設計，處死了薩佛納羅拉，結束薩佛納羅拉四年的狂熱神權政治。一四九八年，佛羅倫斯回到共和的政體。

18—亞歷山大六世的政治，與分割大西洋的托爾德西里亞斯條約

另一方面，查理八世南進義大利半島，攻陷了那不勒斯，被加冕為那不勒斯國王。至此，查理八世是如願了。但是，在老練的亞歷山大六世與德國、西班牙、米蘭、威尼斯組成神聖同盟的對抗下，法國軍隊只好放棄那不勒斯王國，撤軍退回本土，查理八世

也在薩佛納羅拉被處死刑的一四九八年因為意外而。亞歷山大六世以庶子切薩雷．波吉亞為教皇軍總司令官，取得了羅馬涅地區，似乎想在義大利中部建立波吉亞王國。路易十二世繼承了查理八世，於一四九九年發動第二次義大利戰爭，一五〇〇年佔領米蘭，但還是沒有征服那不勒斯王國。

此外，一四九四年，在亞歷山大六世居中斡旋下，葡萄牙與西班牙締結了托爾德西里亞斯條約。葡萄牙的航海王子恩里克南下非洲，早早就航行於大西洋的海面上。另一方面，哥倫布獲得卡斯提亞女王的支持，登陸巴哈馬群島，也開拓了橫越大西洋的航線。為了避免擴大衝突，畫分清楚兩國各自的管轄區域，是勢在必行的事。於是亞歷山大六世出面調停，以他制定的分界線（教皇子午線）為界，決定了兩國在大西洋的支配領域。

在這條分界線的畫分下，巴西屬葡萄牙管轄，巴西以外的新大陸則屬西班牙管轄。老實說這是一個沒有依據、莫名其妙的分界線，不過，也就是因為這條分界線，如今的中南美洲除了巴西講葡萄牙語外，其他國家都講西班牙語。

19 德國開始經常使用「神聖羅馬帝國皇帝」的稱號

一四九五年，被稱為中世紀最後騎士的羅馬皇帝馬克西米利安一世，在沃姆斯召開帝國會議，頒佈永久領土和平法令，決定設置帝國最高法院透過裁判解決貴族之間的紛爭。德國因為受到騎士道精神的影響，習慣上會用「血親復仇」的決鬥方式，來解決彼此間的紛爭。

但是，帝國最高法院裁判官的組成相當獨特，十二名裁判官中，羅馬皇帝（德國國王）只有推薦兩名的權限，實質地約制了皇帝的權力。

還有，從這個時候開始，德國國王使用「神聖羅馬帝國皇帝」的名號的時候變多了。從西元八〇〇年查理曼加冕為皇帝時開始，就正式稱為羅馬皇帝。到了奧托大帝時也一樣。當然，在以君士坦丁堡為首都的東羅馬帝國的皇帝，也稱為羅馬皇帝。

在一四五二年加冕的腓特烈三世之前，所有祖籍德國的羅馬皇帝們，幾乎全部都是在羅馬舉行加冕的，其中也有經常去羅馬的皇帝。可是，從這個時候起，國王特地帶領軍隊，服裝整齊地前往羅馬，花大錢舉行加冕儀式，變成一件可笑的事了。對德國國王來說，羅馬城已經不如從前那麼有魅力了。一五〇八年，馬克西米利安一世宣示，被選為德國國王的人，將自動成為羅馬皇帝。

於是，有越來越多的人覺得「沒有去羅馬，卻稱為『羅馬皇帝』是很奇怪的事」。歐洲人對「羅馬皇帝」的稱呼有著非常美好的想像，難以拋棄這個稱呼，所以德國的國名也變成了「德意志國民的神聖羅馬帝國」。

一五一二年，這個名稱成為德國的正式國名。

在德意志，一四九四年時，奧格斯堡的的大富豪福格家族，首先設立了商業公司（銀行）。從這件事可以看出因為義大利麥第奇家族的沒落，歐洲的金融中心開始往北移了。

20 義大利體（活字）的出現，與亞美利哥．維斯普奇的新大陸探險

一四九四年富格商業公司成立。同年，威尼斯出現了「阿爾杜斯印刷事務所」。威尼斯公民阿爾杜斯．馬努提屋斯僱用了和谷騰堡（譯注：歐洲第一個發明活字印刷的人）一起開始做活字印刷的人，開設了這個印刷事務所。但是，比起谷騰堡，阿爾杜斯印刷事務所在出版歷史上有更大的影響力。

谷騰堡按照手寫聖經的原來大小，做成活字印刷版聖經，那是非常大的一本書。但阿爾杜斯印刷事務所則使用被稱為義大利體的易讀活字來做印刷，完成有編頁的小型（八開）本聖經。也就是說，阿爾杜斯印刷事務所可以大量印制出方便一般公民、大眾閱讀的書籍。威尼斯人天生擅長做生意，而近代的印刷出版業就這樣從威尼斯開始了。

不過，中國的出版、印刷業在唐末時期就很興盛了。中國從十世紀中葉開始，為科舉考試的關係，有大量的參考書籍被印刷出版上市。中國文明開始得早而且深入，確實令人敬畏。

一四九七年，佛羅倫斯的探險家亞美利哥．維斯普奇（Amerigo Vespucci）在哥倫布

到達巴哈馬群島五年後，也來到新大陸探險。此後他還數度到同一個地方探察，証明了新大陸並不是哥倫布以為的印度。以前歐洲人並不知道佛陀，也不知道印度西部的古吉拉特是個交易興隆的地方，所以認為那是一個全新的大陸。亞美利哥於一五〇三年發表了論文「新世界」。

一五〇七年，德國的地理學家瓦爾德澤米勒便以亞美利哥的名字，來命名這塊新大陸為「亞美利堅」。

21—義大利世紀的結束與麥第奇家族的殞落

伊比利半島上的兩個國家能夠在大西洋上出頭，與義大利的衰敗不無關係。義大利繁榮的理由，來自於義大利是地中海交易的大動脈。但是，大西洋航路被開發出來後，意味著繞過非洲去印度或中國的航路，與橫越大西洋去美國的航路，將成為交易的中心。地中海的重要性變低，面對大西洋的國家成為霸權國。

如此一想，確實可以用Quattrocento一字來表示義大利的文藝復興。長遠看來，對義大利來說，Quattrocento可以說是義大利最後的輝煌時代了。而葡萄牙與西班牙的幸運，則是來自明朝把鄭和的大艦隊變成了萬里長城，讓出了印度洋權利的關係。

此外，關於佛羅倫斯的麥第奇家族，羅倫佐系統在皮耶羅的兒子那一代斷絕了，之後，科西莫的弟弟的系統承接了麥第奇家族，成立托斯卡尼大公國。自科西莫開始，經過三百年左右，麥第奇家族在一七三七年絕後了，家族中的男性成員全部死了，最後的麥第奇家族當家是女性。後面會再敘述到這位麥第奇家族的女當家，但因為這位女當家的努力，今日我們才能在義大利烏菲茲美術館欣賞到麥第奇家族收藏的寶物。烏菲茲美術館是十六世紀的第一代托斯卡尼大公科西莫一世委託喬爾喬・瓦薩里建築的市政廳（義大利語 Uffizi）。Uffizi（烏菲茲）就是英語 office，相當於辦公室的意思。這個美術館裡收藏了超過兩千五百件麥第奇家族的寶物。

第五部

第五千年紀（後半）

AD 1501 ⊢——⊣ AD 2000

第一章

亞洲四大帝國與宗教改革，及新大陸時代

十六世紀是明朝、蒙兀兒王朝、薩法維王朝、鄂圖曼王朝等亞洲四大帝國的時代。採取鎮國策略的明朝在北虜南倭的夾擊下，國勢雖然日漸衰退，但所幸還有徐階、張居正等有能力的大臣支撐著，明朝才沒有被消滅。

十六世紀的後半，由於墨西哥銀與日本石見銀山的銀大量流入市場，市場交易變得熱絡，東亞經濟迎來泡沫期。日本安土桃山時代的絢爛文化，就是在此背景下誕生的。在同一個時期裡，鄂圖曼王朝的蘇萊曼一世包圍了維也納，是鄂圖曼王朝領土最大的時候。在鄂圖曼王朝的威脅下，「歐洲」的地域概念生成了。

那時的歐洲是法國的法蘭索瓦一世與哈布斯堡家族的查理五世對立，互相競爭的時代，但英格蘭與鄂圖曼也在旁伺機而動，各國之間合縱連橫，局勢瞬息萬變。在那樣的

混亂下，宗教改革（羅馬教會改革）的暴風雨讓局勢更顯複雜。

十六世紀，面對大西洋的兩個國家也展開了海上霸權之爭。葡萄牙在有「東方凱薩」之稱的阿爾布克爾克活躍下，控制了東方的交易航線；而西班牙的「征服者」借助病菌之力，滅了阿茲特克帝國與印加帝國。但是，西班牙的無敵艦隊竟然被伊麗莎白一世率領的英格蘭打敗了，西班牙與葡萄牙的霸權開始蒙上陰影。西班牙又更因為費利佩二世失政，無可避免地走向沒落。在法國這邊，持續了四十年的宗教戰爭讓瓦盧瓦王朝絕嗣，繼起的是亨利四世開創的波旁王朝。另外，十六世紀也是哥白尼提出「日心說」，陽曆的曆法被創出來的世紀。

法國的歷史學家費爾南．布勞岱爾所著的《費利佩二世時代的地中海和地中海世界》，是一部把十六世紀放在舞台上，從長時段、中時段、短時段等不同時段，以多層次的角度來看歷史的名著。這個世紀是歐洲學者尤其注重的世紀，因為這個世紀哥倫布發現美洲，而新大陸與亞洲也再度進入學者們的視野。此外十六世紀留到後世的文獻數量大增的原因，也和此有深刻的關係。不管怎麼說，舊的文獻就是學者們的食糧這一點，是不變的事實。如果什麼也沒有留下來，就什麼事都必須用腦袋去思考，但有了舊文獻資料，要做的工作便只是翻譯而已。當然了，文獻大增的原因也和前面提到的，從前一個世紀末期開始發展的阿爾杜斯印刷事務所有關。阿爾杜斯印刷事務所帶動了歐洲的印刷產業。

1 薩法維王朝的伊斯邁爾以骷髏杯飲酒

十五世紀時，帖木兒王朝統治過去蒙古帝國的西半部，但在帖木兒王朝國勢衰微後，十五世紀後半，土庫曼人的王朝——黑羊王朝、白羊王朝在波斯興起了。

一五〇〇年，自稱是欽察汗國名君月即別之後裔的突厥語民族首領昔班尼，佔領了撒馬爾罕。一五〇七年昔班尼攻陷赫拉特城，帖木兒王朝滅亡。

帖木兒王朝的王子巴布爾雖然數次挑戰昔班尼，但都以失敗告終，只好把據點移到阿富汗的喀布爾。

在波斯這邊，伊斯蘭神祕主義的薩法維教團的伊斯瑪儀一世打敗了白羊王朝，於一五〇一年入主大布里士。伊斯瑪儀信仰什葉派的十二伊瑪目派，宣佈以什葉派為國教。波斯的伊斯蘭教徒以遜尼派居多，但十二伊瑪目派從這裡開始逐漸滲透了。

薩法維教團的土庫曼士兵們因為頭戴白布纏繞紅色軸心的「特本」（頭巾），所以被稱為奇茲爾巴什（突厥語「紅頭」之意）。

伊斯瑪儀與昔班尼都想爭奪中亞的霸權，一五一〇年的梅爾夫戰役，伊斯瑪儀大勝後，戰死的昔班尼首級被砍了下來，貼上金箔，製成骷髏酒杯。這應該是草原遊牧民族的風俗吧！滅了帖木兒王朝的昔班尼的風光，僅僅十年就落幕了。

也在安那托利亞半島推廣十二伊瑪目派的伊斯瑪儀在東方獲得勝利之事，大大刺激了鄂圖曼王朝的塞利姆一世，雙方終於於一五一四年在安那托利亞半島東端的查爾迪蘭展開大戰。

這一戰重現了白羊王朝敗給鄂圖曼王朝的巴什肯德戰役的結果。鄂圖曼王朝的步兵與槍械粉碎了奇茲爾巴什的騎兵團。

這一戰完全證明了步兵（耶尼切里）加上槍械的強大力量。自斯基泰人以來，兩千年來號稱歐亞最強軍事力量的遊牧騎兵，終於要在歷史中落幕了。巴布爾從這一戰學習到很好的教訓。

2 因為鄂圖曼帝國而有了「歐洲」的地域概念

但是，擁有耶尼切里（步兵）加槍械這個強大的戰力的鄂圖曼王朝，讓歐洲國家產生強烈的威脅感。現實上，鄂圖曼王朝也在一五二九年時，第一次包圍了維也納。咖啡就是在這個時候被鄂圖曼王朝帶入歐洲的，所以有維也納咖啡。哈布斯堡家族的根據地一直是奧地利，歐洲從這個時候開始認真地去思考如何對付鄂圖曼王朝了。

鄂圖曼王朝開拓勢力的行動不僅往西方發展，也擴大到了黑海的北方。因此，以位於歐洲東側的哈布斯堡家族、波蘭、立陶宛為中心，歐洲拉起了對抗鄂圖曼王朝的戰線。一五六九年，波蘭與立陶宛因「盧布林聯合」而合併為一國，所組成的聯合戰線的軍備和鄂圖曼王朝一樣，也是以步兵加槍械為主。就這樣，從波蘭、立陶宛到鄂圖曼王朝形成的槍械牆，阻斷了從匈牙利大平原前往東方的草原之路（歐亞大道）。

以前，歐洲要去東方的窗口是隨時敞開的，能夠阻擋從那裡入侵的遊牧民族的君主，就能確定自己在歐洲的王權。然而住在那個地方的人們，對自己居住的地理領域卻相當沒有自覺。不過，當歐亞草原之路被封閉，誰也進不了槍械之牆時，或許他們才開始有地域概念，意識到自己居住的世界就是歐洲吧？這才有自己是歐洲人的想法。

查爾迪蘭戰役時，槍械戰勝了騎兵團，隨著這個劃時代軍事革命的開始，宏觀地說，這也是歐洲這個地域歷史的開始。

一五一七年，鄂圖曼王朝的塞利姆一世遠征埃及，滅了馬木留克蘇丹國。塞利姆一世死後，蘇萊曼一世繼位（蘇萊曼大帝，在位期間一五二〇—一五六六）。蘇萊曼一世的時代，是鄂圖曼王朝的鼎盛期。

但是，鄂圖曼王朝因何強大呢？多數人認為是鄂圖曼王朝攻陷了君士坦丁堡，取得這個連繫東西雙方要衝的城市之故。但是，這個王朝本身的柔軟度與寬大的態度，也是王朝強大的不容忽視理由。例如在宗教方面，鄂圖曼王朝以寬容的態度，對待把中心地設在君士坦丁堡的基督教東方教會（現在的中心地也在伊斯坦堡）。還有，君士坦丁堡也接納了因為收復失地運動而被驅趕的猶太人，甚至在一五三三年時讓北非的大海盜巴巴羅薩．海雷丁歸順，並且起用為海軍提督。

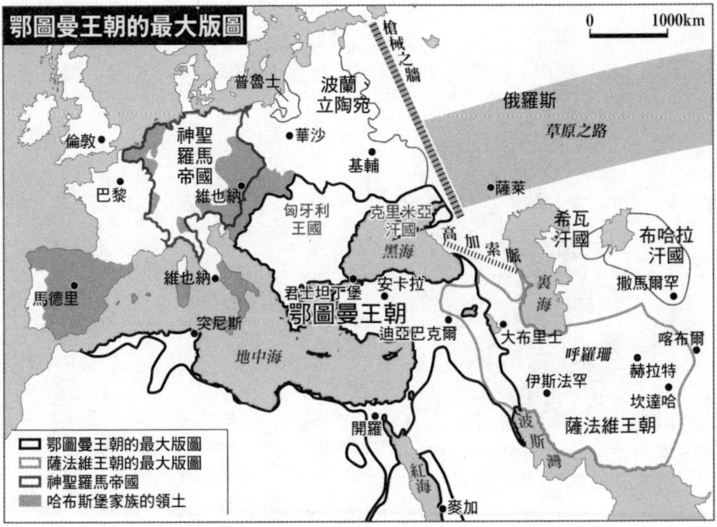

鄂圖曼王朝歡迎有能力的人，這一點和蒙古世界帝國有相似之處。

3 蘇爾王朝為蒙兀兒帝國打下基礎

原本蟄居阿富汗的帖木兒王朝的王子巴布爾，從喀布爾前往印度了。他終於放棄撒馬爾罕了。

一五二六年，巴布爾在第一次帕尼帕特戰役中靈活地使用槍械，打敗洛迪王朝，建立了蒙兀兒王朝。蒙兀兒的意思就是蒙古。蒙兀兒王朝可以說是第二次的帖木兒王朝。

一五三〇年，巴布爾留下自傳中的傑作《巴布爾回憶錄》後去世，嫡子胡馬雍繼位。可是一五三九年時，普什圖系的舍爾沙擊敗了胡馬雍，並建立蘇爾王朝。

舍爾沙是一位行政能力非常優秀的人物，在位六年裡，整頓了以德里與阿格拉為中心的恆河，並將北部劃分為四十七州、建立優秀的官僚體制、整理土地登記冊、確定徵稅組織、充實道路網與驛站制度。此外，舍爾沙重視商業，採取自由市場、自由工會政策，發行盧比銀幣、改革幣制。可以說舍爾沙是印度史上的最好的君主。

再談談被舍爾沙打敗的胡馬雍。胡馬雍逃到印度後，接受了薩法維王朝的庇護。薩法維王朝是什葉派的王朝，而蒙兀兒王朝是遜尼派的支持者。不過，和與基督教的對立情況比起來，什葉派與遜尼派之間的對立，就不算什麼了（但若被歐美諸國煽動，就另當別論了）。胡馬雍就那樣成為了薩法維王朝的賓客。在薩法維王朝的援助下，後來胡馬雍反過來滅了蘇爾王朝，於一五五五年復興蒙兀兒王朝。可是很不幸的，一年後胡馬雍從書庫的階梯上摔下來，就那樣去世了。順道一提，胡馬雍這個名字有「幸福」之意。

巴布爾也是一位優秀的文人（取自《巴布爾回憶錄》中的插畫）

胡馬雍的繼承人是十三歲的阿克巴（阿克巴大帝，在位期間一五五六—一六〇五）。蒙兀兒王朝在阿克巴時代邁向繁榮，然而蒙兀兒王朝的繁榮基礎，卻是建立在蘇爾王朝舍爾沙所施行的各項改革制度上。

十六世紀的前半個世紀，從東方橫跨中亞到歐亞大陸雖然是蒙古世界帝國稱霸的時代，但也可以說是被五個王朝分割了的時代。那五個王朝便是明朝、薩法維王朝、鄂圖曼王朝、莫斯科大公國和蒙兀兒王朝。

此外，一五三九年，印度的宗教家拿那克去世。拿那克希望能結合印度教與伊斯蘭教兩大宗教的教義，因此創了新的宗教錫克教。錫克教相信輪迴轉世（印度教），但反對種姓制度（伊斯蘭教），至今仍是印度人信仰的宗教之一。

4 明朝因為北虜南倭而辛苦的時代。日本發現石見銀山，槍械傳入日本，方濟．沙勿略訪問日本

十六世紀前半，給中國的明朝帶來重大困擾的「北虜南倭」，指的便是「北元」與「倭寇」這兩大外來的強大勢力。這個時期的中國境內的江西地方爆發農變，而平定這場民變的人，便是王守仁（王陽明）。

王陽明是一位武人，但也是優秀的儒學者，他所創的「知行合一」理念，對後世有很大的影響。「知行合一」是當時體制派的朱子學說「知難行易」的反命題，意在批評當時推崇朱子學說的學者們只知依賴權勢，空談學問而不實際去執行。陽明學說強調行

動的學問，日本江戶時代批評幕府的大鹽平八郎、佐久間象山、吉田松陰等人，都是陽明學說的信奉者。

一五二六年，日本戰國時期的諸侯大內氏開始正式挖掘石見銀山（位於日本島根縣）的銀礦，一五三三年從博多來的朝鮮技師導入了精煉銀的技術「灰吹法」，讓日本的銀產量有飛躍性的成長。石見銀山的銀礦藏量豐富，十六世紀後半到十七世紀初，因為石見銀山的關係，日本銀的產量佔了全世界的三成。

石見銀山的所有者雖然從尼子氏的手中交替到毛利氏、豐臣氏、德川氏，但這座銀山支撐起日本安土桃山時代絢爛華麗的文化，是當時文化的現金源頭。

槍械傳入日本的說法，據說是一五四三年時，倭寇頭目王直（中國人）把一艘載著葡萄牙人的船隻逼靠在種子島的結果。但其實這是誤傳，事實上是倭寇在種子島把槍械賣給日本。還有，一五四九年時，耶穌會教派的傳教士，巴斯克人方濟·沙勿略來到鹿兒島，開始了傳教的活動。

另外，一五四七年，從足利義滿開始的「勘合貿易」斷絕了（譯注：因為雙方進行交易時需要使用到被稱為「勘合符」的許可證，所以「明日貿易」也稱為「勘合貿易」）。十五世紀後半，足利幕府因為應仁之亂而疲憊不堪，於是「勘合貿易」便從足利幕府轉移到統治堺的細川氏手中，後來再轉移到大內氏。但後來大內氏內亂，勢力衰退，「勘合貿易」便斷絕了。「勘合貿易」斷絕後，日本與中國大陸間的貿易活動便由明轉暗，變成祕密貿易，倭寇的活動舞台也因此擴大了。

北元的俺答汗建築了呼和浩特城、達賴喇嘛三世誕生

在蒙古高原，達延汗的孫子俺答崛起，一五三八年成為北元的第二號首領，並在鄂爾多斯北側建城——呼和浩特城。遊牧民族過著四處移動的生活，但在大草原上追逐羊群生活時，他們也會隨處興建像停靠港口般的草原上的休息站。呼和浩特就是草原上的一個大休息站，也是俺答的首都。

俺答每年都會去攻打例如北京等明朝的都市，然後擄走漢人農民，帶回呼和浩特從事耕作的活動。

一五七八年，俺答遠征到青海（位於西藏的北方），在那裡遇到高僧索南嘉措。俺答十分佩服他的學識，尊他為達賴喇嘛（第三世）。

達賴喇嘛的意思是「智慧如大海般深奧的導師」。持續到今日的達賴喇嘛誕生制度，就是從這個時候開始的。還有，為什麼索南嘉措是達賴喇嘛「三世」呢？因為索南嘉措對俺答說：「在我之前已經有兩位了不起的僧人，所以請讓我襲三世之名。」因為達賴喇嘛一世、二世是追贈的尊號，所以西藏的達賴喇嘛的始祖可以說是達賴喇嘛三世。

名臣徐階平定北虜南倭

在俺答一五五〇年率領蒙古的精銳部隊包圍北京等持續不斷的北虜之亂中，一五五五年時，倭寇也從長江逆流而上，奪取了南京。一般認為那時的倭寇大半是中國的海上遊民。

兩年後的一五五七年，明朝同意葡萄牙人有居住在面對南中國海的澳門的居住權。其實這是既成事實的事後追認。葡萄牙人因為握有亞丁、忽里模子、果亞、麻六甲、澳門等地方的居住權，因此也掌握了從印度洋到南中國海的制海權。此一時期是葡萄牙的黃金時代。

澳門後來成為冒險商人與帶有使命感的傳教士的據點。一九九九年，葡萄牙才把澳門歸還給中國。

背負起宛如狂風暴雨的北虜南倭國難，一五五二年，明朝的能臣徐階出現了。

徐階判斷北虜南倭的原因來自明朝的鎖國與海禁政策。那樣的政策阻絕了正常的交易管道，而世上又有很多人想得到中國出產的茶、絲綢和陶瓷器。

明朝的朝貢貿易原則上五年一次，這就像百貨公司五年才開一次門做生意一樣。可是，那些遊牧民族的貴族、公主們身上的絲綢衣服，萬一破了可不能等五年再換新呀！

所以王公、諸侯們只好憑藉武力，強行取得想要的物資。

徐階首先解除海禁，允許各國的交易船來到中國，接著又與強烈對立的俺答和解。就這樣，朝貢系統停了，開始了彼此開放市場的交易方式。蒙古（北元）方面出售的商品是馬、羊，明朝方面出售的商品是絲綢或陶瓷器，這樣的交易稱為「互市」。北元和明朝因為一起創造出共同交易的市場，雙方的關係便改善了。解除海禁與創造出互市的系統，正是明朝可以持續下去，沒有很快就被滅亡的原因。

5 有許多共通點的同時代人物：阿克巴與織田信長

那時的印度是胡馬雍去世，十三歲的後繼者阿巴克正要開始被考驗的時代。

由於蘇爾王朝的武將赫穆率領普什圖軍，趁著阿克巴離開德里之際，佔領了德里，開啟了第二次帕尼帕特戰役，結果兵源較少的阿克巴取得勝利。

支持年少阿克巴的人，是曾經在巴布爾、胡馬雍麾下的攝政王白拉姆汗。但成年後的阿克巴在一五六〇年時解除白拉姆汗的攝政，開始親政。阿克巴迎娶了好戰的拉傑普特族的公主，與拉傑普特族結盟，征服了古吉拉特邦、奧里薩邦，大大地擴大了原有的版圖。在宗教上，阿克巴採取緩和的政策，廢除了非伊斯蘭教徒的人頭稅（吉茲亞）。

阿克巴興起的時候，也是織田信長掌管日本的時候。同時代的阿克巴與織田信長有許多共通點，讓人深感興趣。

他們都有艱辛的少年時代（父親胡馬雍的流亡時期，阿克巴數次被俘虜），個性也都很果斷，擴大了原有的疆域，施行合理的政策，不會被固有的舊習俗束縛（重視自由市場自由交易、對宗教信仰有寬容性等等），建設新首都（法泰赫普爾西克里、安土城），擁有全球化的觀點等等。而兩人的不同之處則是阿克巴在位約五十年，織田信長卻只有短短的十五年左右。

6 明朝的少年皇帝與張居正的政治改革

一五七二年，年方十歲的萬曆帝即位，成為明朝的皇帝。而成為少年皇帝師傅的，是受到徐階提拔的張居正。張居正成為內閣大學士（宰相），開始大力推動改革。

首先，他實行土地丈量政策，進行土地測量，清查鄉紳們（地方上有勢力者）隱瞞的莊園，藉此檢驗大地主們的資產，查出了大量被地主們隱瞞的田地。

接著他又改變複雜化的兩稅法，施行一條鞭法。一條鞭法是非常簡單的稅制，以土地為課稅對象，按田地的多寡徵收銀錢。

因為徐階解除海禁，當交易自由化時，中國的特產物品就能夠大量的輸出，相對的也有大量的銀子輸入中國。

那些銀子完全歸於朝廷。在徐階與張居正的大力改革下，原本已經走向衰退之路的明朝獲得了續命的能量，並準備開放貿易、進行自由交易、重建財政，讓國家強大起來。

然而張居正的大改革也剝奪了既得利益者的權利，所以許多有權勢者視他為敵，讓他經常處於置身於危險的政敵群中，不斷地被彈劾、攻擊。

一五七七年，張居正喪父，在儒家禮教的要求下，他必須返鄉守喪三年。但是，萬一辭去現在的職位，返鄉守喪的話，很可能在不在朝時受到同僚的嚴厲彈劾。於是他設法讓萬曆皇帝下了詔書，表示：

「張居正喪父，應服喪三年，但國有大難，朕不可一日無張居正，故不允張居正回鄉服喪，令其執行政務。」

然而長大後的萬曆皇帝，難道不會厭煩凡事都聽張居正的嗎？張居正死後，萬曆皇帝便如脫韁野馬，行事脫離正軌。

一五八三年，女真族的努爾哈赤崛起，在中國的東北地方建立了滿洲之國。女真族就是從前滅了宋朝的金國的民族。努爾哈赤一族信奉西藏佛教，尤其崇拜文殊菩薩，所以努爾哈赤建的國家也被稱做文殊之國。當「文殊」（monnjyu）二字的發音不準，就會變成了「滿洲」（mannjyu），所以努爾哈赤建立的國家被稱為「滿洲之國」。

同個時期，泰國地方，在緬甸統治下的大城王朝（阿瑜陀耶王朝）王子納黎萱趕走了緬甸軍，讓大城王朝（阿瑜陀耶王朝）再度獨立（一五八三年）。納黎萱王子因為重建了大城王朝而被尊稱為「大王」（泰國三大大王中的一位）。

7 文祿之役（壬辰倭亂）與慶長之役（丁酉倭亂）

一五八二年，織田信長在本能寺被殺，豐臣秀吉成為日本的統治者。一五九二年的文祿之役與一五九七年的慶長之役，都是豐臣秀吉發動的對朝鮮侵略戰爭。直至一五九八年豐臣秀吉死了，日本對朝鮮的侵略戰爭才結束。而朝鮮方面稱那兩次侵略戰爭為壬辰倭亂與丁酉倭亂。

製作陶瓷器的高度技術也因為戰爭的關係而傳到了日本。當時不少優秀的陶瓷器製作工匠，在日本軍撤回時，被帶到日本製作陶瓷器。

那些人不僅把有田燒、伊萬里燒的技術帶到日本，也把朝鮮半島的活版印刷技術也帶進日本。這個木版技術之後成為江戶時代出版文化的根源。

一五九六年，明朝的李時珍花了二十七年的時間，完成了與藥草有關的書籍《本草綱目》。

8 好戰的羅馬教皇儒略二世

再回來說歐洲。波吉亞家族的羅馬教皇亞歷山大六世死後，其子切薩雷卸下神職，羅維雷家族的儒略二世成為新教皇。儒略二世與亞歷山大六世雖然是政敵，但他們強化教皇地位的想法與方針卻是一致的。

儒略二世很快就導入以強大聞名的瑞士傭兵。今日我們去教廷宮殿時，還可以看到儒略二世組建起來的瑞士近衛隊。接著，儒略二世開始改建聖彼得大教堂，並命令米開朗基羅畫西斯廷禮拜堂的天花板畫。

因為儒略二世只考慮自己本國的利益，這讓威尼斯感到不能接受。一五〇八年，儒略二世以威尼斯為敵對的對手，聯合德國、西班牙、法國組成康布雷同盟。

最喜歡康布雷同盟的是得到米蘭的法國路易十二世。路易十二世想利用這個同盟，趁機侵略南義大利。

儒略二世明白了法國的動向後，又打出新策略，聯合德國、西班牙、威尼斯組成神聖聯盟來對抗法國。儒略二世這個人是一個策士，也可以說是喜歡政治遊戲的人。一五一三年，儒略二世去世，法國也被趕出米蘭。

此外，這個世紀初時，根據《俗語讀本》的作者皮埃特羅·本博的倡導，托斯卡納語被體系化，成為近代義大利語的根源。但丁創作《神曲》時所使用的語言，就是托斯卡納語。

一五〇九年，亨利八世即位為英格蘭國王。

9—麥第奇家族出身的羅馬教皇，促成後期文藝復興的發展

熱衷於戰爭的儒略二世一旦去世，樞機主教們便是下一任教皇的候選人。因為教會不是軍事組織，所以再也不想要好戰的教皇了。

因此，麥第奇家族羅倫佐的次子喬凡尼樞機主教於一五一三年被選為教皇，也就是教宗利奧十世。

利奧十世和羅倫佐一樣，會為了舉辦慶祝活動而不惜金錢，並錄用了米開朗基羅和拉斐爾那樣的人材，讓後期的文藝復興運動在羅馬開花結果。

一五一五年，法國的路易十二世去世，法蘭索瓦一世繼位。

法蘭索瓦一世和路易十二世一樣，繼承了第一代米蘭公爵維斯孔蒂家族的血統（曾祖父奧爾良公爵路易一世的夫人是瓦倫蒂娜．維斯孔蒂）。所以法蘭索瓦一世主張自一四五〇年以後，繼承了斯福爾扎家的米蘭公爵，才是正統的繼承人，而自己就是那個繼承人，所以立刻就佔領了米蘭。利奧十世與法國的關係良好，對法國佔領米蘭之事視

而不見。

法國軍隊佔領米蘭公國時，天才李奧納多．達文西原本服務於斯福爾扎家族，但法蘭索瓦一世把這個天才帶回法國。達文西最後死在法國，留下了曠世名畫《蒙娜麗莎》。

10 販賣贖罪券與宗教改革的開始

但是，聖彼得大教堂的改建工程進度遲遲無法順利展開之事，讓利奧十世非常苦惱。聖彼得大教堂的改建工程從儒略二世就開始了，但在經費不足的情況下，工程一直無法順利進行。修建教堂的工作不能放著不管，只好考慮如何籌措經費。因為以前和法國曾經為了金錢而發生亞維儂之囚的事件，而英國議會的審核又非常嚴謹，所以無法從這兩個國家籌到經費。

可能籌措到經費的地方，只有被稱為羅馬母牛的德國了。很幸運的，恰巧美茵茲大主教與福格家族也有捐錢想法（捐錢給羅馬教會，藉此獲得特別許可，可以得複數主教的席位），及在德國販賣贖罪券。這是一五一五年的事。

所謂的贖罪券，是藉著羅馬教會的權威來減輕購券者罪行的東西。但是，維登堡大學的神學教授馬丁．路德對贖罪券提出異議。一五一七年，馬丁．路德公開發表《關於贖罪券效能的九十五條論綱》，明白提出「只有神能寬宥罪人」。宗教改革便由此開始了。

11─後來的麥第奇家族。佛羅倫斯的科西莫一世與嫁到法國的凱薩琳

在馬基維利以外交官的姿態進行調節下，佛羅倫斯有了短暫的共和制。但在查理五世的支援下，麥第奇家族再次取得權力的寶座。不過，科西莫一支已經滅絕，成為麥第奇家族當家的人，是科西莫弟弟系統的科西莫一世。一五三七年，科西莫一世成為佛羅倫斯公爵。一五六九年，科西莫一世又被教皇授予托斯卡尼大公的稱號，佛羅倫斯成為大公國。

麥第奇家族的凱薩琳，促成法國料理的起源

麥第奇家族羅倫佐直系的最後一位，是相當於曾孫輩的凱薩琳．德．麥第奇。一五三三年，雙親都已去世的凱薩琳嫁給法蘭索瓦一世的次子亨利。從文化水準較高的義大利，嫁到當時還是鄉下地方的巴黎，凱薩琳似乎很不愉快。所幸凱薩琳在當羅馬教皇的叔父克勉七世（羅倫佐的弟弟朱利亞諾的庶子）派了義大利廚師，跟著凱薩琳前去巴黎，讓凱薩琳不至於飲食不習慣。

當時法國宮廷裡，餐桌前是長板凳，用餐時大家挨著坐，並且用手取食物，以短刀切肉。

但義大利貴族用餐時是一人一張椅子，而且使用刀叉取用食物。

這樣的飲食禮儀是從巴格達的宮廷傳到敘利亞的大馬士革，再因為商業往來的關係，成為佛羅倫斯的麥第奇家族與羅馬貴族的用餐禮儀。雪酪也是從大馬士革傳到義大利的。

和凱薩琳同行的廚師們帶去的食物做法與飲食禮儀，其實就是現在世界有名的法國料理的起源。

12 為愛瘋狂的西班牙女王與查理五世

法蘭索瓦一世成為法國國王的第二年，卡洛斯一世成為西班牙國王，並且在一五一九年成為德國國王——也就是「德意志國民的神聖羅馬帝國」的皇帝查理五世。從查理曼大帝與奧托大帝開始，西方的羅馬皇帝就與羅馬這個城市漸行漸遠，一五一二年起正式採用上述的稱謂。

查理五世與法蘭索瓦一世持續了很長一段時間的對立與競爭。接下來討論查理五世的系譜。

勃艮第公爵「勇士查理」（大膽的查理）的獨生女瑪麗嫁給了哈布斯堡家族的馬克

西米利安一世，哈布斯堡家族因此一下子富裕了（繼承了法蘭德斯地方）。馬克西米利安一世與瑪麗的長子是「美男子」費利佩，費利佩的妻子是西班牙的伊莎貝拉與斐迪南的女兒胡安娜。

在都會的法蘭德斯長大的費利佩是一位英俊又高雅的年輕人。來自西班牙農村的胡安娜對費利佩一見鍾情，但費利佩婚後仍然不改遊興，因此胡安娜的精神變得極不穩定。一五〇四年，伊莎貝拉去世，胡安娜繼承了卡斯提亞的王位，便和丈夫費利佩一起回鄉繼承王位。但費利佩卻在這個時候突然病死。胡安娜因此悲傷得發瘋了。據說她不讓人埋葬費利佩，自己帶著載著費利佩棺木的馬車，在西班牙到處流浪，夜宿修道院。胡安娜後來被父親亞拉岡國王斐迪南二世監禁，斐迪南二世也成為胡安娜的監護人（也有人認為「瘋女胡安娜」的傳說，是斐迪南二世的陰謀造謠）。斐迪南二世死後，胡安娜與費利佩的兒子查理執政。但是查理直到一五五五年胡安娜死了，才正式成為卡斯提亞國王。

查理五世的名字德語是 Karl V，讀音：卡爾五世，西班牙語是 Carlos I，讀音：卡洛斯一世，法語是 Charles Quint，讀音：查理五世。也就是說他採用了曾祖父 Charles le Téméraire 的名字。

查理五世領導下的哈布斯堡家族領地，除了最初的奧地利外，從瑪麗那裡繼承了法蘭德斯，又從胡安娜那裡繼承了西班牙與西西里島、那不勒斯（這兩個地方原本是亞拉

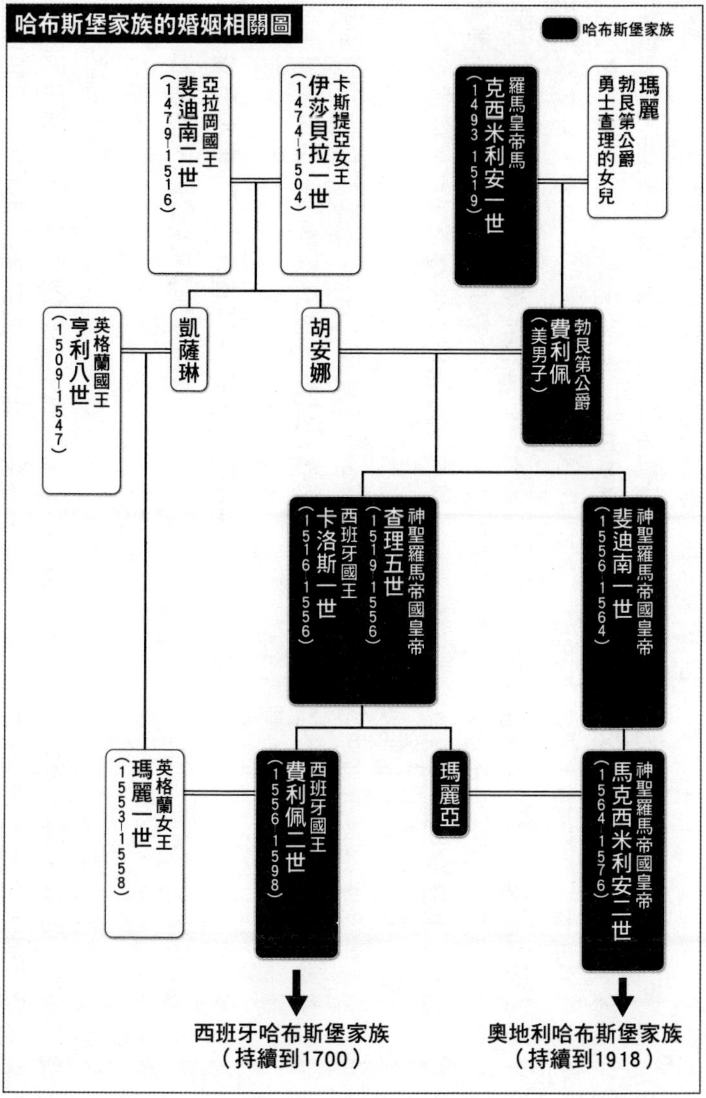
哈布斯堡家族的婚姻相關圖
哈布斯堡家族
亞拉岡國王 斐迪南二世（1479-1516）
卡斯提亞女王 伊莎貝拉一世（1474-1504）
羅馬皇帝馬克西米利安一世（1493-1519）
瑪麗 勃艮第公爵勇士查理的女兒
英格蘭國王 亨利八世（1509-1547）
凱薩琳
胡安娜
勃艮第公爵 費利佩（美男子）
神聖羅馬帝國皇帝 查理五世（1519-1556） 西班牙國王 卡洛斯一世（1516-1556）
神聖羅馬帝國皇帝 斐迪南一世（1556-1564）
英格蘭女王 瑪麗一世（1553-1558）
西班牙國王 費利佩二世（1556-1598）
瑪麗亞
神聖羅馬帝國皇帝 馬克西米利安二世（1564-1576）
西班牙哈布斯堡家族（持續到1700）
奧地利哈布斯堡家族（持續到1918）

岡王國的領土）。哈布斯堡家族藉著婚姻關係壯大了。查理五世一生執著於勃艮第的土地，而法蘭索瓦一世則執著於曾祖母的故地米蘭。對領土的執著，就是這兩人對立，競爭的源頭。

湯瑪斯．摩爾的《烏托邦》與「dollar」、「圓」、「元」的出現

一五一六年，英格蘭的湯瑪斯．摩爾完成了《烏托邦》（*Utopia*）。Utopia 是從希臘語的「沒有」和「場所」而來的，是湯瑪斯．摩爾創造出來的文字，意思是「理想國」。

當馬丁．路德點燃宗教改革之火時，波希米亞的「聖約阿希姆斯塔爾谷」（現在捷克的小鎮「亞希莫夫（Jáchymov）」，因當時住民大都是德國人，所以使用德文名稱Sankt.Joachimsthal）發現了銀山，鑄造大型的銀幣。這個銀幣因此被稱做是「聖約阿希姆斯塔爾谷的東西」（Joachimsthalers），簡稱「谷的東西」（thaler），被通用的時間長達數百年。這個「谷的東西」（thaler），到了新大陸後，發音從「thaler」，變成了dollar。在亞洲流通時，則因為銀幣的形狀是圓的，所以通稱為「圓」，「円」、「元」便是由此而生。Joachimsthalers 就是亞希莫夫之谷的意思。

13 葡萄牙掌控了前往東方的交易之路／西班牙先後消滅了阿茲特克帝國、印加帝國

時間稍微往前推一下。一五〇九年，葡萄牙的艦隊與埃及的馬木路克王朝、鄂圖曼王朝等的伊朗聯合艦隊，在印度洋西海岸的第烏海上展開海戰，葡萄牙軍大勝。但是，把參加這個世紀海戰的所有艦隊加起來，都沒有前一個世紀鄭和艦隊的規模。

發生第烏海戰之前的一五〇六年，從里斯本出發的葡萄牙印度總督阿爾布克爾克，已經佔領紅海入口的索科特拉島、波斯灣入口的霍爾木茲島，的的確確地控制了連接中國貿易的印度洋海權，讓印度洋變成葡萄牙的的海。一五一〇年阿爾布克爾克，又佔領了印度的果亞。另外，阿爾布克爾克也在一五一一年年趕走麻六甲海峽的麻六甲城的伊斯蘭勢力，並且佔領了麻六甲。就這樣，葡萄牙完全控制了西方往東方的貿易路線。

再來看西班牙。一五一九年，西班牙的征服者科爾特斯科爾特斯登陸墨西哥，花科爾特斯了三年的時間攻陷阿茲特克帝國的首都——湖上的鐵諾茲提朗（現在的墨西哥城），滅了阿茲特克帝國。十年後，另一位西班牙的征服者皮薩羅征服了在秘魯十分繁榮的印加帝國。

不論是科爾特斯還是皮薩羅，都是以寡敵眾，並且輕易就消滅阿茲特克帝國和印加帝國。馬與槍械當然是他們能夠獲勝的原因。因為新大陸沒有馬，也沒有槍械。高大馬

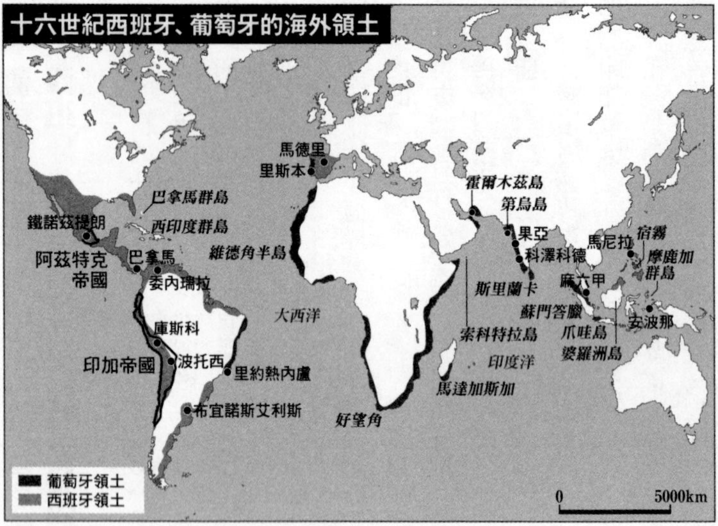

匹的速度與槍械的殺傷力，確實很可怕，但是真正成為他們致勝的最大武器，是歐亞舊大陸的病毒。

舊大陸當時是經歷了蒙古世界帝國全球化與瘟疫的地方，多數人已有對抗病毒的抗體，但新大陸的人們完全沒有病毒的抗體，一旦被天花之類的病毒感染，便一個接一個地死了。根據推斷，當時光是墨西哥就有大約兩百五十萬原住民死於病毒的感染。

14 瑞典大屠殺

為了對抗握有波羅的海霸權的漢薩同盟，丹麥與挪威、瑞典組成了卡爾馬聯合。但是瑞典並不樂見這個聯合，因為瑞典在地政學上有著與漢薩同盟共存的立場。

瑞典的獨立運動讓丹麥國王克里斯蒂安二世深感不滿，於是在一五二〇年造訪斯德哥爾摩時，一舉屠殺了齊聚一堂的瑞典貴族（斯德哥爾摩大屠殺）。但是，貴族中有人幸運地逃過了那場屠殺。

古斯塔夫．瓦薩便是幸運逃出的人之一，但他的父親卻死於那場屠殺。之後，古斯塔夫．瓦薩起義反抗，打敗了丹麥軍，開創了瓦薩王朝。卡爾馬聯合解體，丹麥、挪威的共主邦聯持續到一八一四年。

15 查理五世與法蘭索瓦一世之戰，以及新教諸侯的動向

薩克森選帝侯保護了被查理五世放逐的馬丁．路德

一五二一年，查理五世在沃木斯召開帝國會議，認定批評販賣贖罪券行為的馬丁．路德有罪，路德因此被教會放逐（禁止路德派決議）。查理五世是羅馬教會的忠實信仰者，或許他也覺得贖罪券不好，但彈劾羅馬教會是更不可以的事情。這就是他的立場。

在薩克森選帝侯腓特烈三世的幫助下，路德被藏在薩克森選帝侯領地瓦爾特堡城內。薩克森選帝侯幫助路德除了認為路德的抗議有其道理外，最主要的是不希望查理五世變

得更強大。此外，瓦爾特堡城因為華格納的歌劇《唐懷瑟》而享有盛名。

一五二二年，躲藏在瓦爾特堡城內的路德花了十個月的時間，把新約聖經翻譯成德文。不久之後，這本德文譯本的新約聖經出版了。這是近代德語的開始。總而言之，國家統一前要先統一語言，前面提到的但丁《神曲》與路德的這本《聖經》，可以說是義大利統一與德國統一的先驅。路德在進行宗教改革時，雙方也進行了宣傳單戰，這成為印刷、出版產業發展的原動力。

查理五世與法蘭索瓦一世的初戰

查理五世與法蘭索瓦一世是可以說是宿命般的對手。由於成功的婚姻策略，哈布斯堡家族的勢力順利地進入了法國東北的法蘭德斯、德國，及法國南部的西班牙。法國的危機感與對哈布斯堡家的敵意越來越強烈，法蘭索瓦一世以米蘭為據點，展開了與查理五世的長期對抗。一五二五年的帕維亞戰役，法蘭索瓦一世戰敗，被俘虜到馬德里；一五二九年的「康布雷合約」（Paix de Cambrai）讓法蘭索瓦一世放棄了義大利，雙方維持了短暫的和平。法國的波旁公爵夏爾三世在帕維亞戰役中指揮查理五世的皇帝軍，對查理五世的勝利有很大的貢獻。夏爾三世與法蘭索瓦一世有領土之爭，所以在帕維亞戰役幫助了查理五世。

法國在戰爭時，依賴的是瑞士傭兵，而查理五世的皇帝軍是馬克西米利安一世創建的德國雇傭兵（德國山區的農民傭兵、〔Landsknechts〕。查理五世讓波旁公爵率領德國雇傭兵前往羅馬，去威脅和法國有結盟關係的麥第奇家族出身的教皇克勉七世。但在包圍羅馬時，波旁公爵被槍擊而死，雇傭兵失去統帥而化為暴徒，在羅馬大肆搶奪與破壞，羅馬幾乎變成廢墟，在歷史上留下「羅馬之劫」的惡名。這是一五二七年的事。

「新教」的誕生

因為鄂圖曼王朝已經逼近維也納（第一次包圍），所以查理五世決定暫時放鬆對德國的宗教改革問題。一五二六年，他在詩貝亞召開帝國會議，宣佈暫停一五二一年發佈的「禁止路德派決議」。但是這個宣佈卻讓支持路德派諸侯的勢力抬頭，於是一五二九年的詩貝亞帝國會議再次決定要實行「禁止路德派決議」。

支持路德的五位諸侯與十四座都市不滿這個決定，向查理五世提出抗議書。因為這份「抗議」（Protest）書，路德派從此被稱為「抗議者」，也就是「新教」（Protestant）這個名詞的由來。本書後文會提到的加爾文派，也稱之「新教」。

一五三一年，德國的新教諸侯與諸都市結成了施馬爾卡爾登聯盟。

16 耶穌會與英國國教會的誕生

德國路德宗教改革的結果，促成新教國家的出現。對此一結果把持著危機感的七個年輕人，在巴黎大學展開活動，促使羅馬教會能夠重生。這時正是中國的明朝為了北虜南倭頭痛不已的時候。為促使羅馬教會重生而創設的組織是「耶穌會」。耶穌會的三大要求是貞潔、清貧、傳教到全世界。

巴黎大學是當時最高的神學學府，那七個人包括了依納爵．羅耀拉和方濟．沙勿略。耶穌會成立於一五三四年，這一年英格蘭也發生了讓羅馬教會頭痛的事情。英格蘭的亨利八世對羅馬教皇不允許自己離婚之事十分憤怒，便公佈了國王至上法（首長令）。這條法令規定英格蘭教會的首長不是教皇，而是英格蘭國王。在這條法令誕生了英格蘭國教會，反對這條法令的湯瑪斯．摩爾被處死。亨利八世開心地離婚了，很快地和第二任妻子安妮．博林結婚，並且生下伊麗莎白一世。

然而亨利八世對抗羅馬教會的目的並不只是為了離婚，更重要的目的是奪取修道院的財產。因為修道院的是羅馬教會的，也就是是屬於神的財產，所以國王不可以動用。可是，如果可以自由地使用修道院的錢的話，英格蘭這個國家就會更富有。所以亨利八世計畫催毀修道院，要在國王至上法發佈之後的六年內，讓英格蘭境內的所有的修道院消失。

因為有修道院的話，有人就可以以信仰為擋箭牌，不工作、不為國家投入戰場、不為國家貢獻力量，寄生在修道院中。所以不需要修道院，有教會就可以了。這就是亨利八世的想法。

17 加爾文的瑞士宗教改革

一五三六年，法國人尚．加爾文在瑞士的巴塞爾公開《基督教要義》，倡導救贖預定論。

救贖預定論是說：神事先就已經決定好誰能獲得救贖，而且獲得救贖的人是能夠克制自己，遵從天命而得到成功的人。但這樣的教義對羅馬教會非常不利。如果神事先就已經決定了，那麼誰還會奉獻金錢、物資給教會？誰還會去羅馬朝聖呢？不用捐獻，不用朝聖，也能夠獲得救贖。

加爾文的理論獲得了大多數日內瓦民眾的支持，於是日內瓦於一五四一年起，開始了神權政治。所謂的神權政治，便是以「尋求清淨己身，重視規律的生活，相信自己也會成為神的選擇」的信念，來治理人民的政治。這樣的神權政治在日內瓦持續了約二十年。在法國加爾文主義者則被稱為胡格諾派。

到了二十世紀，德國的社會科學家馬克斯．韋伯認為加爾文主義正是讓資本主義發達的原因，一九〇四年完成了著作《新教的理論與資本主義的精神》。

就這樣，羅馬教會的宗教性領土越來越少了。

德國、瑞士脫離了羅馬教會，英格蘭有了自己的國會教，新教的風潮又擴及瑞典等北歐諸國。要如何彌補失去的這些領土所形成的漏洞呢？此時能想到的，就是美洲大陸與亞洲了。沙勿略就是在這種情況下，去到了日本。

18 鄂圖曼帝國給法國治外法權，不平等條約的開始

法蘭索瓦一世在與查理五世展開全面對抗之際，與蘇萊曼一世結盟。蘇萊曼一世對奧地利展開侵略的行動，而奧地利正是哈布斯堡家族的本籍地。對法國來說，鄂圖曼王朝是敵人（查理五世）的敵人，而敵人的敵人便是自己的「友方」。

法國與鄂圖曼帝國雖然是同盟的關係，但是以國力來說，當時的鄂圖曼比法國更加強大，所以蘇萊曼一世給了自己眼中的小國法國一項外交上的特權，那就是被稱為「治外法權」（領事裁判權條約），擁有領事裁判權，可以自由通商、居住、免除租稅等權利的特權（一五三六年）。

聽說了這件事後，英格蘭與低地國（位於法蘭德斯北部的低地諸國。包括現在的荷比盧三國）也紛紛向鄂圖曼帝國要求，希望比照法國得到領事裁判權；鄂圖曼帝國大方

地一一答應了。

領事裁判權原本是強國給小國的特惠條約。但對獲利之事特別敏銳的歐洲諸國，在明白了「這是不得了的好處」後，便把「領事裁判權」推廣到全世界。就連對象是比自己強大的鄂圖曼帝國，一旦締結了那樣的條約，還是能要求到有利的條件，於是他們開始強迫比自己弱小的國家締結領事裁判權條約，以獲得更多的利益。日本明治時代與各國簽訂的不平等條約，就是這樣的例子。

19 西班牙的惡政：監護征賦制

西元一五〇三年，屬於西班牙領地的美洲開始了監護征賦制。

所謂的監護征賦制，是把原住民委託給征服者的制度。

這個制度的主旨是「開拓者的任務就是讓原住民改信基督教。但是，為了讓原住民改信宗教，有經費上的開銷，所以要用原住民的勞動力，來處理那些經費開銷。」一般的說法就是：可以把原住民當做奴隸。

但是，這個制度實在太過自私，所以連在當地的羅馬教會人士也看不下去而進行告發。其中最有名的告發者，是親自體驗、實行過監護征賦制的道明會教士德拉斯．卡薩斯，他看清楚監護征賦制的真面目，竭力控訴這個制度的殘忍。德拉斯．卡薩斯的控訴打動了查理五世的心。於是，一五四二年，西印度群島新法公佈了，監護征賦制被階段性地廢除了。

但是，殖民地當局或征服者（接受委託原住民的殖民者）們，卻對德拉斯．卡薩斯非常不滿，指責他是賣國賊，說他是自虐史觀者，認為他的控訴根本是在抹黑、貶低西班牙。首次在世界史上大張旗鼓地使用到「自虐史觀」這個用語的，大概就是這個時候吧！

一五四四年，西班牙決定把新大陸的統治權一分為二，一個是墨西哥，另一個是秘魯，並且各設置了國王的代理「總督」，由總督代理西班牙國王統治墨西哥與秘魯。

一五四四年，安地斯的波托西發現了大銀山。波托西銀山和日本的石見銀山一樣，是十六世紀最大的銀山。

不過，波托西銀山位於海拔四一〇〇公尺高的地方。高山地區氧氣稀薄，在那樣的地方採礦是非常艱辛的工作。西班牙人讓原住民礦工咀嚼古柯葉，在興奮的狀態下拚命挖掘、採礦。因為過度的興奮與勞動，據說當時有八百萬人因此而犧牲。

一五四三年時，發表《天體運行論》的波蘭人哥白尼去世。主張地動說的這位天文學者，也曾經是羅馬教會的祭司。

20—在新教的攻勢中退位的查理五世

一五四五年，羅馬教會集合了主要的主教，在特倫托召開首次大公會議。為了促使羅馬教會能夠重生，特倫托大公會議在新教的強大攻勢中展開，並且持續舉行會議到一五六三年。會議中一再確認教義、糾正神職者的腐敗或墮落行為，謹慎處理聖人或聖物的過度崇拜情形。

所謂的聖物，例如是內含一根頭髮的水晶玉石。玉石中的頭髮會被傳說成某人一位聖人的遺物。靠著這樣的「聖物」，號召信徒捐獻金錢的事經常發生。大公會議於是禁止誇大所謂的聖物或聖代事蹟來斂財，這都是因為新教的不斷指控。羅馬教會洗刷了污點，教會變得簡樸許多。

不過，相對的，華麗的宗教活動也不見了。在文藝復興時代結束的時候，教會藝術也同時結束了。有些人確實有這樣的想法。

查理五世與施馬爾卡爾登聯盟的戰爭

查理五世是忠誠的羅馬教會支持者，不允許德國境內有新教諸侯（施馬爾卡爾登聯盟），更何況施馬爾卡爾登聯盟還和法蘭索瓦一世也有結盟的關係。一五四六年，查理五世開始與施馬爾卡爾登聯盟作戰，以西班牙軍為主體的查理五世軍獲勝。然而，獲勝的查理五世並不能在政治上使路德派屈服。

一五四七年，以法國的威信為賭注，持續與查理五世對抗的法蘭索瓦一世，和給了六次婚，創建英格蘭國會教、讓修道院解散的亨利八世，都在這一年去世了。

查理五世的嫡長子費利佩二世與英格蘭女王瑪麗一世結婚

亨利八世的嫡子愛德華六世繼承了英格蘭國王的王位，但是愛德華六世十五歲就死了，一五五三年，亨利八世的長女瑪麗一世即位。這位瑪麗一世與查理五世的長子費利佩二世結婚了。

費利佩二世和父親查理五世一樣，是羅馬教會的信徒，徹底地厭惡新教。瑪麗一世受到丈夫的影響，也對新教展開了迫害的行動，因此得到了「血腥瑪麗」的綽號。

這個時期也出現了君士坦丁堡流行咖啡屋的記載。據說咖啡是西元九〇〇年前後，被當做醫藥品，從衣索匹亞的卡非（capha）傳到阿拉伯，然後再傳到鄂圖曼王朝，並在鄂圖曼包圍維也納（一五二九年）時，傳進維也納。

不過，十七世紀初期的威尼斯已經有咖啡屋了，所以咖啡到底是先到維也納？還是

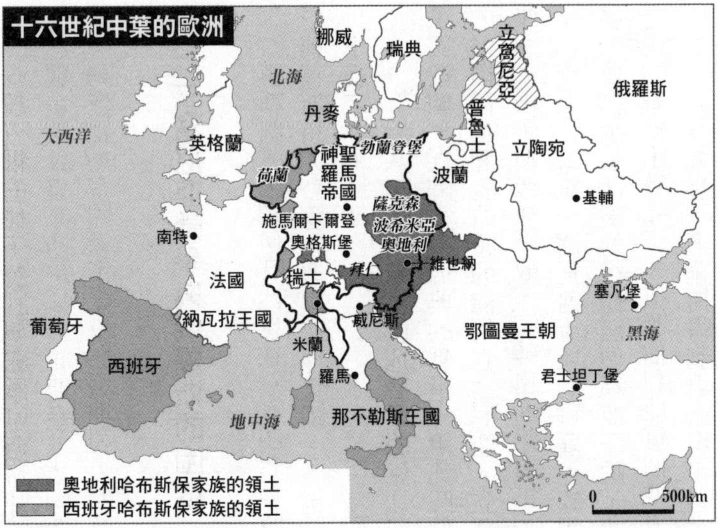

先傳到威尼斯的？意見並不相同。不過，無論如何，咖啡都是從鄂圖曼王朝傳到歐洲的，這一點應沒有異議。

奧格斯堡的宗教和議承認路德派，感到氣餒的查理五世

一五五五年的奧格斯堡宗教和議後，德國諸侯先後認可了領內的路德派信仰。也就是說此時德國諸侯領地內的信仰問題，並沒有受到查理五世的干涉。不過，當時被認可的只有路德派，加爾文派並沒有受到相同的認可。一直致力於驅逐新教的查理五世最後也氣餒了，他於一五五六年退位，兩年後去世。

查理五世死後，哈布斯堡家族的廣大領地從此一分為二。

查理五世的兒子費利佩繼承了西班牙、低地國，和義大利（米蘭、西西里、那不勒斯）與美洲，是為西班牙哈布斯堡家族的費利佩二世。而查理五世的弟弟斐迪南一世繼承了神聖羅馬帝國皇帝之位與奧地利，成為奧地利哈布斯堡家族的當家。

21 立窩尼亞戰爭與俄羅斯的困境

莫斯科大公國伊凡四世在一五四七年時即位為沙皇（斯拉夫語為「凱薩」的意思），自稱莫斯科大公國為俄羅斯沙皇國。不過，周圍的國家仍然視其為莫斯科大公國。本書以下稱之為俄羅斯。

一五五八年，被稱為伊凡雷帝的伊凡四世巡視立窩尼亞（現在的拉脫維亞），展開了與波蘭、立陶宛、瑞典的戰爭。伊凡四世為了擴大交易的利潤，希望得到良港，他的目標便是面對波羅的海的立窩尼亞。立窩尼亞戰爭是一場漫長的戰爭（直到一五八三年），俄羅斯最後戰敗，國勢也因此弱化。

一五八二年，窩瓦河流域的哥薩克族領袖葉爾馬克，得到俄羅斯貴族的允許向東發展，攻打金帳汗國的後裔西伯利亞汗國，並且攻陷了西伯利亞汗國的首都。葉爾馬克在之後的戰役中戰死了，但西伯利亞這個地方因為與西伯利亞汗國而得名。

一五八九年，俄羅斯得到君士坦丁堡宗主教廳等的許可，可以與亞歷山大港、安提約基雅、耶路撒冷等地方並列宗主教席位。一五八九年，鮑里斯．戈東諾夫成為俄羅斯的大公。瑞典的瓦良格人留里克自九世紀進入俄羅斯後，其子孫便成為代代繼承俄羅斯的國王，但是伊凡四世的後繼者費奧多爾一世病弱且早逝，留里克王朝就此斷絕，由費奧多爾一世的攝政，也就是妻舅鮑里斯．戈東諾夫被選為大公。

但是，俄羅斯並沒有走出立窩尼亞戰爭的重創。戰敗之後，俄羅斯進入大饑饉，及被稱為「混亂時期」的動亂時代。一六〇五年起，俄羅斯波蘭戰爭開始，以莫斯科為始的許多俄羅斯國土被佔領，俄羅斯也進入真正的苦難時代。

22 胡格諾戰爭與三亨利之戰

一五六二年起，法國經歷了總計八次，橫跨約四十年左右的胡格諾戰爭。胡格諾是羅馬教會對加爾文派的稱呼。總之，這個戰爭是法國的羅馬教會派對加爾文派的戰爭。

法蘭索瓦一世死後，兒子亨利二世繼承法國國王的王位。但是，一五五九年，亨利二世因為一場騎馬槍比賽的意外而死，他的妻子凱薩琳．德．麥第奇成為王太后，便扶植自己的兒子法蘭索瓦二世、查理九世為國王，自己以攝政的地位干預國政。凱薩琳希望胡格諾派與羅馬教會能夠和解，但羅馬教會方面對此感到不滿，胡格諾戰爭因此開始了。

凱薩琳擔心胡格諾戰爭的未來，便讓胡格諾派的領導者波旁家族的納瓦拉國王亨利，與自己的女兒瑪格麗特結婚。但是婚禮結束後不久，一五七二年的八月二十四日，羅馬教會在聖巴托羅繆紀念日的這一天，發動了對胡格諾派人物的大屠殺（聖巴托羅繆大屠殺）。如此一來，法國的宗教對立完全陷入泥沼之中。而所謂的三亨利之戰，是指法國國王亨利三世（查理九世的弟弟）、羅馬教會派（聯盟）的領導者吉斯公爵亨利，和胡格諾派的納瓦拉國王亨利的戰爭。

起初先是法國國王亨利暗殺了吉斯公爵亨利，但接著法國國王亨利也被暗殺了。凱薩琳的子女中，有三個兒子當了法國國王，但他們都死了，瓦盧瓦王朝也就此斷絕。這種情況類似之前卡佩王朝斷絕的情形，在第十一任國王腓力四世死後，雖然他的三個兒子先後繼位，但最後也都死了，卡佩王朝因此絕後。於是亨利繼承了王位，法國也進入波旁王朝。關於波旁王朝的第一位君主亨利四世，之後會再敘述。

一五七六年，法國的政治思想家布丹出版了《國家六論》。布丹的主張是重商主義與絕對主義。布丹的思想相當於五百年前中國的王安石提出的新法。

23 西班牙開始沒落，費利佩二世的「血統純潔度規定」

西班牙在查理五世退位的隔年，一五五七年時發佈了「國庫停止支付宣言」，也就是說國家破產了。之後的費利佩二世也發佈了三次左右的「國庫停止支付宣言」。這就是當時的日不落國的實際狀態。

西班牙明明從美洲輸入了大量的銀，為什麼還會破產呢？與法國和新教的戰爭固然花了很多錢，但讓西班牙破產的最主要原因是「血統純潔度規定」的法令。趕走了猶太人和穆斯林（伊斯蘭教徒）後，西班牙覺得這樣還不夠，還進行了排除猶太皈依者與穆斯林皈依者的政策。

猶太皈依者是指改信基督教的猶太教教徒，穆斯林皈依者是指改信基督教的伊斯蘭教教徒。

血統純潔度規定是非常極端的政策，是無端要追溯到祖先的調查。如果A先生的祖先是猶太人或穆斯林，那麼A先生就不能在公司內擔任職。在此之前的八百年，西班牙處於伊斯蘭世界中，也有很多猶太人在此生活（居住在東歐的猶太人稱為「阿什肯納茲猶太人」，居住在西歐的猶太人稱為「塞法迪猶太人」），他們之中當然也有基督教徒。

因為以前三個宗教是和平共存的，所以哪裡都有與猶太人或穆斯林的家族。一旦要求徹底執行「血統純潔度規定」的調查，那麼幾乎大部分的人都不能在西班牙工作了。所以似乎也有不少人操作、改變了族譜。

在「血統純潔度規定」下，很多優秀的人才紛紛離開西班牙，西班牙的人口因此急遽減少。

「血統純潔度規定」的法令持續執行了很長的時間，直到一八〇八年拿破崙佔領西班牙後，這條法令才被廢除。西班牙訂定國家獨特異己份子審問制的偏狹思想傾向，破壞了西班牙的經濟。

伊麗莎白一世即位為英格蘭女王後，停止了對新教的迫害

英格蘭女王瑪麗一世因為陪伴丈夫費利佩二世參與對法國的戰爭，但戰敗的結果讓英格蘭失去歐洲大陸上的領地加萊，瑪麗也在失意中病逝，時間是一五五八年。

瑪麗一世死後，同父異母的妹妹伊麗莎白一世繼位為英格蘭女王。伊麗莎白一世反省了瑪麗一世胡亂迫害新教教徒之事，所以再次發佈國王至上法，把英格蘭國教會放在國家的主軸位置。在以威廉·塞西爾為中心的優秀臣僚輔助下，伊麗莎白一世為英格蘭創下安定的盛世。但伊麗莎白一世輝煌的治世除了歸功於優秀的臣僚外，最重要的還是伊麗莎白一世本人謹慎的個性。她的「明察無言」名言，早就名聞遐爾。

西班牙的衰退與低地國的崛起

費利佩二世在已經是領土的低地諸國外，也想著提高羅馬教會的權威。可是，畢竟是在國外，所以血統純潔的規定在此是行不通的。

相對於此，低地國對思想偏狹的費利佩二世，從一五六八年起，展開了稱為八十年戰爭的大獨立戰爭。低地國的代表性產業是毛織品，而毛織品原料的羊毛來自於英格蘭。低地國與英格蘭都是表示可以理解新教的地方，很自然地有攜手的關係。

此外，低地國獨立戰爭開始的那一年，費利佩二世統治的西班牙格拉納達，也發生了伊斯蘭教徒不滿宗教鎮壓的反抗事件。

征服菲律賓與墨西哥銀的輸入

一五六九年被任命為秘魯總督的法蘭西斯科·托雷多，是一個能讓混亂的秘魯安定下來的優秀行政官。一五七二年，印加帝國的最後一個皇帝被處死，印加帝國完全滅亡了。另外，在導入汞合金法後，波托西銀山的生產量有了飛躍性的成長。波托西的銀從秘魯被運送到墨西哥的阿卡普爾科，再從阿卡普爾科流入到菲律賓，所以被稱為墨西哥銀，成為全世界的通貨。東亞因為墨西哥銀大量流入的關係，而出現泡沫經濟鼎盛的情況。

一五二一年，麥哲倫在初次世界一周航行的途中發現（登陸）菲律賓。麥哲倫最後死於菲律賓，而真正征服了菲律賓的人，是一五六五年從墨西哥總督轄區出航的萊加斯皮（第一任菲律賓總督）。順帶一提，「菲律賓」這個地名源自費利佩二世的稱號。

馬鈴薯傳入歐洲

馬鈴薯也大約在這個時候傳入歐洲。馬鈴薯可以說是拯救了歐洲飢饉的食物，它不僅非常栽種，也容易獲得龐大的產量。玉米和煙草則是早在哥倫布的時候，就已經傳入歐洲了。舊大陸從新大陸獲得了蕃茄、馬鈴薯、甘藷、玉米、辣椒、青椒、南瓜、花生、青豆、草莓、煙草等等，但回饋給新大陸的卻是散播病毒。

鄂圖曼王朝在勒潘陀海戰中吃了敗仗

一五七一年，鄂圖曼王朝佔領了賽普勒斯島，引起西班牙與威尼斯的不滿，於是聯手對付鄂圖曼，在勒潘陀展開海戰，結果西班牙這邊獲得勝利。這是歐洲國家首次戰勝鄂圖曼，這令歐洲沸騰起來，但費利佩二世卻沒有趁勝追擊，也沒有因此佔有賽普勒斯島。鄂圖曼王朝憑藉著雄厚的資金，很快重建了海軍。敘述這場戰爭的《唐吉訶德》作者塞凡提斯，也參與了這場戰爭。

雖然獲得葡萄牙，但低地國（荷蘭）宣佈要獨立

一五八〇年，因為鄰居葡萄牙阿維斯王家絕後了，於是由母親是葡萄牙公主的西班牙國王費利佩二世兼任葡萄牙國王。這個時代的西班牙有「日不落國」之稱，是「西班牙的黃金世紀」，可見當時的西班牙有十分廣大的領土。不過，前面也說過了，這個國家在費利佩二世即位的第二年，便宣告國庫破產。

低地國的北部七州聯合成「烏特勒支同盟」，在一五八一年的時候，向西班牙表明要獨立。

於是費利佩二世派出艦隊（無敵艦隊），去對付支援低地國叛亂的英格蘭。英格蘭得到天候眷顧，在一五八八年的艦隊之戰中獲得勝利。這場戰役進行中時，貯存在西班牙船內食物——馬鈴薯，漂流到英格蘭的海岸，成為後來英國人的主食。

但是，認為這次的海戰後，大西洋制海權便轉移到英格蘭的想法，卻未必正確。當時的英格蘭沒有海外的殖民地，還是一個小國，海軍的力量也還不大，所以大西洋的制海權仍舊被西班牙把持著。後來西班牙又前後派遣艦隊四次前往英格蘭，但都沒有獲得

成功。

一五八二年，教皇額我略十三世改良儒略曆，制定了西曆，也就是我們使用的曆制。

24 亨利四世頒佈「南特敕令」，結束了法國宗教革命

一五八九年的三亨利之戰中，唯一活下來的是納瓦拉國王亨利。這位亨利就是亨利四世，也是波旁王朝的創始者。聰明的亨利四世非常煩惱讓法國陷入泥沼的宗教對立。他本身雖然是胡格諾派，但當時法國卻以羅馬教會派佔多數。考慮到國民恐怕不能接受國王是少數派這種事，亨利四世改信奉羅馬教會派。

被稱為「多情君主」的亨利四世（法蘭斯．普魯畢司畫）

一五九八年，亨利四世發佈了南特敕令。

根據南特敕令，羅馬教會成為法國的國教，並承認新教和羅馬教會一樣，有同等的權利。這個英明的決定，大大緩和了胡格諾派與羅馬教皇派之間的對立與仇恨。

據說亨利四世是一位多情的君主（和瓦盧瓦的瑪格麗特離婚後，與瑪麗・德・麥第奇再婚），並且性情開朗，深受人民愛戴，即使到了現在，仍然是法國歷代國王中最受喜愛的一位。湯瑪斯・曼的兄長海因里希・曼就寫下數本以亨利四世為題材的小說。

第二章

亞洲四大帝國極大化，路易十四君臨歐洲

比起十六世紀，十七世紀的歐洲朝著通貨緊縮的趨勢推移。但十七世紀卻是亞洲的四大帝國輝煌時代。清朝的中國名君康熙皇帝的治世進入鼎盛期，薩法維王朝在這個世紀的前半，蒙兀兒王朝在這個世紀的中葉，都各自進入王朝的最輝煌時期。另外，鄂圖曼王朝則是跨世紀地維持著最大的疆域。

在歐洲，以德國為中心的宗教戰爭則是如火如荼地進行著。宗教上的紛爭早已根深蒂固，難以化解，尤其是羅馬教會與新教之爭。典型的紛爭模式便是：羅馬教會派的頑固君主鎮壓新教派，然後新教派展開反擊。三十年戰爭就是這種典型的代表。但新教的教徒以能夠自己閱讀聖經為前提（識字率高），不乏年輕優秀，有很好想法的人，所以每經一次戰爭，羅馬教會就持續走弱。

當時王位繼承戰也越來越激烈。歐洲的戰爭幾乎都與王位繼承有關。當時的「國」，是還不能稱為「國家」（現代的人民國家）的狀態，一般說來，戰爭都是為了王國的領土之爭。況且，歐洲的王室互相通婚，彼此都有血緣的關係，隨便找個理由都可以介入別的國家的繼承問題。法國的一代名君太陽王路易十四，也屢屢因為王位繼承問題而發動戰爭。

1 世界最早的股份公司——東印度公司的誕生

一五八一年宣佈從西班牙獨立的低地國荷蘭，於一六〇二年設立了全世界第一個股份有限公司——東印度公司。以前船隻出航的交易結構是每次航行出海前向各方籌措資金，回航後再清算各方所得，然後就解散，但荷蘭準備在印度洋交易上進行半永久性的投資，所以持續性地投入資金。東印度公司的成立，其實是為了對抗西班牙，奪取被西班牙合併了的葡萄牙的印度洋權利（辛香料的交易等等）。

這個公司握有和非洲南端好望角以東的亞洲諸國建立關係、締結條約或交戰的權利，如同一個海上帝國。因為那是一個沒有電話，也沒有飛機的時代，任何重大的決定，都必須一一等候母國的指示，沒有辦法針對事情做出立即的反映。一六一九年，荷蘭在雅加達的巴達維亞城設立了東印度公司的據點。

其實英格蘭成立公司的時間，比荷蘭成立東印度公司更早。伊麗莎白一世早在一六〇〇年便設立公司，但那不是股份公司，而是因應每次出航而召募出資者的舊形式的公司。不過，不久後英格蘭也模仿荷蘭，同樣成立東印度公司。

2 三十年戰爭前夕

詹姆斯一世繼任為英格蘭國王，與蘇格蘭形成共主邦聯

在敘述三十年戰爭前，先整理一下襲捲歐洲全土的三十年戰爭爆發之前的英格蘭的局勢吧！

一六〇三年，英格蘭的「童貞女王」伊麗莎白一世去世，繼承了亨利七世血統的蘇格蘭瑪麗一世（瑪麗．斯圖亞特）的嫡子詹姆士六世即位為英格蘭國王，稱詹姆士一世。都鐸王朝就這樣被斯圖亞特王朝取代了。

此外，由於蘇格蘭王也兼任英格蘭王，所以兩國形成了共主邦聯的關係。不過，直到一百年後的一七〇七年，這兩國才一體化，稱為大不列顛王國。接著又過了一百年，愛爾蘭成為大不列顛王國的一員，英國終於形成了（俗稱「米字旗」的英國國旗圖案，就是這三個國家的國旗合起來的圖案）。

然而詹姆士一世正是王權神授這種頑固絕對王權的信奉者，認定國王的權利是神給的，英格蘭卻是實施限制王權，執行議會政治的國度。可以預見的是斯圖亞特王朝與英格蘭議會格格不入的局面。後來英格蘭國王與議會，果然有著層出不窮的激烈紛爭。

同樣是一六〇三年，法國的探險家尚普蘭在國王亨利四世的命令下，在北美登陸，完成了魁北克殖民化的的第一步。另外，一六〇六年，英格蘭設立了維吉尼亞公司，並以此公司為中心，往新英格蘭地方，也就是從現在的波斯頓一帶，往北展開佔領的行動。

《唐吉訶德》、《哈姆雷特》、《唐璜》

一六〇五年，塞凡提斯的《唐吉訶德》出版了。有趣的是，同一時期裡，莎士比亞的《哈姆雷特》也首次登上舞台。此外，一六〇三年，西班牙的劇作家提索·德·莫里納（Tirso de Molina），正在撰寫唐璜的故事《塞維亞的色狼騙子》。

滿腹理想的唐吉訶德、迷惘的哈姆雷特、只知追逐女性的唐璜。據說男人可分為這三大類型，而這三大類型在一六〇〇年代初幾乎同時現身。歷史的偶然真的很奇妙。

西班牙與荷蘭簽訂停戰協定，在境內對穆斯林皈依基督教者發出驅逐令

一五六八年發動反抗行動的荷蘭（北部七州），在一五八一年宣佈獨立，進入與西班牙作戰的狀態。一六〇九年，雙方簽下停戰十二年的協定，形同事實上承認荷蘭獨立。

這時的西班牙是繼承了費利佩二世的費利佩三世執政時期。同樣的一六〇九年，費利佩三世發佈了驅逐穆斯林皈依者的命令，那是血統純潔度規定的延長法令。穆斯林皈依者是指改信基督教的伊斯蘭教徒，被稱為「小摩爾人」（摩爾人是對阿拉伯柏柏爾人的稱呼）。

由於這個愚蠢的政策，讓「小摩爾人」承擔的農業大受打擊，西班牙的人口因此銳減，國力也衰退了。

哈布斯堡家族是一個不出賢王的奇怪家族。在文化上，哈布斯堡家族雖然出了一個保護天文學家克卜勒、畫家阿爾欽博托的魯道夫二世（在位：一五七六—一六一二）這樣有魅力的君主，卻沒有像法國的奧古斯都（腓力二世）或亨利四世、英格蘭的亨利五世或伊麗莎白一世那種君主。

一六〇五年，荷蘭的東印度公司奪走了葡萄牙屬地摩鹿加群島的中心都市安波那。

摩鹿加群島盛產辛香料，而歐洲最想從亞洲得到的，就是茶、絲綢、陶瓷器和辛香料。自古以來辛香料就是以肉食為主的歐洲人的生活必需品。被荷蘭奪走這個據點的葡

萄牙，從此國勢迅速衰退。

法國的亨利四世被暗殺，王后瑪麗．德．麥第奇成為攝政

英明的法國國王亨利四世被暗殺，才九歲的兒子路易十三即位，亨利四世的王后瑪麗．德．麥第奇成為路易十三的攝政。

亨利四世的第一位妻子是瓦盧瓦的瑪格麗特公主，父親是亨利二世，母親是凱薩琳．德．麥第奇。瑪格麗特與亨利四世沒有子嗣，且與亨利四世離婚。而亨利再婚的對象，就是瑪麗．德．麥第奇（科西莫一世的孫女）。羅浮宮裡有不少魯本斯描繪瑪格麗特生涯的作品。繼瑪格麗特之後，可能成為當時歐洲最大國家法國的兩位王妃人選，都是麥第奇家的女性，可以想見當時麥第奇家族的聲望與財力。

羅曼諾夫王朝的誕生，父親代替兒子執政

動亂中的俄羅斯從一六〇五年起，便與波蘭處於戰爭的狀態，莫斯科甚至兩次淪陷，一直處於堅苦的局面。一六一三年，聽話的十六歲米哈伊爾．羅曼諾夫的被選為大公。俄羅斯的貴族們大概認為這樣就可以操控羅曼諾夫了。

然而米哈伊爾・羅曼諾夫的父親菲拉列特可不是泛泛之輩。菲拉列特曾經被鮑里斯・戈東諾夫放逐，卻仍然在一六一九年當上了莫斯科的宗主教，他代替米哈伊爾執政，奠定了羅曼諾夫王朝的基礎。

荷蘭成立了第一所陸軍士官學校

一六一六年，荷蘭的拿騷・錫根伯爵約翰・毛里茨創建了第一所陸軍士官學校。約翰・毛里茨也是荷蘭對西班牙獨立戰爭的領導人（他在海牙的毛里茨住宅，現在是荷蘭王家的美術館）。

當時的軍隊以傭兵為中心。一般而言，當國家有需要軍事力量時，就用錢與傭兵隊長交涉，僱用整個傭兵團。但是傭兵雖然能夠帶來軍事力量，卻缺乏國家意識，很難做思想上的溝通。於是荷蘭便開始培育可以貫徹國家命令的軍人幹部。在陸軍士官學校出身的幹部之下，透過徵兵制來募集士兵，成立先進的軍隊。荷蘭很早就開始以這個方向為目標了。

3 德國開始三十年戰爭

一六〇八年，德意志以普法爾茨選帝侯為盟主，成立了聯盟（新教聯盟）。與這個聯盟對抗的，是巴伐利亞公爵的羅馬教會派聯盟，宗教對立的形勢越來越高漲。

另一方面，繼承了奧地利的哈布斯堡家族斐迪南二世（神聖羅馬帝國皇帝。在位：一六一九－一六三七）於一六一七年也成為波希米亞國王。他是羅馬教會派，家庭教師是耶穌會的傳教士，成為波希米亞國王後便開始鎮壓波希米亞的新教。

但是，曾經被視為異端份子的揚．胡斯正是出身波希米亞，可見波希米亞是新教的強國，也馬上就展開反抗斐迪南二世的鎮壓。以海德堡為國都的新教普法爾茨選帝侯呼應了波希米亞的行動。

就這樣，被稱為三十年戰爭的德國國內宗教戰爭開始了。早先，這個的戰爭被稱做是波希米亞普法爾茨戰爭，戰爭進行到一六二三年時，羅馬帝國皇帝的軍隊獲勝。三十年戰爭是以德國為舞台的新教派與羅馬教派之爭，其起因可以說是斐迪南二世進行了不必要的鎮壓才造成的。

前往新大陸的朝聖先輩

一六二〇年，英格蘭的一部份新教徒搭乘五月花號前往美洲，在普利茅斯上岸。

英格蘭的議會擁有相當程度的權力，所以不會像西班牙那樣鎮壓新教。可是，在伊麗莎白一世去世，英格蘭進入相信王權神授的詹姆士一世的時代，隨之而來的社會變化使得人民的生活變得困難。在這樣的情況下，被稱為朝聖先輩的加爾文派的一些人於是前往美國。

這些朝聖先輩正是美國的建國神話之始。

4 丹麥的介入開啟三十年戰爭的第二幕

丹麥獨立，卡爾馬聯合解散（一五二三年）後，丹麥和瑞典結成共主邦聯（直到一八一四年）。但是，從一五八八年一六四八年這大約六十年的時間，是克里斯蒂安四世君臨天下的時代。

一六二三年，奧斯陸西部的山脈發現了銀礦，克里斯蒂安四世得到了龐大的財源。克里斯蒂安四世整頓了哥本哈根的市區街道，也強化了軍隊，接著在一六二五年時入侵德國（丹麥下薩克森戰爭）。丹麥是支持新教的國家，所以以新教援軍之姿參與三十年戰爭，但這只是表面上的理由，背後的原因是對擴張領土的企圖心。

戰爭持續了將近四年，最後勝利屬於斐迪南二世。

英格蘭議會提出「權利請願書」

詹姆士一世死後，其子查爾斯一世繼承了英格蘭國王的地位。由於一世也是頑固的王權神授說信奉者，經常和議會起衝突。議會於是在一六二八年提出「權利請願書」。「或許因為你是蘇格蘭人所以不知道。但英格蘭人有這樣的傳統，臣民有這樣的權利。所以請不要任意下命令。」

為了權利的問題，議會與國王之間衝突不斷，氣瘋了的查爾斯一世乾脆在議會開始三個星期就解散國會（短期議會）。這是一六四〇年的事。可是，沒有議會的同意，就無法獲得戰爭的經費，所以必須再召集議會。但是議會就在沒有得出任何結果之下，一直延續到一六五三年。

5—邁向三十年戰爭的第三幕。瑞典介入幕後的法國宰相黎胥留

一六一一年，有北方雄獅之稱的古斯塔夫二世阿道夫即位為瑞典國王。他即位後，

歷經與丹麥、波蘭、俄羅斯的戰爭，得到了波羅的海的制海權。這時的瑞典稱為波羅的海帝國。

此外，古斯塔夫二世學習了荷蘭的軍制改革，導入徵兵制，再編入傭兵，建制了精銳、強大的軍隊。瑞典也是新教國家，為了保護與斐迪南二世對戰的德國新教徒，一六三〇年，古斯塔夫二世的軍隊進入德國。

當時的法國是路易十三的時代，而樞機主教黎胥留則從一六二四年起便就任為法國的宰相。亞歷山大・仲馬（大仲馬）的小說《三劍客》裡，也有提到這位法國宰相。黎胥留是一位有能力而且冷靜的政治家，懷抱著讓法國強大的理想，而他的假想敵當然就是哈布斯堡家族。同屬羅馬教會派，照理說黎胥留不應該明顯地站在新教這一方，但黎胥留重視國家的利益更勝於宗教。一六三一年，法國與古斯塔夫二世締結了軍事同盟。

充滿幹勁的古斯塔夫二世進軍德國，並且連戰連勝。

相對的，斐迪南二世則派遣了皇帝軍總司令官華倫斯坦與古斯塔夫二世對抗。一六三二年，雙方在呂岑展開激烈的衝突。這一戰瑞典雖然獲勝，古斯塔夫二世卻戰死了，身後留下才六歲的女兒克里斯蒂娜。

不過，瑞典有一位稀世名相奧克森謝納。奧克森謝納讓克里斯蒂娜即位，並與德國的新教諸侯聯手，結成海爾布隆聯盟，一步也不退讓地繼續作戰，戰爭因此陷入膠著的狀態。

至於羅馬皇帝軍這邊，由於持續與瑞典軍作戰的華倫斯坦的發言越來越強硬，讓斐迪南二世心生恐懼，擔心華倫斯坦會叛變，便派人在一六三四年時暗殺了華倫斯坦。

法國終於加入三十年戰爭，展開第四幕

華倫斯坦的死，讓黎胥留逮到打擊哈布斯堡家的絕佳機會。法國便在這個時候與瑞典結盟，入侵德國。始於一六三五年的三十年戰爭第四幕，也稱法國瑞典戰爭。

一六三七年斐迪南二世逝世，他的兒子斐迪南三世繼位。斐迪南三世與父親一樣，缺乏打開新局的能力，只能拖拖拉拉地繼續戰爭。

此外，一六三六年，哈佛大學成立了。從朝聖先輩登陸美洲到哈佛大學成立，前後僅僅十六年。從這一點可以說明來到新大陸的人是如何地富有進取的精神。

還有，一六三七年，法國的哲學家笛卡兒出版了《談談方法》。

6 羅馬的反宗教改革與楊森主義

三十年戰爭始於一六一八年，在一六四八年締結了西發里亞和約後落幕。再來看看這段時間裡歐洲發生的事吧！

一六二三年即位的教皇烏爾班八世在一六三三年召開宗教裁判，撤回伽利略的地動說。

不過，烏爾班八世在裁判之後，對好朋友伽利略小聲地耳語道：「即使如此，地球還是會動的。」這當然是後世杜撰出來的傳說。這個烏爾班八世在黎胥留的愚弄下，雖然身為教皇，卻在三十年戰爭中沒有上場機會。

烏爾班八世雖然在政治、戰場上沒有表現，但他是天才建築家貝尼尼的贊助者，又請來法國畫家普桑、克勞德．洛蘭等人，來美化羅馬。梵蒂岡那個美麗的柱子圍繞的廣場，就是貝尼尼的設計。還有建了許許多多的噴水池。現在的羅馬會被稱為巴洛克之都，是烏爾班八世的功勞。他的意圖到底是什麼呢？

「人會被美麗的東西吸引。不要被新教的主張迷惑。讓相信羅馬教會的信徒們認為羅馬的美宛如這個世界的天堂，這是很重要的。」

這就是烏爾班八世的想法。他要把羅馬建造成反宗教改革的展示窗。

因為烏爾班八世，羅馬之美復甦了。如果說教皇利奧十世的時代是第一次羅馬的文藝復興，那麼一百二十年後的第二次羅馬文藝復興，就是烏爾班八世的時代。這兩位教皇的共通點就是留下巨額的負債。話說回來，保護學術與藝術，確實是要花大錢。

《波希的奧古斯丁》引起的波瀾

一六四〇年，荷蘭的神學者康內留斯．楊森的遺作《波希的奧古斯丁》公諸於世。被視為古代基督教最偉大教父的波希的奧古斯丁也是人，所以也有做為一個人的愛欲與煩惱。楊森站在預定說的角度，寫下《波希的奧古斯丁》，內容強調的不是做為一個人的自由意識，而強調了人類本性的罪孽深重。

預定說的思想被著重教會權威的羅馬教會所厭惡，若從教會的束縛獲得自由，人的思考也會變得自由，自我意識就會上升，對知識份子帶來很大的影響。《波希的奧古斯丁》不久後變成楊森主義思想潮流，受到法國的帕斯卡、拉辛等知識份子的推崇。楊森主義與耶穌會展開了激烈論戰，最後羅馬教會在一七一三年時，由教皇克勉十一世頒布禁止楊森主義的法令。

同樣的一六四〇年，葡萄牙發生叛亂事件，布拉干薩王朝成立了。葡萄牙再次脫離西班牙而獨立。

支撐法國的兩位紅衣主教，黎胥留與馬扎然

一六四二年，智慧謀略高人一等的法國宰相黎胥留離開人世，翌年，法國國王路易

也去世了。四歲的路易十四因此即位為法國國王，由母后奧地利的安妮攝政。為了長保法國的安穩，黎胥留也準備了自己身後的繼承人，他是義大利的紅衣主教馬扎然。

傳說黎胥留與馬扎然相識於一六三〇年，那是黎胥留率領法國軍隊進入義大利的時候。一六三四年，馬扎然以教皇特使的身份，被派遣到巴黎，受到黎胥留的信任，並且於一六三九年歸化為法國人。馬扎然做為安妮的輔佐，開始實踐黎胥留的政治目標。

可是，巴黎的貴族們並不喜歡連續兩位法國宰相都是主教，更何況馬扎然原本還是義大利人。於是趁著馬扎然為了籌措三十年戰爭的經費而課重稅的時機，發動了被稱為「投石黨之亂」（一六四八年—一六五三年）的叛亂行動。然而身陷困境之中的馬扎然仍然不慌不亂，不僅平定了貴族發動的叛亂，更確立了法國的絕對王政政體。「投石黨之亂」後，貴族的勢力衰退，而馬扎然籌備好的體制，成為路易十四全盛期的最大支柱。

7 三十年戰爭落幕與神聖羅馬帝國的死亡診斷書

一六四四年，三十年戰爭的當事者們終於坐到議和會議的桌子前面。展開會議的地點是德國西邊西發里亞地方的明斯特和奧斯納布魯克，歷經四年後，終於在一六四八年簽訂了兩個和約，這兩個和約合稱西發里亞和約，也被揶揄為神聖羅馬帝國的死亡診斷書。

因為西發里亞和約，法國得到富饒的阿爾薩斯地方與洛林區的一部份，瑞典也取得一部份德國，讓波羅的海帝國的成立更形穩固。還有，根據這個和約，荷蘭與瑞士的獨立獲得了國際性的承認。此外，路德派與加爾文派也被承認了。

而戰敗的另外一方——哈布斯堡家族則失去了很多。神聖羅馬帝國（德國）有三百多個諸侯取得「領邦權」（主權與外交權），使得哈布斯堡家族的領土實質上只限於奧地利和匈牙利，而西班牙的哈布斯堡家族基本上是完全沒落了。

歷史文獻上寫道：德國由於三十年戰爭而人口銳減、土地荒廢。但是根據最近的研究報告，德國因為三十年戰爭而減少的人口並沒有很多，因為當時的戰鬥多以小規模的地面戰為主，戰鬥地區也有所限制，何況戰爭也不是三十年間每天都在打，而當時的財力也支持不了大型的戰鬥，因此，人口銳減說其實欠缺現實性的說服力。

8 三王國戰爭（清教徒革命）誕生了英格蘭聯邦

英格蘭的查爾斯一世因為與議會的長期對抗而一籌莫展。既然在倫敦什麼事也做不了，他便乾脆跑到英格蘭北部的約克地方，並且在一六四二年時，於諾丁漢起兵，攻打倫敦。英格蘭的第一次內戰開始了。

這次的內戰持續了五年，議會方面獲得勝利。當時議會方面的領導人物是率領鐵騎軍的克倫威爾。但是內亂並沒有就此結束，國王派與議會仍舊爭執不休。

一六四八年，戰敗被捉的查爾斯一世成功逃脫，再啟第二次內戰。但是，第二次內戰又是議會派獲勝，查爾斯一世再度被捉。長期議會對今後的政體進行討論後，決定趕走主張維持君主立憲制的長老派，在限制選舉下，主張民主制的獨立派獲得勝利。

一六四九年，查爾斯一世被處死，英格蘭聯邦形成了（直至一六六〇年）。因為帶領獨立派革命，貢獻度極高的領導者克倫威爾是清教徒（清教徒是指提倡英格蘭國教會改革的加爾文派），所以這次的英格蘭內戰也被稱為「清教徒革命」。

不過，議會派的人並不是都是清教徒，而且內戰舞台從英格蘭漫延到蘇格蘭、愛爾蘭，所以在英國這次的內戰被稱做是三王國戰爭。因為政變的原因未必是為了宗教，所以說是三王國戰爭或許更合適。

9 薩法維耶王朝與蒙兀兒王朝的極盛期

被稱為「世界一半」的伊斯法罕

時代稍微往回轉，創造了薩法維王朝極盛期的阿拔斯一世（在位：一五八八年—

薩法維王朝的繁華流傳至今。
伊斯法罕的伊瑪目廣場與清真寺（Photo: Tilman Billing）

一六二九年），於一五九八年把首都移到伊朗中央的伊斯法罕。

阿拔斯一世把亞美尼亞等地方的商人集中起來，大力推行商業交易，首都伊斯法罕繁榮到被形容是「世界的一半」。意思就是全世界的財富有一半集中在薩法維的首都。伊斯法罕是當時最先進的城市，留下了許多至今仍然可以看到的華麗建築。已經被列為世界遺產，壯麗的伊瑪目廣場就是其中之一。

建造泰姬陵

一六二八年，蒙兀兒王朝的阿克巴的孫子沙賈汗即位，這時是蒙兀兒王朝的全盛時期。沙賈汗有一位摯愛的妃子慕塔芝·瑪哈，但這位愛妃早死，悲痛萬分的沙賈汗便以亞穆納河為背景，用純白的大理石為慕塔芝．瑪哈建造陵寢——泰姬陵，表現了古蘭經所描述的天堂樂園之景。泰姬陵的豪華，足以讓人清楚地感受到最盛時期的蒙兀兒王朝。

沙賈汗預定要在亞穆納河的另一邊，以黑色的大理石也為自己修建一座和泰姬陵一模一樣的陵寢。不幸的是，繼承他王位的奧朗則布是一位狂熱的穆斯林，強烈地認為「奢侈是敵」。

「不要開玩笑！經濟情況那麼不好了，建造一種陵寢就很不得了了！」奧朗則布這樣的態度，讓阿拔斯一世最後只能長眠在慕塔芝．瑪哈的棺木旁邊。

10 努爾哈赤建立清朝的前身——「後金」／日本的關原之戰與大坂之役

前面一章提過了，住在中國東北的女真族有一位英雄人物努爾哈赤。一五八三年，努爾哈赤建立了滿洲國（manju gurun ＝文殊菩薩之國）。

一六〇一年，努爾哈赤創建了八旗制的軍事、社會組織，建立起強大的軍隊。八旗的制度是將成年男子三百人編為一個牛彔，五個牛彔為一個甲喇（一千五百人），五個甲喇為一個固山（七千五百人，固山就是「旗」的意思），最後共編成八個固山，也就是八旗，而每一旗各有各的旗色。一六〇一年先編成黃、白、紅、藍等四旗，一六一五年增設四旗，稱鑲黃旗，鑲藍旗，鑲紅旗和鑲白旗，總共八旗。努爾哈赤靠著八旗建立起來的軍事力量，統一了女真族，一六一六年建立後金國（正式的國號是大金），正式宣告脫離明朝而獨立。

同樣的一六〇一年，在北京的耶穌會傳教士馬泰奧．里奇（漢名利瑪竇），被允許進入宮中。來到亞洲傳教的耶穌會傳教士以姿態的柔軟宣傳教義，不會強硬地堅持基督教的立場。例如祭祀孔子的時候，也可以用「崇拜祖先是理所當然的事情」的態度來認同，不會吹毛求疵地認為是偶像崇拜。藉著耶穌會的活動，東西文化得到交流，中國的科舉制度也被介紹到歐洲，筆記考試之類的測試普遍被接受了。利瑪竇將《坤輿萬國全圖》（世界地圖）、《幾何原本》（歐幾里得《幾何原本》的前半）等等眾多歐洲文獻翻譯成漢語，這些文獻不僅影響到中國，也影響到日本。耶穌會的傳教士也訪問日本，與織田信長、豐臣秀吉見面。

日本在一六〇〇年的關原之戰後，德川家康於一六〇三年在江戶開啟了新的幕府時代。

明朝的顧憲成成立東林黨

這個時候正是明朝萬曆皇帝在位（一五七二年—一六二〇年）的時代。如前面所述，這位皇帝因為少年時代受到張居正的嚴厲指導及刻意的利用，所以成年後出現抗拒以前束縛的傾向，對管理之事散漫而隨便，雖然是皇帝，卻是一個放蕩而不知檢點的大人。雖然從外國流入了大量的銀子，泡沫景氣沸騰，但官員們只顧私利私欲，國家可以說亂成一團。

顧憲成看到這種局面，在一六〇四年時憤而辭官歸里，於家鄉無錫重啟宋代開始的東林書院（私塾），在東林書院講學。

顧憲成嚴厲批評陽明學。學習與是否立即行動，是士大夫（知識份子）的態度與行動的問題。顧憲成主張應該嚴格區別個人的道德性修養與政治性的社會活動，注重以救國救世為目標的經世致用之學。他也熱心於與傳教士們的交流，很多在野的士大夫聚集在東林書院，自然形成黨派，這就是顧憲成的東林黨（東林學派）。從注重個人的修養到擁有解決社會問題的能力，這樣的學說思想可以被認定為儒教的一種進化。

朱印船貿易是對明朝的貿易

日本從豐臣秀吉的時代開始，便只有得到朱印狀（出海許可證）的商船，才可以進行海外的貿易。這是當時日本與明朝的貿易狀態。但是，後來因為日本出兵明朝的冊封國（從屬國）朝鮮，明朝便禁止與日本的交易活動。

於是日本另外想出了以下的方法。因為載有絲綢、茶、陶瓷器的明朝商船會前往東南亞各國的港口，於是日本的朱印船也前往那些港口，在那裡和明朝的商船進行交易。

也就是說，朱印船貿易是瞞著明朝政府，在明朝政府的眼睛看不到的地方進行交易的祕密貿易，是一種轉運形式的交易。這樣的貿易形態流行起來後，日本的有錢商人或諸侯大名，也加入了這樣的交易。於是越南的會安、順化，泰國的大城府，菲律賓的呂宋島等地方，都有了所謂的日本人街。日本人山田長政在泰國是赫赫有名的人物。直到一六三五年為止，日本總共有三百五十艘以上的朱印船從長崎港出發到東南亞。

一六一五年，日本發生了大坂之役，豐臣氏滅亡，而德川政權從一六三三年，發佈了五次的鎖國令，讓日本成為封閉的國家。

在東海方面，北上的荷蘭在一六二三年佔領了台灣。

11 皇太極改「後金」國號為「清」，建立了「四重帝國」的特殊帝國

努爾哈赤勢力興起，明朝於是派遣大軍到滿洲，準備進行鎮壓。一六一九年，雙方展開薩爾滸之戰，後金軍大勝明軍，努爾哈赤的霸權更加不可動搖。但是，努爾哈赤也因為這場戰役受傷而死。一六二六年努爾哈赤的第八個兒子皇太極繼位。

一六三五年，皇太極從北元那裡得到元朝的傳國玉璽，成為大汗。一六三六年將「後金」的國號改為「大清」。

一六四四年，明朝滅亡，大清帝國成為中國歷史上的特殊帝國。也就是說大清帝國的皇帝是滿洲族的族長，也是蒙古的大汗、中國的皇帝，後來更成為西藏的大旦那（西藏佛教的大施主）。如此，大清帝國成為四個帝國重疊組合的四重帝國。

朝鮮臣服於清朝與日本的島原之亂

一六三七年，皇太極親征，迫使朝鮮（李朝）完全臣服。

清朝與明朝當然不存在著國際間的交流。因為明朝對清進行經濟封鎖，所以朝鮮成為滿族得到絲綢、茶、陶瓷器等必需品的不可或缺窗口。也就是說，清朝和明朝是透過朝鮮進行交易的。

同樣的一六三七年，日本發生了島原之亂，德川政權知道百姓武裝暴動的可怕了。信仰基督教的人竟變得如此的強大！德川政權在加強鎖國政策的同時，設計了「宗門改」的制度。這個制度可以說是日本版的異端審問制。

藉著檀家制度，把全國的住民與寺院綑綁在一起，住民每年向寺院報告一次自己不是基督徒。成為檀家的地方住民的成長婚喪活動，全由寺院負責處理。也就是說，寺院不須為了增加寺院信徒而進行傳教活動，寺院只要處理宗門改與舉辦成長婚喪活動，就可以生存。宗教的本質在傳教，但住在日本的日本人都是檀家的話，基督教傳教士就算想傳教也做不到。

因為宗門改的關係，日本佛教自然而然地變成喪葬式佛教。

12 明朝滅亡，清朝的順治皇帝統一中國

皇太極打算攻打明朝，計畫從滿洲的都城瀋陽南下，但怎麼樣都突破不了山海關。那裡是連接到北京以北的萬里長城東端，自古以來就是難以攻克的關卡，當時守衛山海關的武將是明朝的吳三桂。皇太極屢攻不下山海關，並在一六四三年時突然去世。皇太極才六歲的第九子即位，這個孩子就是後來的順治皇帝。年幼的皇帝得到從蒙古嫁過來的生母——孝宗文皇太后的支持，並由叔父多爾袞攝政。

皇太極過世後的翌年，一六四四年北京發生了異常情況。

明朝末年，農民起義的叛亂事件頻發，叛亂軍吸收了各地的流民，規模越來越龐大，其中軍律最嚴明的叛亂軍集團首領便是李自成。北京被李自成軍攻陷，明朝的最後一個皇帝——崇禎皇帝自殺死了。

紫禁城一被叛軍攻入，崇禎皇帝便從後門，逃到景山（現在的景山公園）。崇禎皇

帝在那裡的大松樹吊自殺。現在也可以從北京的街頭上，看到崇禎皇帝自殺的地方。那是一個非常美的地方。

聽說北京被李自成攻陷了，吳三桂便大開山關海，與多爾袞聯手，一路前進到北京。傳說吳三桂是因為心愛的女子在北京，並且被李自成搶走了，所以一怒之下和滿人聯手。到底他是因為這個原因而引清兵入關的？還是考慮到與新的王朝合作的話，對自己比較有利？這就不得所知了。總之，李自成的天下四十天就結束了。

國姓爺鄭成功的抵抗

一六四二年，西藏的達賴喇嘛五世與瓦剌部族的首領固始汗合作，控制了西藏。一六四五年，達賴喇嘛五世開始興建布達拉宮，並於一六五二年前往北京拜訪順治皇帝，這時兩人的關係到底如何，有很多種說法。

清朝進入中國後，許多地方一直存在著反清的運動，但是順治皇帝在一六五九年擊敗鄭成功的北伐軍後，真正地統一了中國。在人形淨瑠璃（日本人偶劇的一種）裡，就有近松門左衛門作的《國姓爺合戰》戲碼，這個國姓爺就是鄭成功。鄭成功的父親是明朝的海商（倭寇），母親是長崎平戶人。

鄭成功繼承了父親的海上權力，幫助明朝抵抗清朝，在北伐失敗後，一六六一年趕走荷蘭人，佔領台灣，繼續與清朝政府對抗。

八歲的康熙皇帝即位

一六六一年，英明的順治皇帝以二十四之齡突然去世。死因據說是得了天花之症，於是才八歲的康熙即位了。

以企業來說的話，創業是最重要的時期，順治六歲即位、康熙八歲即位，都是在還很年幼的時候，就坐上了皇帝之位，大清朝在創業期時連續出兩個幼年皇帝，為何還能順利地展開王朝的霸業呢？最大的因素便是皇太極的妻子孝莊文皇太后（出身自成吉思汗一族的博爾濟吉氏）的存在。孝莊文皇太后決不允許臣下看輕年幼的皇帝，以強勢的姿態保護、培植了自己的兒子與孫子。

或許可以把成立之初的清王朝，視為滿洲族與蒙古族的聯合政權。這兩個民族都是女性強勢的民族。

法國的路易十三與路易十四時代，中國清朝的順治皇帝與康熙皇帝時代，都是連續幼年登基的少主時代。雖然一個在西方，一個在東方，卻很巧合地在相同的年代。這樣的歷史巧合實在太不可思議了。

遷界令讓海岸線無人化

一六六一年，清朝發佈遷界令，這是用來對付鄭成功的法令。朝廷規定，從廣東到山東的海岸線上，人民不得居住在離海岸十五公里之內的地方，也就是無人化海岸線。海岸邊上沒有住家的話，鄭成功即使上得了岸，也無法馬上獲得補給，想要反攻清朝，就變成不可能的事了。鄭成功反攻無望，一六六二年逝世於台灣。

13 克倫威爾的導航條例，引發了英格蘭、荷蘭的戰爭

十七世紀後半的歐洲，是英格蘭與荷蘭散發火花的時代。

領導三王國戰爭（清教徒）的克倫威爾，是一個忠誠的清教徒，但他不是一個只有意識形態的人，他和黎胥留一樣，是把國家的利益擺在第一位的人。一六四九年，克倫威爾展開入侵愛爾蘭的行動，又在議會通過航海條例，不讓外國船隻進入英格蘭。

靠著轉口貿易獲得豐厚利益的荷蘭，首先不滿這個條例。就這樣，英格蘭和荷蘭因為英法海峽的制海權而開啟戰爭。第一次戰爭發生於一六五四年到一六五六年，但這是一場沒有結論的戰爭。

一六五三年，克倫威爾征服了愛爾蘭，讓愛爾蘭成為英格蘭的殖民地，並且解散長

期議會，成為具有獨裁性地位的護國公。

一六五一年，英格蘭的政治思想家霍布斯發表了《利維坦》。

一六五二年，荷蘭的東印度公司在好望角的開普敦成立，荷蘭開始在此殖民。

14 — 波蘭、立陶宛的災難，東歐的霸權在俄羅斯

瑞典女王定居羅馬

瑞典女王克里斯蒂娜與哲學家笛卡兒、國際法之父格勞秀斯等人熟識，是一位學養豐富的君主。但是，她與強行強化波羅的海帝國的政府意見不和，所以在六五四年退位，移居到羅馬，改信奉羅馬教會。隨著克里斯蒂娜的退位，瓦薩王朝也結束了，克里斯蒂娜的表哥——德國普法爾茨家族的卡爾十世在克里斯蒂娜退位後，即位為瑞典國王。

波蘭、立陶宛的「大洪水」

一六四八年，哥薩克人（十五世紀後半起，出現在烏克蘭，意味著「自由之人」的游牧民）在波蘭立陶宛統治下的烏克蘭興兵叛亂，以蓋特曼（頭領）國家之姿，爭取自

治權。他們的行動獲得羅曼諾夫家族第二代阿列克謝的支持，而阿列克謝則在一六五三年時，把蓋特曼國家變成受自己保護的國家（併吞了烏克蘭），引起了與波蘭立陶宛的戰爭。瑞典的卡爾十世看到此種情形，認為機不可失，便在一六五五年入侵波蘭（北方戰爭，一六五三年—一六六一年）。

被稱為是「大洪水」的波蘭立陶宛受難劇，就這樣展開了。波蘭立陶宛受到了來自東邊的俄羅斯軍，與來自西北邊的瑞典軍的夾攻。一六六七年，俄羅斯波蘭戰爭結束了，曾經被稱為歐洲最強國家之一的波蘭立陶宛深受打擊，不僅失去了烏克蘭的一半土地，還承認普魯士公國獨立，國勢因此衰退。東歐的霸權就此移轉到俄羅斯。

羅曼諾夫的阿列克謝放逐了俄羅斯正教的總主教

阿列克謝打敗波蘭，併吞了蓋特曼國家，並在一六六六年時，以改革教會引起混亂之罪，放逐了俄羅斯正教的總主教尼孔，把尼孔趕出莫斯科，建立了羅曼諾夫家族的權威高於宗教的局面。

一六七〇年，俄羅斯發生了以史捷潘·拉金（Stepan Razin）為首腦的百姓和哥薩克軍的叛亂。而此一叛亂的主因，是俄羅斯的高壓政策與苛稅。

15 英格蘭、荷蘭的第二次戰爭

英格蘭的克倫威爾去世後，兒子理查繼任為護國公。理查是一個人格優秀的人，可惜欠缺領導者的企圖心，當了八個月的護國公後，便卸下護國公的職位（一六五三年），英格蘭王政復辟，查爾斯一世的兒子查爾斯二世即位，克倫威爾的頭顱被砍下來示眾。

查爾斯二世是一個風流種，光是為人所知的庶子就有十四個之多。情婦的孩子雖然沒有繼承權，但還是貴族。例如曾經與查爾斯王子結婚的戴安娜王妃、曾經與安德王子結婚的莎拉王妃，都有查爾斯二世的血緣。

一六六二年，查爾斯二世與葡萄牙的公主結婚，印度的小島孟買就是這位葡萄牙公主的嫁妝之一。

查爾斯二世把這個小島借給東印度公司。得到孟買島後的東印度公司發現這座小島對岸的港口，是一個良港。一六八七年，東印度公司為了得到孟買港而開始做準備。一六三九年，英格蘭已經得到印度東海岸的馬德拉斯（「清奈」的舊名）。不久後，馬德拉斯與孟買都成為英格蘭統治印度的據點。

繼續以確保海上通商霸權為目標的英格蘭修正了航海條例，很明顯地表現出想趕走荷蘭商船的企圖。於是，英格蘭與荷蘭的第二次戰爭（一六六五年─一六六七年）開始了。這次的戰爭同樣沒有明顯地決定出最後勝負。不過，戰後的英格蘭得到了荷蘭原本在北美的屬地——原本稱為「新阿姆斯特丹」的曼哈頓島。這個地方因為當時英格蘭的王弟約克公爵（Duke of York）的關係，改稱為紐約（New York）。

一六六六年，倫敦發生大火災。借鏡義大利已有海上保險的制度，火險因應而生。此時由於海上交易的中心已從地中海移轉到大西洋，所以海上保險的中心也從威尼斯轉移到倫敦。

一六六九年，鄂圖曼王朝從威尼斯人手中搶走了克里特島。這個克里特島自古以來便是地中海的戰略要地，也是交易的據點。第二次世界大戰時，德國納粹與盟軍也曾為了搶奪克里特島而多次交戰。當威尼斯失去克里特島時，等於威尼斯的時代結束了，象徵時代的重心從地中海轉移到大西洋。

16 路易十四親政，英格蘭與法國聯手展開第三次對荷蘭之戰

一六六一年，法國的紅衣主教馬扎然主教死了，二十二歲的路易十四開始親政，首先致力於重整財政。

一六六五出，路易十四任命出生於毛織物商人家庭，曾經在馬扎然手下工作過的科爾貝爾為財務總監，推動中央集權與重商主義政策。這時還很重視馬扎然的教誨。

路易十四為了想得到西班牙佔領下的南荷蘭一帶，發動了對荷蘭的遺產繼承戰爭

（一六六七年—一六六八年）。但是，在英格蘭、荷蘭、瑞典締結了的三國同盟後，法國最初的期望落空了，路易十四因此對荷蘭感到深惡痛絕。

另一方面，英格蘭對荷蘭緊握不放、以摩鹿加群島為中心的香辛料交易市場戀戀不捨。在這種情況下，路易十四以贈送美女的方式來籠絡查爾斯二世，兩位君主遂於一六七〇年簽訂了多佛祕密條約，英格蘭與法國決定聯手攻打荷蘭。

就這樣，一六七二年，在英格蘭的攻擊下，拉開了第三次的英、荷戰爭。但是，荷蘭在傳說中的著名海軍將領德．魯伊特的領導下，徹底地擊潰了英格蘭的艦隊。但另一邊的法國軍隊則從陸路入侵荷蘭。

第三次英、荷戰爭以一六七七年時，英格蘭王弟約克公爵的女兒瑪麗與威廉三世結婚告終。如果路易十四得到荷蘭，英格蘭議會擔心法國與英格蘭的權力平衡恐將失衡，因此說服了查爾斯二世。法國與荷蘭的戰爭雖然持續到一六七八年，但荷蘭因為尼美根條約，而保住了全部的領土。

結果，英格蘭雖然三度挑戰荷蘭，但除了紐約以外，可以說一無所獲，其中海軍還慘敗給荷蘭的傳奇海軍將領德．魯伊特。這種情況下，英格蘭不得不放棄在東南亞的權利，更不可能得到摩鹿加群島。英格蘭於是改變殖民戰略，轉變方向把目標集中在印度上。

路易十四企圖擴大疆土，一六八一年併吞了靠近萊茵河的史特拉斯堡。

隔年的一六八二年，路易十四遷居到凡爾賽宮。此外，這一年法國主教博須埃大力鼓吹教皇權制限主義（國家教會主義），認為法國王權完全擁有神職者的任命權。路易十四以太陽王之姿，確立了絕對王政，可以說那是一個「大世紀」的時代。路易十四在位七十二年，是中世紀在位時間最長的君主。

在美洲大陸方面，從魁北克南下的法國人，在一六八二年時到達路易斯安那，以一七一八年建設的紐奧良為中心，經營路易斯安那的殖民地。

廢除南特敕令與瑞士的鐘錶產業

一六八五年，驕傲自大的路易十四頒佈了楓丹白露敕令，廢除了亨利四世為了終止滿地鮮血的宗教戰爭而發佈的南特敕令。

路易十四治下的法國，不像哈布斯堡家族那樣對宗教進行強烈的鎮壓行動。不過，因為廢除南特敕令的關係，胡格諾派的信徒逃離了法國。有錢的胡格諾派信徒選擇逃到阿姆斯特丹或倫敦，因為那裡的宗教政策寬容，而且商業繁榮。

但也有不少胡格諾派的信徒逃到瑞士。那些人大多是手藝靈活的工匠，擅長製作鐘錶；他們從法國逃到有強悍傭兵的鄰近安靜山國瑞士。何況瑞士的日內瓦原本就是胡格諾派的根據地，使用的語言也是法語。

法國手藝精巧的鐘錶工匠，就這樣遷移到瑞士，造就了今日瑞士繁榮的鐘錶產業。胡格諾派的信徒中有許多富有進取心的人才，趕走胡格諾派的人，等於是趕走先進又有才能的優秀人才。

17—俄羅斯的彼得一世即位，與鄂圖曼王朝第二次包圍維也納

一六八二年，後來被稱為大帝的俄羅斯彼得一世即位了。彼得一世即位時才十歲。彼得一世即位之初，與體弱多病的異母兄伊凡五世共治，但實權卻被身為攝政的姊姊索菲亞所掌握。羅曼諾夫家族經常出現強勢的女性成員，有女性掌握權力的傳統，所以彼得一世從一六九四年才開始親政。那時的彼得已經成長為身高超過兩公尺的青年了。

一六八三年，鄂圖曼王朝包圍了維也納。這是一五二九年包圍維也納之後的第二次包圍維也納。這時出身自法國薩伏依家族的軍人歐根在守護維也納的戰爭中，有著非常突出的表現。傳說歐根是路易十四的私生子。歐根雖然的身材矮小，但他優秀軍事的表現，讓「歐根親王」在維也納享有盛名。

18 因光榮革命，英格蘭與荷蘭形成共主邦聯

一六八五年，查爾斯二世去世，因為他沒有可以繼承王位的兒子，所以由王弟約克公爵以詹姆士二世的稱號繼承王位。詹姆士二世是王權神授的信奉者，也是強硬的羅馬教會派，據說他即位後議會分為兩派，贊成他的人是托利黨（後來的保守黨），反對他的是輝格黨（後來的自由黨）。不過這個說法的可信度並不高，因為他即位時議會的狀態是相當平穩的。

不過，詹姆士二世站在羅馬教會的立場，採行的宗教政策確實偏於偏狹。議會終於不能再忍受詹姆士二世了，便在一六八八年時，招請詹姆士二世的長女瑪麗二世與瑪麗二世的夫婿——荷蘭的統治者奧蘭治公爵威廉三世來到倫敦。

詹姆士二世在威廉三世軍隊的驅趕下逃到法國，威廉三世與瑪麗二世即位為英格蘭國王。因為這次的政變與之前的三國王戰爭（清教徒革命）不同，沒有人因此而流血喪命，所以被稱為是「光榮革命」。此外，一六八九年威廉三世簽署權利法案，強化了議會的力量。

威廉三世出身於法國南部的奧蘭治，他是奧蘭治公爵，並且似乎得知有關詹姆士二世的一些惡評。威廉三世會不會有意無意地將那些惡評說給妻子瑪麗聽，並且慫恿瑪麗回英格蘭呢？因為瑪麗如果即位為女王的話，做為丈夫的自己也會坐上王位。威廉三世

的心中是否有此藍圖呢？有人認為這就是光榮革命這個軍事政變的真正原因。

威廉三世讓荷蘭的國勢衰退

威廉三世與瑪麗二世成為英格蘭的共治王。擁有斯圖亞特家族英格蘭國王繼承權的人是瑪麗二世，從血緣上來說的話，威廉三世並沒有成為英格蘭王位的資格。不過，因為他率領的軍隊趕走了詹姆士二世，成功地完成光榮革命，所以議會請他與瑪麗二世一起即位為英格蘭王國，成為共治王。為了讓倫敦市民接受自己這個共治王的存在，威廉三世必須非常努力。此時的英格蘭與荷蘭雖然是共主邦聯的關係，但威廉三世經常把英格蘭的利益放在優先的位置上。

為了與生命中的最大仇敵路易十四競爭，威廉三世需要龐大的戰爭經費，但是英格蘭的議會十分囉嗦，很難讓議會通過戰爭經費的預算，威廉三世只好轉而讓荷蘭負擔更多的戰爭經費。

阿姆斯特丹的富豪和銀行家們也有他們的想法。荷蘭與英格蘭成為共主邦聯後，威廉三世經常在倫敦，回到阿姆斯特丹時，就是催繳稅金，這樣下去的話，阿姆斯特丹的財富將會縮水，還不如去倫敦去樹旗創業。既然到哪裡都得繳稅金，與其待在財富一直被吸走的阿姆斯特丹，去倫敦投資才是更佳的選擇。就這樣，阿姆斯特丹把海運中心、金融中心的寶座，送給了倫敦。

結果，荷蘭在與英格蘭共主邦聯的十三年間，確確實實地被吸走了龐大的財富。

19 因為路易十四的大同盟戰爭（又稱九年戰爭），開始第二次英法百年戰爭

一六八八年，路易十四主張德國的普法爾茨選帝侯的繼承權，應該屬於奧爾良公爵腓力一世妻伊麗莎白．夏洛，她是普法爾茨郡主，於是進軍萊茵河。路易十四原本就提倡自然國境法，認為到萊茵河為止的土地，都是法國的領土。神聖羅馬帝國、西班牙、波羅的海帝國（瑞典）、英格蘭及荷蘭因此團結起來，組成奧格斯堡同盟，一起法國對抗。這個雙方對抗行動被稱為大同盟戰爭。

這個戰爭最被注意的一點，便是視路易十四為畢生對手的英格蘭國王威廉三世加入了這場戰爭。威廉三世一輩子都在和路易十四戰爭；同樣的，法國（已不是哈布斯堡家族）似乎也一直把英格蘭視為強敵。因此，普法爾茨戰爭可以說是第二次英法百年戰爭的開始點。英法的戰場並不侷限於歐洲，在新大陸，英法也有激烈的衝突。

英格蘭為了想得到法國的王位而發動第一次百年戰爭，最後，想成為英法兩國國王的年輕的亨利五世死了，英格蘭發動的戰爭，英格蘭敗了，在雙方的領土關係沒有產生變動的情況下，結束第一次百年戰爭。第二次百年戰爭雖然相反地由法國發動，但同樣

也是發動國戰敗。路易十四發動戰爭，亨利五世則在最後爆發如拿破崙般的火花。而這次百年戰爭的開端，就是普法爾茨戰爭。

牛頓的《自然哲學的數學原理》、約翰．洛克的《政府二論》

一六八八年是光榮革命之年，也是普法爾茨戰爭的開始之年。前一年的一六八七年與後一年一六八九年，各有一本影響了全世界的書籍出版。

一六八七年牛頓發表了《PRINCIPAI》，正式的拉丁語名稱是《*Philosophiæ Naturalis Principia Mathematica*》，即《自然哲學的數學原理》，不用特別說也知道，這就是將萬有引力的法則公諸於世的書。自然科學的發達，把聖經裡神創造天地的故事，追趕到世界的小角落了。

一六八九年，約翰．洛克的《政府二論》是一本大力為光榮革命辯護的書。其中也有牛頓自然科學理論的投影，可以看到以人類理性為基礎的啟蒙思想的開始。

英格蘭開啟國債制度，設立中央銀行

英格蘭意識到與法國開戰是無法避免的事了。法國是一個大國，更有科爾貝爾為國家累積了龐大的財富。為了鞏固絕對王政的國家體制，當時的法國擁有三十萬常備軍。相對於此，英格蘭與荷蘭雖然是先進國家，卻只能說是小國。為了戰爭的準備，英格蘭在一六九三年時，開啟國債制度，更於一六九四年設立中央銀行，也就是英格蘭銀行。

英格蘭銀行的成立，加速弱化了原本的金融中心阿姆斯特丹。當時世界上沒有處理國債的市場，阿姆斯特丹的銀行家們聚集在倫敦，倫敦引領世界地開啟了國債市場的運作，誕生了商業銀行。銀行的演變從兌換商開始，經歷君王、貴族的銀行，終於進化到以市場為對象的商業銀行。

20 奧朗則布擴大了蒙兀兒帝國

一六五八年，蒙兀兒王朝奧朗則布即位了。

阿克巴克、賈汗吉爾、沙賈汗三代建立了蒙兀兒王朝的鼎盛期，但繼位者奧朗則布是虔誠的穆斯林，只相信穆罕默德的教義，認為父親（沙賈汗）、祖父（賈汗吉爾）、曾祖父（阿克巴）都是墮落的。接連三代胸襟開闊的君王之後，這個偏狹的君王勢力會引起反動吧？印度出現了過度偏激的基本教義派君王。

奧朗則布想以自己的理想建立大伊斯蘭帝國。

蒙兀兒王朝的中心在恆河流域的德里，奧朗則布想擴大疆域，有兩個的方向。其一是從創建蒙兀兒王朝的巴布爾故地阿富汗，往歐亞大陸中央發展。另一個方向是往南，以德干高原為目標。

然而，往歐亞大陸中央發展的戰略，現實上是行不通的。因為與英格蘭的東印度公司合作，控制著霍爾木茲海峽、巴格達的薩法維王朝一代英主阿拔斯也控制了坎達哈。坎達哈是位於阿富汗東南部的交通要衝，要去歐亞大陸中央，非得從坎達哈經過不可。

因此，奧朗則布往德干高原的方向發展疆域。那時在德干高原的，是印度教的教徒希瓦吉（馬拉塔族之王）創立的國度。希瓦吉軍與蒙兀兒軍作戰時，雖然希瓦吉曾經一度被監禁，但逃脫後仍然與蒙兀兒軍持續戰鬥。

奧朗則布是一位頑固的教本教義派，十分厭惡對前幾位君王所施行的宗教融和政策。一六六九年，奧朗則布開始破壞異教的寺院。

奧朗則布還做了一件愚蠢的事情。一六七九年，他對穆斯林以外的人實施吉茲亞（伊斯蘭國家對非穆斯林的人民實施的人頭稅）。奧朗則布的曾祖父阿巴克的時代，為了促進與印度教徒的融和共處，曾經廢除吉茲亞。奧朗則布的蠢行激怒了拉傑普特族（自稱是「剎地利」的印度種姓族群，是傳統的戰士民族），於是在西南部的沙漠舉兵叛亂。

另外，從奧朗則布的監禁中逃脫的希瓦吉在一六七四年時建立了馬拉塔國。希瓦吉是非常優秀的將領，逃出奧朗則布的監禁後，仍然繼續與奧朗則布戰鬥不休，卻在一六八〇年的時候死了。希瓦吉的長子桑巴吉繼承了父親的權力與戰爭，但是桑巴吉的戰鬥力與領導能力都不如父親，終於在一六八九年時被奧朗則布所滅。

就這樣，蒙兀兒帝國佔有了德干高原，疆域也擴大到蒙兀兒有史以來的最大。然而之前帝國的和平時代卻一去不返了，在偏狹的宗教政策下，印度教徒與錫克教徒一再舉兵叛亂，帝國境內不再平靜。

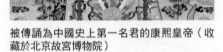

21 — 清朝康熙皇帝親政

被傳誦為中國史上第一名君的康熙皇帝（收藏於北京故宮博物院）

一六六九年，中國清朝的十五歲皇帝康熙開始親政了。在南方國境地帶統治雲南、廣東、福建的吳三桂等三藩的將領，此時對康熙皇帝祭出反旗。三藩累積財富與武力，早就如同半獨立的國家，這是康熙皇帝不能容忍的事情。

三藩軍勢強盛時，大軍還曾經攻打到長江以南。然而康熙皇帝仍然堅定地要貫徹討伐的意志。統治南方的三藩主帥，都是曾經背叛明朝，進而投效滿洲族的人，所以並不得民心。三藩之亂始於一六七三年，終於一六八一年。三藩之亂後，中國便完全在清朝的統治之下了。

另一方面，東海那邊的台灣鄭氏一族也在一六八三年時投降，台灣也成為清朝的領土。一六八四年，康熙皇帝頒佈展界令（廢除遷界令），並允許私人貿易。

與俄羅斯簽訂尼布楚條約

一六八九年康熙皇帝與羅曼諾夫王朝簽訂了尼布楚條約。這是中國以對等的立場和外國簽訂的第一個條約。傳統的中國外交方式是冊封。是中國讓外國以仰慕世界中心的中國皇帝之德，獻上貢品來中國朝貢，而中國則贈予位階（或物品）做為回禮。

據說尼布楚條約沒有變成冊封、朝貢形式的原因之一，就是因為當時已經有耶穌會的傳教士出入清朝宮廷，英明的康熙皇帝，從傳教士那裡學習到世界的情勢與國際關係。而簽約時負責翻譯的人員，也正是傳教士。

羅曼諾夫王朝的目的是想兜售毛皮。對羅曼諾夫王朝來說，西伯利亞的皮貨是重要外銷經濟商品。

但是，十七世紀時，加拿大、北美的許多皮貨紛紛輸入歐洲，西伯利亞的毛皮銷售量大減，尋找新的銷售市場成為重要課題。中國之所以被選中，是因為當時的清朝是世界最富有的大國。而且，女真族原本就懂得皮貨買賣。不過，康熙皇帝很會做生意，彼得一世的姊姊——攝政的索菲亞在這一方面則顯得笨拙，終於失去攝政的地位。

康熙皇帝允許耶穌會的行動

前往明朝與日本的耶穌會傳教士知道東亞有不輸給歐洲的文明，或更勝於歐洲的文明，知道不可以強求東亞的人們完全接受基督教的教義，所以採取柔軟的姿態來傳教，不僅認同祭孔與祭祖的重要，更積極地利用個人的知識與思考方式，努力地幫助中國的宮廷。

在耶穌會先驅們的努力下，一六九二年康熙皇帝開放耶穌會的傳教活動。康熙皇帝和同一時代的奧朗則布不一樣，對宗教沒有偏狹的想法，對佛教、道教、佛教也都持著同樣開放的態度，謹守尊重中國歷代先人的思考方式。所謂的入鄉隨俗就是這樣吧！

因為耶穌會的傳教獲得了許可，羅馬教會的其他修道會——道明會也來到中國傳教。但是後來的道明會卻不明瞭耶穌會曾經的辛苦，對耶穌會的柔軟姿態感到震驚。

「耶穌會的人穿著中國服裝，而且祭祀孔子。」

這是多麼墮落的行為呀！於是道明會一狀告到羅馬教會。這樣的事態發展，促發了康熙皇帝與道明會的禮儀爭議。如何讓中國傳統文化與基督教的教義取得平衡的這個爭議，把羅馬教皇捲入其中。一七一五年，教皇克勉十一世發佈禁止崇拜祖先的禁令，事實上也終止了基督教對中國的傳教活動。

另外，在蒙古高原這邊，一六九〇年，瓦剌族的準噶爾部的噶爾丹汗興起，挑戰大清帝國，與清軍交戰。結果，也是蒙古大汗的康熙皇帝於一六九七年攻進蒙古高原，擊潰噶爾丹，收復蒙古高原。

22 十七世紀的世界

一六九八年，英格蘭的東印度公司購得了孟加拉地方的三個小村莊的徵稅權。這裡就是加爾各答的起點，不久之後就發展成與孟買、馬德拉斯並駕齊驅，經營印度的重要據點。

一六九九年，鄂圖曼王朝與歐洲諸國簽訂卡爾洛夫奇條約，結束了第二次包圍維也納之後的長時間戰亂局面。這個條約讓鄂圖曼王朝建國以來首次失去領土，把匈牙利的一部份割讓給哈布斯堡家族。

西班牙這邊，由於患有先天性疾病的哈布斯堡家的卡洛斯二世重病在床，又沒有子嗣，繼承權於是落到路易十四的孫子，也是卡洛斯二世甥孫的頭上。因為哈布斯堡家族的勢力滲入法國的關係，所以哈布斯堡家族與波旁家族基本是對立的。如果西班牙也成為法國的領土，那麼，當時已經是歐洲最大強國的法國的勢力，將會擁有壓倒性的強大力量。因此，英格蘭、荷蘭、德國等國家，當然阻止路易十四的孫子成為西班牙國王。於是，一七〇一年時，西班牙繼承戰爭開始了，這開啟了歐洲十八世紀的王位繼承戰爭。

在俄羅斯，開始親政的彼得一世於一六九六年時佔領了黑海的內海亞速海。那裡以前是鄂圖曼王朝統治的區域。得到亞速海後，彼得一世得以確保俄羅斯南下的出口。

隔年的一六九七年，彼得一世展開了為期一年的西歐考察之旅。這一次的旅程對他未來的施政有極大的影響。

一六九七年，卡爾十二世即位為波羅的海帝國（瑞典）的國王。丹麥、波蘭、俄羅斯瞧不起這個年輕晚輩，在一七〇〇年時結成北方同盟，與卡爾十二世展開大北方戰爭。瑞典除了本國的領土外，還因為三十年戰爭而得到北德的土地。北方同盟的三個國家的軍事行動，目的就是想瓜分廣大瑞典的領土。

這三個國家選擇在一七〇〇年這個時間點展開對瑞典侵略戰爭，原因正是西班牙局勢紛亂，西歐國家彼時無暇顧及北歐的局勢。說得明白一點，這三個國家的行徑是趁火打劫。

然而年輕的卡爾十二世卻是有「亞歷山大」之稱的軍事天才。他首先打敗了丹麥，並在納爾瓦之役（一七〇〇年）時大敗俄羅斯軍隊，打亂了北方同盟的算盤。

1700年的世界GDP占有率

（單位：%）

清朝	22.3
蒙兀兒等印度國家	24.4
鄂圖曼王朝	8.3
薩法維王朝	6.5
法國	5.7
義大利	3.9
德國	3.6
西班牙	3.6
俄羅斯	3.1
大不列顛、愛爾蘭	2.9
荷蘭	1.1
日本	4.1

※此一GDP占有率是筆者以公開的經濟史學家安格斯．麥迪森（Angus Maddison）的研究成果Maddison Project數據資料（http://www.ggdc,net/maddison/maddison-project/home.htm）計算而來。以下的GDP占有率也一樣。

從GDP（國內生產總值）來看當時各國的國力，已經可以發現那個時代是亞洲的時代了。

法國在歐洲拔得頭籌的原因，在於亨利四世的南特敕令終結了鮮血滿地的宗教戰爭。英格蘭因為光榮革命，才好不容易結束宗教戰爭；但荷蘭卻因為與英格蘭成為共主邦聯而結仇；而（德國的）哈布斯堡家族則是因為三十戰爭而逐漸衰退了。

此時的日本剛剛開始鎖國政策，佐渡的金山與石見銀山的開採盛況已經過去了。不過日本在一六九〇年時，又發現了別子銅山。這時的日本原本還有足夠的國力，但在鎖國的政策下，日本在世界性的GDP中，只有極小的占有率。

第三章 產業革命與法國大革命的世紀

十八世紀，除了大清王朝外，亞洲的其他三大國都走向衰退之路，那是歐洲站在世界舞台中央的時代。因為王位繼承問題，以法國與大不列顛的對立為軸心，歐洲陸續爆發了不少戰爭，隨著瑞典與奧地利國力的衰退，俄羅斯與普魯士趁勢興起，美洲的美國也以新興強國之姿登上世界舞台。

而成為那時變動世局核心的，便是工業革命與法國大革命。法國大革命對世局的影響，可以說至今尚未褪去。本章一開始，就先敘述一下法國大革命對後世的幾個影響。

「民族國家」——想像共同體的誕生

法國國王路易十六被處死，政治體制邁入共和，法國也因此成為歐洲所有君主國家的共同敵人。第一個把法國視為敵人的，便是大不列顛。法國以三色旗為國旗，以「馬賽曲」為國歌，高舉「自由、平等、博愛」的標語。當時的革命領導者們，以「我們要對抗敵人，保護我們自己創建的、沒有君王的國家」的口號來呼籲公民們。他們靠著演講，印刷及發送大量的宣傳單、報紙，來宣傳理念，這和現代的宣傳手法幾乎是一致的。

那樣的宣傳得到很大的效果，「同樣的法國公民、同樣的法國國民」的「想像共同體」因此誕生了。在以前的波旁王朝時代，法國人並沒有「法國公民」或「法國國民」的意識。就像美國的政治學家本尼迪克特・安德森（Benedict Richard O'Gorman Anderson）在《想像的共同體》中所敘述的，民族主義誕生了。

某個外國發生大車禍，死了五十個人，這是個大新聞。但如果同個時期日本發生了死了五個人的車禍，那麼日本對死了五個人的車禍報導，一定會大於死了五十個人的車禍報導，對死去的五個人的同情心，也會大於另一個車禍的五十個人。這是在雙方的罹難中都沒有自己熟悉或認識的人時的情況。但是，為什麼會有這樣的感情差異呢？因為對日本人來說，雖然罹難者同樣都是自己的陌生人，但日本的罹難者和自己一樣是日本人，再加上大眾媒體的深入報導，很自然地出現了不同程度的傷感之情。

讓這種「民族國家」（Nation state）這個想像共同體首次出現的，便是法國大革命。民族國家這個向心力強大的新國家形態的出現，再加上生產結構從手工業邁入機械化的工業革命所帶來的變化，讓歐洲邁入新的世紀。而當時亞洲的老大帝國就少了這兩大要素（因為缺少也不覺得不便），所以後來落後於歐洲。歐洲國家便以民族國家與工業革命為武器，成為世界舞台的主角。

修整民法，確立近代性的所有權

法國大革命是從中產階級（都市中的市民階級）革命開始的。中產階級革命主張「保護個人權利」。「自由、平等、博愛」這個口號，是近代公民社會與民主主義的根基。

舊制度的時代是一句話就可以決定一個人生死的王權政體。

「要徵兵！」「遵命。」

「要加稅！」「是。」

面對絕對的王政權力時，如何守護公民的權利是很重要的事情。

那麼，為了守護公民的權利，當權者首先要保護的是什麼呢？就是法律。而其法律的基本就是民法典。因為法國大革命，近代性的所有權得以完善了。民法承認每個公民的權利與私有財產。這樣的基本法令如果不完善，資本主義就無法成立。

拿破崙當了皇帝後，一八〇四年頒佈了《法國民法典》。這個民法典確立了在拿破崙之下，在法律之下的平等，人民有信仰的自由、經濟活動的自由、所有權、締結契約等等近代公民法的諸原理。這部民法典是在法國大革命其間集各種法律之大成而制定的。

回溯歷史，亞當·史密斯完成《國富論》，提倡市場經濟的時候，是一七七六年。《國富論》三十年後《法國民法典》才出現，確立了現代性的所有權。真正開始市場經濟的準備工作，終於就緒了。

因為反彈理性至上主義而出現了保守主義

法國大革命與稍早之前的美國獨立戰爭都是重視理性、實現人們運用大腦思考獲得之制度的行動，可以視為同一種現象的具體表現。不管是三權分立，總統制、共和制，或民法、國際法，都是從理性誕生出來的東西。也是以前的人類社會所沒有的東西。

但理性至上的思考方法遇到反彈了。那是一七九〇年出版了《對法國大革命的反思》的埃德蒙．伯克，與寫下《民主在美國》的托克維爾所代表的保守主義的想法。用簡單一句話來敘述伯克的想法，意即：人類是愚蠢的。因為人類並不聰明，所以用人類的腦子（理性）想出來的東西，是不能相信的。只有人類過去做過的事情所衍生出來的東西，才可以相信；因為那是有經驗做支撐，並且經過市場評價過的事物，所以只要照著那樣事物去做就好了。

相對於用理性思考，然後去描繪前後一致的設計圖的方法論，伯克提倡的方法是「等待」。近代保守主義因此誕生了。

保守與革新的對立軸，右派與左派的用語，都是法國大革命之後才有的。也就是說：

法國大革命是近代世界的出發點。此外，革命後的議會裡，從議長席往前看時，議長席的右側是保守派的座位，左測是革命派的位子，這就是今日「右派、左派」用語的由來。

1 大北方戰爭。卡爾十二世的征戰

一七〇〇年，丹麥聯合了波蘭立陶宛、俄羅斯，展開對瑞典的戰爭。但卡爾十二世在納爾瓦之役大敗俄羅斯軍後，矛頭指向波蘭立陶宛。

波蘭立陶宛在一五七二年雅蓋洛王朝絕嗣後，成為選舉王制的政體，但是國王的權力小而不穩定，所以由大貴族（有領地的貴族）控權的模式其實更接近共和制。卡爾十二世擊敗了波蘭立陶宛當時的國王奧古斯特二世（兼薩克森選帝侯），逼退奧古斯特二世，並在一七〇四年選斯坦尼斯瓦夫．萊什琴斯基為新國王，波蘭立陶宛一時成為瑞典的屬國。

彼得一世趁著卡爾十二世轉戰波蘭時建立新都聖彼得堡（一七〇三年），重建軍隊。彼得一世終於達成得到前往波羅的海的出口。

一七〇七年，卡爾十二世再次遠征俄羅斯，卻在一七〇九年時，在波爾塔瓦會戰中落敗，逃到鄂圖曼王朝。奧古斯特二世在波蘭立陶宛復位。

與彼得一世敵對的鄂圖曼王朝接納了逃亡而來的卡爾十二世，於一七一〇年向俄羅斯宣戰。一七一一年，普魯特河之戰時彼得一世兵敗還被俘，情況緊急之際，慌張的彼得一世只好議和，同意歸還一六九六年時佔領的亞速。

鄂圖曼王朝的艾哈邁德三世就這樣錯過了打擊俄羅斯的絕佳機會。

2 西班牙王位繼承戰爭與普魯士王國的誕生

一七〇〇年，西班牙國王卡洛斯二世在全歐洲關注下去世了。路易十四世的孫子費利佩五世繼位為西班牙國王，開始了邁向現代的西班牙波旁王朝。

在英格蘭，威廉三世於一七〇一年制定了王位繼承法，排除羅馬教會派的繼承權，限定由新教的漢諾威選帝侯夫人索菲（詹姆士一世之孫）及其子孫繼承英格蘭的王位。因為威廉三世與瑪麗二世沒有子嗣，而瑪麗二世的妹妹安妮生孩子的可能性不高，再加上路易十四支援因為光榮革命而失去王位的詹姆士二世的詹姆士黨，所以立下這個王位繼承法，來阻擋詹姆士黨的企圖。

英格蘭與奧地利哈布斯堡家族的神聖羅馬帝國皇帝利奧波德一世結盟，目的是要對法國、西班牙宣戰。利奧波德一世答應授予勃蘭登堡選帝侯（兼普魯士公爵）普魯士國王的王位，要求勃蘭登堡選帝侯派遣援兵。就這樣，一七〇一年霍恩索倫家族的腓特烈三世在普魯士的首都柯尼斯堡（現在俄羅斯境內的加里寧格勒）加冕，普魯士王國誕生了。

不過，由於普魯士與勃蘭登堡相距甚遠，中間還夾著波蘭，所以歷代的普魯士國王都想把波蘭納入自己的領土中。

損失龐大的法國與西班牙

一七〇二年，英格蘭的威廉三世去世（與荷蘭的共主邦聯失效），瑪麗二世的妹妹安妮即位。美洲新大陸也有西班牙王位繼承戰爭，稱為安妮女王戰爭。

英格蘭在一七〇四年時佔領了地中海的出入口直布羅陀。一七〇七年英格蘭與蘇格蘭合併，成立大不列顛王國。

一七一三年烏特勒支條約成立，西班牙王位繼承戰爭結束了。費利佩五世的繼承權被承認，西班牙除了割讓比利時（南荷蘭）、米蘭、那不勒斯給奧地利外，還把西西里割讓給義大利西北部的薩伏依公國，直布羅陀割讓給大不列顛。此外，法國也把眾多在美洲的殖民地割讓給大不列顛。

同樣的一七一三年，腓特烈．威廉一世即位為第二代普魯士國王。腓特烈．威廉一世勤儉努力，靠著徵兵制建立了強大的軍隊，而有「士兵王」的稱號。

3 德國的君主政治與大不列顛的議會政治

一七一四年，安妮女王去世，斯圖亞特王朝因此結束了，漢諾威選帝侯夫人索菲的兒子喬治一世身兼漢諾威選帝侯與大不列顛國王，以共主邦聯之主的身份來到倫敦。

喬治一世幾乎不會說英語，也對德國的政治比較有興趣，他不干預英國的議會，讓議會首席的沃波爾成立責任內閣制，自己則是「地位高但不執行統治之事的國王」。

從這個時代開始，英格蘭的國政完全由議會領導，認為若非必要的事物，就由外國進口就好，不被形式或外觀所左右，並且任何事都以國家利益為優先，儘量不要捲入沒有結論的宗教或思想論爭。

或許這也可以說是溫布頓現象的一種。溫布頓網球賽是國際性的，但做為地主的英國選手卻很少在這個比賽裡獲得冠軍。不過，這樣的國際性比賽會吸引來自世界各地的人，那些人帶給英國的好處，恐怕不亞於一座冠軍盃。能這樣想的話，不也很好嗎？

連接現代的漢諾威王朝的歷代國王根據王位繼承法，不得與羅馬教會的信徒結婚。男女雙方皆為德國人的婚姻一再發生，就血統這一點而言，德國人確實更為純粹。

4 從瑞典帝國到俄羅斯帝國。義大利建立了薩丁尼亞王國

一七一五年，在位七十二年的法國國王路易十四世去世，才五歲的曾孫路易十五即位，路易十四的姪子奧爾良公爵腓力二世任攝政。一七一八年建設完成的北美紐奧良，就是以奧爾良公爵之名命名的。

同樣是一七一五年，瑞典的卡爾十二世從鄂圖曼王朝回到瑞典，並且再度對丹麥挪威開戰，一七一八年時戰死在挪威的最前線。

卡爾十二世死後，王妹烏爾麗卡．埃麗奧諾拉繼位，烏爾麗卡．埃麗奧諾拉被推翻後，丈夫弗雷德里克一世繼位為瑞典國王。當時瑞典國內分為親俄羅斯派與親西歐派，政情並不穩定。

一七二一年，瑞典與俄羅斯的彼得一世簽署尼斯塔德條約。這個條約可以說是波羅的海瑞典帝國的死亡診斷書，瑞典帝國因此失去了所有海外領土。愛沙尼亞、拉脫維亞、立陶宛等三國全部變成俄羅斯的屬國，瑞典帝國瓦解了。

而俄羅斯這邊，彼得一世將國名升格為俄羅斯帝國，彼得一世也被稱為彼得大帝。就這樣，大北方戰爭讓波羅的海的霸權從瑞典帝國完全地移轉到俄羅斯帝國。

一七二〇年，薩伏依公爵（兼西西里國王）維托里奧．阿梅迪奧二世與神聖羅馬帝國皇帝卡爾六世交涉，用西西里島交換薩丁尼亞，得到薩丁尼亞國王的稱號。

西西里是南方的豐饒國度，並且盛產美酒。但是，對於位在義大利西北部的薩伏依公國而言，得到鄰近的薩丁尼亞更有助於領土的完整。遙遠的百萬石封地，不如旁邊的七十萬石封地。維托里奧·阿梅迪奧二世的選擇或許是正確的。

薩丁尼亞王國就這樣誕生了。這個薩丁尼亞王國後來變成義大利王國。

在首次的泡沫經濟事件中大虧損的牛頓

一七二〇年，倫敦發生了可以說是首次泡沫經濟事件的南海泡沫事件（Sotth Sea Bubble）。

這是沒有做實質貿易，只承銷高風險高回報的債券買賣的南海公司快速成長，所引發的事件。投機熱潮在倫敦造成了悲慘的結局，而帶領倫敦走出這個悲慘結局的人，正是輝格黨的沃波爾。沃波爾因為這項功績獲得了喬治一世的信賴，被提拔為第一財政大臣（首相），掌握政權直到一七四二年。

發現萬有引力的牛頓因為也投入龐大的投資，所以在這個南海事件中，也成為大受災戶。雖然是有智慧的物理學者，對賺錢的事情卻未必拿手呀！不過，音樂家韓德爾卻好像賺到錢了。

5 鄂圖曼王朝的鬱金香時代

雖然在普魯特河之戰獲得勝利，卻還是讓彼得一世脫身的鄂圖曼王朝的艾哈邁德三世在一七一六時，發動了對奧地利的戰爭，結果卻敗給了歐根親王，簽下帕薩羅維茨（現在的波扎雷瓦茨）條約，賠上了塞爾維亞北部與波斯尼亞北部地方。

鄂圖曼王朝起用了名相易卜拉欣．柏夏，修復了與西歐諸國的關係。在易卜拉欣．柏夏的獻策下，鄂圖曼瑚的政情好轉了。艾哈邁德三世以自己喜歡的鬱金香來比喻這個安定的時期，所以此一時期也被稱為「鬱金香時代」。

6 奧朗則布的治世與蒙兀兒王朝的衰微

一七〇七年，蒙兀兒王朝的奧朗則布死了。說的好聽時，奧朗則布是一位虔誠的穆斯林，說的不好聽時，他是一位心胸狹窄的穆斯林，但蒙兀兒王朝的疆域在他主政的時期擴大到最大。然而在他治世的末期，因為以德干高原為首的各地叛亂行動，與東印度公司（英）的入侵，帝國內部已經四分五裂了。

一七〇八年，德干高原的馬拉塔王國的建國者希瓦吉之孫，曾經被蒙兀兒王朝虜捕的夏胡獲得釋放，回到馬拉塔，即位為馬拉塔王國的國王。馬拉塔是中世紀時形成的一個種姓制族群，在德干高原上有很大的勢力。在東印度公司（英）進入德干高原後，馬拉塔諸公於是聯合起來，結成馬拉塔同盟對抗東印度公司（英）。

奧朗則布的次子繼承了奧朗則布，卻在一七一二年便去世，開始了四子爭奪繼承帝位的戰爭。在佞臣賽義德兄弟的操弄下，從一七一二至一七一九的短短六年間，就替換了四個皇帝，帝國的內部也因此陷入紛亂之中。

一七二四年，蒙兀兒王朝的德干總督兼名相喀瑪爾夫丁·汗放棄了蒙兀兒王朝，建立了海得拉巴王國（亦稱尼薩姆王國，尼薩姆是統治者的稱號）。地方首長叛離，再加上拉傑普特等小王國的獨立，及英國統治前印度北部的地主、權勢者（稅收者、豪族）崛起（拒絕納稅）等等因素，讓蒙兀兒王朝走向衰退之途。

7—清朝進入明君雍正的時代

西元一七二二年，以質樸剛毅被稱頌為中國史上第一名君的康熙皇帝去世了，其帝位由皇四子雍正繼承。此外，中國的歷代君王中，廟號有「聖」字的，只有「聖祖」康熙帝，和契丹的遼「聖宗」耶律隆緒。

雍正皇帝勤於政務，被認為和秦始皇、宋太宗一樣，是中國三大工作狂皇帝。據說雍正皇帝一天工作十五個小時。

清朝有奏摺的制度。奏摺制是什麼呢？舉例來說，就是地方首長或市長與皇帝之間定期書面往來的制度。地方首長以書面向皇帝報告施政的內容，而皇帝會用朱筆批閱那些報告書，並且給予指示。這樣的制度始於康熙皇帝，不過，康熙時代的地方首長級的官員人數，大約就是一百個人左右。但後來雍正帝將這個制度擴大到市長階級，必須上呈奏摺的人數大增至一千兩百人，所以雍正帝要批閱、指示的奏摺變多，工作量當然就爆增了。批閱奏摺應該是相當花時間與腦力、體力的工作。

此外，康熙皇帝的時候曾經發生與西方宗教的中國禮儀爭論，雍正帝是一個果斷的人，所以在一七二三年時乾脆禁止基督教的傳教活動，把在宮廷裡任職之外的傳教士，全部驅趕到澳門。不過，雍正帝並沒有像日本那樣做出迫害基督教徒與傳教士的事情。

雍正帝發明了清朝的立儲模式「祕密建儲制」。這項發明有其原由。康熙皇帝再怎麼睿智，也有失敗之處。他在生前就已經立儲，決定了將來繼承皇位的太子人選。但是這位太子失德，與其周圍的人考慮到自己的將來，竟企圖弒君奪權。康熙皇帝皇帝發現太子的陰謀後，便廢了太子。

於是雍正帝採用了來自波斯的一個主意，把寫著繼任者名字、類似遺書的密詔加蠟封印，存放在密詔匣中，然後高掛在宮中（乾清宮）的「光明正大」扁額後面。如此一來，誰也不知道儲君是眾皇子中的哪一位，於是每個人都會認真地去做皇帝交辦的事情。另外，當皇帝想改密詔的內容時，也隨時可以更改。

就這樣，爭搶太子的戲碼，總算打下休止符了。不過，這個制度未必被遵守。例如慈禧太后就沒有按照這個制度立儲君，而是直接指名立幼帝。但雍正之後的乾隆皇帝，確實是按照祕密建儲制而即位的皇帝。

雍正帝獻地給達賴喇嘛

由於西藏地方經常被遊牧民族騷擾，雍正帝於是在一七二三時派兵征服了和碩特汗國。

此外，一七二四年，雍正把西藏一分為二，讓達賴喇嘛的政府擁有西藏的西南部。

雍正這麼做，出自為了保護宗教界領導者的人身安全與生活的想法，所以賜土地給達賴喇嘛。這個做法和丕平三世獻地給羅馬教皇有相似之處。

8 雍正皇帝將人頭稅變革成土地稅

中國的稅制以傳統的人頭稅為中心。調查平常有多少工作的人口，從唐代的租庸調到兩稅法，再進化到明代的一條鞭法，都屬於人頭稅的稅制。但康熙皇帝採用了地丁銀制（土地稅是地銀，人頭稅是丁銀）的稅制。

到了一七二七年，雍正帝廢除丁銀，讓稅制完全變革為地銀制。這是劃時代的改革。中國因為這項改革而人口大增。正確地說，應該是因為丁銀稅制而隱藏的人口紛紛出現了。沒有捏造人口的必要時，社會經濟就變得合理化了。

另外，雍正帝在一七二九年遠征曾經入侵西藏的西蒙古遊牧民族準喀爾部時，設立了軍機處。這個軍機處的設立，似乎是為了面對緊急事態，人數眾多的內閣無法迅速解決而存在，成員人數較少的常務機關。

雍正滿滿的政治創意，在一七三五年他去世時隨之終結，繼承他的是他的四子乾隆皇帝。大清朝的「三世之春」（康熙、雍正、乾隆）來了。乾隆繼承了祖父康熙與父親雍正所確立的，可以稱之為萬全國家體制的政治組織與稅制，就像承接了黎胥留與馬扎然建立起來的法國政體的路易十四一樣。乾隆也像路易十四般，放手去做想做的事。

一七四七年，大清朝做了人口調查。根據那次的調查，當時中國的人口是一億四千三百四十一萬一千五百五十九人。順帶一提，一七五〇年的全世界人口推計約為七億二千萬人。

9　薩法維王朝的滅亡與「最後的征服者」納迪爾・沙阿

一七二二年，波斯的薩法維王朝的首都伊斯法罕被阿富汗的漢達基王朝佔領，實質上是滅亡了。但是薩法維王朝的王子太美斯普二世逃出伊斯法罕，並在古都加茲溫即位為薩法維王朝的國王。

看到伊斯法罕淪陷，薩法維王朝落入困境的局勢，鄂圖曼王朝與俄羅斯見機展開了入侵的行動。

但太美斯普二世的強大援軍出現了。他是呼羅珊的奇茲爾巴什（薩法維教團的土庫曼人），阿夫沙爾族的納迪爾．沙阿。

一七二九年，納迪爾奪回伊斯法罕，也打敗了想要趁機奪取波斯領土的鄂圖曼軍隊與俄羅斯軍隊，幾乎恢復了薩法維王朝原有的領土。

薩法維王朝就這樣成功地重建了。不過，像納迪爾這樣的男人，怎麼可能甘於久居攝政之位？一七三六年，納迪爾創建阿夫沙爾王朝，自立為皇帝，結束薩法維王朝兩百多年的歷史。

自古以來歐亞大陸中央出現了不少軍事天才，成吉思汗和帖木兒都是。

納迪爾攻占德里

也被喻為「波斯拿破崙」的軍事天才納迪爾，接著把目標轉向印度，並於一七三九年佔領德里，大肆掠奪，把光之山（曾經是世界最大的鑽石）、打造泰姬陵的沙賈汗的孔雀寶座等等財寶帶回。那些實物的一部份現在被收藏在德黑蘭中央銀行地下室的博物館裡。

此外，納迪爾也佔領了霍爾木茲海峽的阿曼（一七四一年）。納迪爾不僅擅長作戰，而且知道什麼地方會有財富。他知道想控制了波斯灣的航路，位於波斯灣入口的阿曼至為重要。

戰爭能力強，又有果決判斷力的納迪爾確實贏得了部下的信賴，但是他的手段嚴酷，也招來不少怨恨。這樣的納迪爾終於在一七四七年時遭到部下的暗殺，阿夫沙爾王朝也一夕之間衰弱了。

看到阿夫沙爾王朝衰弱了，阿富汗武將艾哈邁德沙・杜蘭尼仿傚蒙古人傳統的忽里勒台（軍政議會），召開支爾格大會，於一七四七年建立杜蘭尼王朝。艾哈邁德沙・杜蘭尼原是納迪爾的部下，長期追隨納迪爾作戰，判斷自己在阿富汗建國的話，納迪爾已死的阿夫沙爾王朝沒有能力從波斯來攻打自己。艾哈邁德沙・杜蘭尼也是一名優秀的戰略家。

10 — 波蘭的王位繼承戰爭是各國利害關係的縮圖

歐洲的皇室因為相互通婚，所以幾乎彼此之間都有一定的血緣關係。因此，當某一家皇族絕了嫡子的子嗣，或女性成為繼承人時，別的家族就會主張自己的權利，干涉未來繼承人的事。哈布斯堡家族和波旁家族就是那種典型。

西班牙王位繼承戰爭與大北方戰爭結束後的一七二〇年代，歐洲的戰場終於暫時休兵，誕生了可以傳遞現代氣息的文化。例如：在近代音樂上留下大功績的巴哈成為萊比錫聖托馬斯教堂的教會音樂家（基督教音樂的指揮者）。還有威斯夫特完成的《格列佛遊記》，這本書徹底地嘲諷了當時的英格蘭社會。

但是到了一七三〇年代，戰爭又開始了。

一七三三年波蘭立陶宛國王奧古斯特二世去世。奧古斯特二世也是薩克森選帝侯。因為波蘭是選舉王制，所以必須選出奧古斯特二世的後繼者。

大北方戰爭時曾經一度被選為王的斯坦尼斯瓦夫．萊什琴斯基的女兒，是路易十五世的王后。有法國做為後盾的斯坦尼斯瓦夫．萊什琴斯基再次被選為王。

但俄羅斯對這樣的結果非常不滿，於是與奧地利結盟，推舉薩克森的奧古斯特三世來繼承。就這樣，一七三三年開始了波蘭王位繼承戰爭。

兩軍的陣容如下：薩克森、奧地利、俄羅斯對抗波蘭、法國、西班牙、薩丁尼亞。

薩丁尼亞王國一直想要統一義大利。但是北義大利的重鎮米蘭是奧地利的領地。想取得米蘭是薩丁尼亞王國參戰的原因。

結果，波蘭王位繼承戰爭就在各國各為自己的利益盤算下展開了。

波蘭王位繼承戰爭結束與麥第奇家族的藝術品

開戰兩年後，一七三五年，各國在維也納和議重編領土，恢復和平。斯坦尼斯瓦夫得到承認擁有一任波蘭國王的稱號，並且得到法國佔領的洛林地區。洛林區位於現在法國的東北部，是礦產、農產豐富的區域，首府南錫現在還擁有一座美麗的斯坦尼斯瓦夫廣場，已被列為世界遺產。

而原本在法國擁有領土的洛林公爵，則得到托斯卡尼大公國做為補償。麥第奇家族的托斯卡尼大公國因為已經沒有後繼者，而被認為已經實質地滅亡了。

兩年後，最後的托斯卡尼大公吉安·加斯托內去世，大公的位置便由哈布斯堡洛林家族的洛林公爵弗朗茨·斯蒂芬繼承。

吉安·加斯托內的姊姊安娜·瑪麗亞·路易薩是麥第奇家族最後的直系後裔，她沒有把麥第奇家族收藏的藝術品帶離佛羅倫斯，而是有條件地送給了佛羅倫斯政府。麥第奇最後當家的見識令人感念。

麥第奇家族的藝術收藏品收藏於佛羅倫斯的烏菲茲美術館裡。

因為這次的維也納和議，哈布斯堡家族將那不勒斯與西西里割讓給西班牙，由薩克森選侯奧古斯特三世當選為波蘭國王，但薩丁尼亞還是沒有得到米蘭。波蘭的王位繼承戰爭最後以奧地利損失的局面做結束。

11 奧地利王位繼承戰爭開始

波蘭王位繼承戰爭結束五年後的一七四〇年，奧地利王位繼承戰爭開始了。

一七四〇年，普魯士王國的新國王腓特烈二世即位。同年，奧地利哈布斯堡家的瑪麗亞．特蕾莎即位。但是，因為習慣上神聖羅馬帝國的皇帝一定是要男性，所以哈布斯堡家便推舉瑪麗亞．特蕾莎的丈夫——托斯卡尼大公弗朗茨、斯蒂芬為皇帝（一七四五年弗朗茨、斯蒂芬即位為神聖羅馬帝國皇帝，是為弗朗茨一世）。可是，周圍諸國並不認同瑪麗亞．特蕾莎的繼承，便興兵攻打奧地利。

腓特烈二世首先佔領了西里西亞。西里西亞位於波蘭境內，所屬於波西米亞王國，但是是哈布斯堡家的領土。奧地利與普魯士的戰爭就這樣開始了。

看到奧地利與普魯士開戰了，薩克森與巴伐利亞王國便與普魯士站在同一陣線。想要趁火打劫的人，並非只有腓特烈二世。

國際性規模展開的奧地利王位繼承戰爭

波旁家族與哈布斯堡家族一向是敵對的，所以與普魯士站在同一陣線。於是，與波旁家族對立的大不列顛和荷蘭，便站在哈布斯堡家族這邊。就這樣，幾乎全歐洲都捲入這個奧地利繼承戰爭了。其中大不列顛與法國這兩大國的爭鬥尤其激烈，讓戰爭甚至擴展到蘇格蘭、美洲大陸、印度。

一七四五年，法國把因為光榮戰爭而亡命到法國的斯圖亞特王朝詹姆士二世之孫——查爾斯（英俊王子查理），送回蘇格蘭。蘇格蘭人非常歡迎查爾斯返鄉，企圖揚起反叛英格蘭的旗幟。然而敵我的實力差距太大，蘇格蘭在庫洛登戰役中大敗，查爾斯只得返回法國的根據地，繼續鼓吹斯圖亞特王朝復權的詹姆士黨運動，但詹姆士黨運動此時已經奄奄一息了。

在美洲新大陸，一七四四年時，大不列顛對法國發動了喬治王戰爭。但在另一邊的印度，在法國的印度總督杜布雷的強大企圖與努力下，法國佔領了大不列顛在印度三大據點之一的馬德拉斯（現在的清奈），這是了第一次卡那提克戰爭（法國的據點是本地治里，大不列顛的據點是馬德拉斯）。之後，在海得拉巴王國發生內亂時，兩國展開了第二次卡那提克戰爭。不過，由於法國本土不想在印度消耗戰爭的經費，於是召回杜布雷，使得杜布雷在印度的經營與努力變成泡沫。

再回來看奧地利繼承戰爭。在瑪麗亞．特蕾莎堅持一步也不退讓的努力下，彼此都無法有更進一步有所斬獲，終於在一七四八年以亞琛和約結束戰事。法國歸還馬德拉斯，八年戰爭的結果是一切回到原點。也就是說瑪麗亞．特蕾莎也沒有完成奪回西里西亞的願望。

12 瑪麗亞．特蕾莎的外交革命與七年戰爭

瑪麗亞．特蕾莎非常不滿腓特烈二世趁火打劫的行徑。而哈布斯堡家族與波旁家族一直是水火不容的雙方，所以以普魯士為首的德國各諸侯也便想趁機漁翁得利，所以一再介入兩大家族的紛爭。

瑪麗亞．特蕾莎心想：如果哈布斯堡家族能和波旁家族和解的話，不就沒有國家能夠趁機打劫奧地利了嗎？瑪麗亞．特蕾莎派遣了心腹部下考尼茨試著與法國接觸。這個行動（外交革命）獲得成果，一七五六年，奧地利與法國簽下凡爾塞條約（防衛同盟）。根據此一同盟，瑪麗亞．特蕾莎的女兒瑪麗．安東妮嫁給了法國太子（後來的路易十六世）。瑪麗亞．特蕾莎的外交革命震驚了歐洲。

讓水火不容的仇敵成為朋友的瑪麗亞．特蕾莎，接著又策動彼得大帝的女兒——俄羅斯女皇伊麗莎白，聯手包圍普魯士。

一七五六年，奧地利、俄羅斯、法國的大聯合，終於與普魯士開戰了。這就是所謂的七年戰爭。與法國是世仇的大不列顛此時自然站在普魯士這一邊，也參戰了。不過，大不列顛並沒有實質地派遣軍隊到歐洲大陸參戰（以金援為主），而且更專注於印度與北美的戰場。大不列顛果然後來在印度與北美趕走了法國，為以後的大英帝國打下基礎。

腓特烈二世靠著大不列顛的援助，才能夠擋下了全力攻擊的瑪麗亞．特蕾莎與強大

的俄羅斯軍隊。不過，普魯士也不是一直都能擋住對手的攻擊，因為柏林也曾經被佔領過。

彼得三世撤軍

腓特烈二世的氣數已經宛如風中殘燭了。然而奇蹟發生了，俄羅斯的女沙皇伊麗莎白突然去世，她的德國人外甥彼得三世即位為俄羅斯皇帝。

這個彼得三世從小就非常喜歡戰爭遊戲，尤其崇拜腓特烈二世。彼得三世私下與腓特烈二世進行和解，然後就撤軍了。

俄羅斯的軍隊非常不能理解彼得三世的作為。明明是一場勝券在握的戰爭，卻連一點賠償金也不拿就撤軍了。俄羅斯國內因此怨聲載道。

彼得三世的妻子葉卡捷琳娜也是德國人。出身自德國貧窮貴族的葉卡捷琳娜有一顆聰明的腦袋，她決定把自己人生的命運投注在俄羅斯這塊土地上。彼得三世即位才半年後，就發生了軍事政變，而領頭這場政變的人，正是他的妻子葉卡捷琳娜。

葉卡捷琳娜以伊麗莎白女皇為目標，自稱葉卡捷琳娜二世，即位為俄羅斯的女沙皇，君臨俄羅斯三十餘年。

此外，同樣的一七六二年，法國思想家尚·雅克·盧梭的《社會契約論》現世了。

這本書成為美國獨立運動與法國革命的知性骨幹之一。

13 七年戰爭結果，瑪麗亞·特蕾莎與法國的損失

持續了七年的戰爭，終於在一七六三年的巴黎條約下落幕。結果哈布斯堡家族還是沒能奪回西里西亞。

瑪麗亞·特蕾莎進行的外交革命雖然是劃時代的行動，但也有其思考不周的地方。法國的路易十四嘴巴上說要以萊茵河做為東邊的國界，卻仍然時常越過萊茵河去侵犯德國的領土。因此德國對法國一直懷恨在心。然而德國境內出自哈布斯堡家族的德國重臣級人物，卻一心想幫哈布斯堡家族拿回西里西亞，而與哈布斯堡家族合作。這在德國諸侯眼中，簡直如同眼中釘，覺得非常不舒服。在這種局勢下，外交革命竟成為原本穩坐德國盟主寶座的哈布斯堡家族，慢慢被普魯士的霍恩索倫家族取代的契機。

也有人視瑪麗亞·特蕾莎的外交革命政策，是膚淺的婦人之見的代表。這種看法太蔑視女性。這不是男性女性的問題，應該理解為哈布斯堡家族解決能力的問題。

另外來看看七年戰爭背後的主角法國與大不列顛。法國明顯地衰敗了，對法國來說，沒有比巴黎條約更慘痛的條約了。

一七五七年，印度東部孟加拉地方的普拉西戰役，羅伯特·克萊芙所率領的東印度

北美殖民地的變化

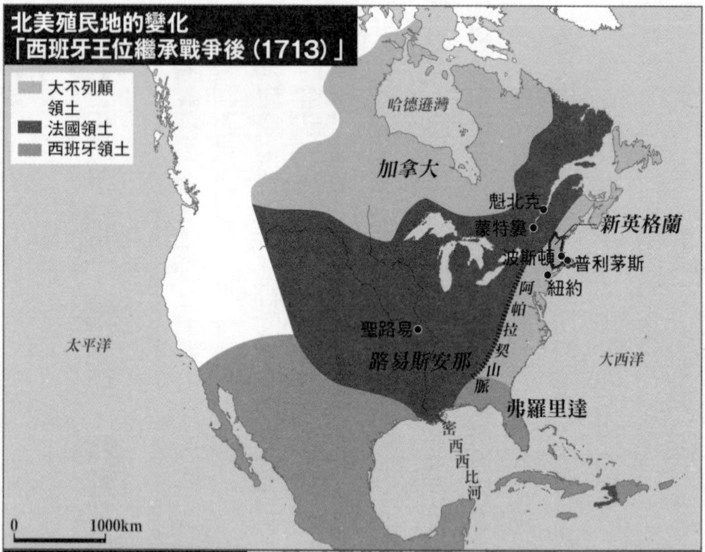
「西班牙王位繼承戰爭後（1713）」
大不列顛領土
法國領土
西班牙領土
哈德遜灣
加拿大
魁北克
蒙特婁
新英格蘭
波斯頓
普利茅斯
紐約
阿帕拉契山脈
聖路易
路易斯安那
太平洋
大西洋
弗羅里達
密西西比河
0 1000km

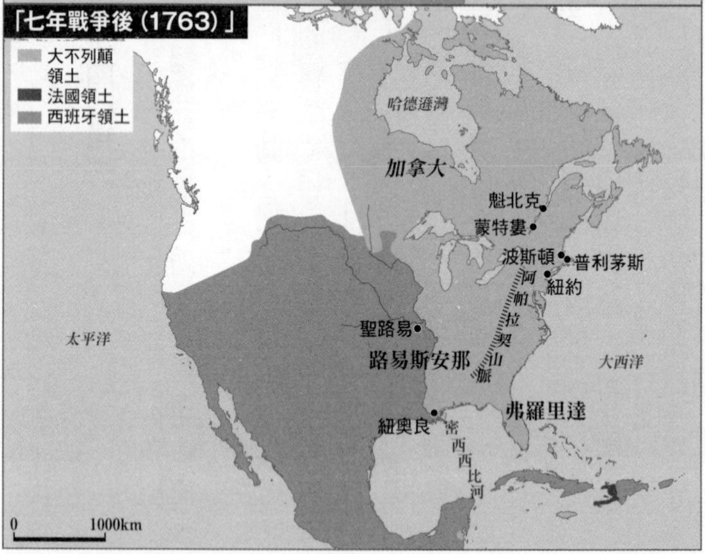
「七年戰爭後（1763）」
大不列顛領土
法國領土
西班牙領土
哈德遜灣
加拿大
魁北克
蒙特婁
波斯頓
普利茅斯
紐約
阿帕拉契山脈
聖路易
路易斯安那
太平洋
大西洋
弗羅里達
紐奧良
密西西比河
0 1000km

公司（英）軍隊，大勝法國與孟加拉太守的聯合軍。孟加拉太守是蒙兀兒王朝的地方官，但在地方政權化下，是實質的孟加拉地方統治者。一七五八年，第三次卡那提克戰爭開始了。一七六〇年的文迪瓦什戰役是第三次卡那提克戰爭的勝負關鍵戰，法國戰敗後，實質上地幾乎失去所有在印度的權益。

一七五五年，新大陸這邊的法國英格蘭戰爭開始了。但法國同樣在這個地方吃了敗仗。占有北美大陸一大半土地的新法蘭西的中心——魁北克與蒙特婁淪陷，新法蘭西瓦解了。密西西比河以東的地方就這樣完全變成大不列顛的領土。此外，路易十五因為參與戰爭的西班牙也失去了佛羅里達（割讓給大不列顛），便把新大陸南部的紐奧良與路易斯安那轉讓給西班牙，做為對西班牙的補償。

就這樣，七年戰爭讓法國盡失辛苦殖民的美洲大陸領土。路易十五無能，繼能力優秀的樞機大臣弗勒里之後的法國重要臣僚們，也同樣的無能。黎胥留、馬扎然等治國有方的法國政治人物的ＤＮＡ，都到哪裡去了呢？路易十五留給歷史的，怕是只有與龐巴度夫人等眾多情婦的情史。

14—為什麼會發生工業革命？

為什麼工業革命發生在大不列顛？因為工業革命是從學習印度開始的。

大不列顛和荷蘭打了好幾次戰爭，結果都無法取得摩鹿加群島與印尼，不得不放棄辛香料的市場，決心將就已經建立起來的橋頭堡——印度，於是重新觀察印度，發現印度的GDP（國內生產總值）非常大。

因為印度生產棉織品。在沒有化學纖維的時代，棉布衣是衣服的基本。雖然毛織品與絲織品也是衣服的原料，但是需求量有限，因為一般人穿的都是棉布做的衣服。即使到了現在，服裝材料還是以棉製品為中心。印度是棉織品的主要生產國，供應著全世界的需求量。每次連接中國與歐洲的海上交易船隻一入港，常常可以看到船員們爭相搶購棉織品的畫面。

「我們也來做棉織品吧！」

大不列顛於是有了這樣的想法。幸運的是大不列顛擁有荷蘭所沒有的毛織品技術，並且能在美洲生產大量棉花。這確實是可以一試的想法。

那時冶煉鐵用的高爐需要燃料，樹木大量被砍伐，造成森林被破壞到將近極限，於是人們開始想以煤炭來取代木炭煉鐵。那是一個很好的時機，因為一七〇八年時，亞伯拉罕．達比一世（Abraham Darby Ⅰ）已開發使用焦煤製鐵的焦煤煉鐵法（亞洲的中國在宋朝時就已經知道使用焦煤煉鐵的方法了）。

焦煤的火力比木炭強大許多，煤的需求量因此大增，煤礦的開採事業也迅速地發達起來。可是，煤礦山位於地下水多的地帶，開採煤礦時的排水問題立刻成為重要課題。

一七一二年，湯瑪斯．紐科門（Thomas Newcomen）改良蒸汽機排水用的泵。紀元之初，古希臘的數學家亞歷山卓的希羅便發明了蒸汽機，但當時並沒有被實用化。但這個蒸汽機卻給棉織品產業帶來很大的改變。

棉織品產業的發展

一七三三年，棉織品業界有了重大的變化。約翰．凱（John Kay）發明了紡織機的飛梭，使用機器過織品的橫線。這個發明大幅提高了棉布的製造速度。舉例來說，原本織一幅六個人圍坐的桌面大小的棉布，手作的話要花一天的時間，但使用飛梭的話，卻只要一個小時就可以完成了。織布的速度變快了，紡織廠業者發出需要更多棉線的呼聲。

像是回應紡織廠業者的呼聲般，一七六四年，哈格里夫斯發明了能夠提高生產性能的珍妮紡紗機後，一七六九年，阿格萊特發明了利用水車紡絲的水力紡紗機。大約在同一個時候，瓦特改良了蒸汽機。蒸汽機利用活塞運動，可以抽出礦坑裡的水，確實是很方便的機器，但並不適用於紡紗業。於是瓦特的改良蒸汽機，把活塞運動轉換成圓運動，從此，蒸汽機也可以運用在紡織業了。

一七七九年，賽米爾．克隆普頓發明了騾機後，終於可以提供大量的棉紗給紡織廠了。現在輪到織布業者著急了，和快速的棉紗供應比起來，織布的速度明顯地太慢了。

一七八五年，埃德門特・卡特萊特活用蒸汽機，發明了最早的機械動力織布機（力織機）。在這一連串的技術革新下，大不列顛的棉織品生產力和手工業的時代相較，有了數百倍的成長。纖維產業從手工業時代，躍入工廠制的機械工業時代。

長期獨佔棉織品輸出產業中心的印度的所有棉織品，全是靠著熟練的工人製作出來的手工業產品。手工業和使用蒸汽機的機械競爭，是怎麼樣也敵不過機械。

工業革命之初，全世界的人口約七億兩千人。從這個時候起，歐洲開始了人口的轉換（從多生多死轉換成少生少死）。由於人口轉換的前期是多生少死的階段，所以歐洲人口爆增，而新大陸便吸收了許多爆增的人口。

被砍了雙手的印度

當時的印度雖然還是蒙兀兒王朝統治的時代，但是統治力已經不如以往，而德干高原的馬拉塔同盟、海得拉巴王國崛起、紛紛獨立、崛起，早不把蒙兀兒王朝放在眼裡。另外，大不列顛把印度當做自己在亞洲的殖民地中心，在趕走法國的勢力後，擁有獨佔性的權益，可以說已經實質地統治了印度。而站在大不列顛統治印度第一線的，就是東印度公司。

印度從棉織品的輸出國，轉變成棉織品的輸入國（一八一三年印度貿易被迫自由化，棉織品產業瓦解），開始變窮了。此時東印度公司又獎勵已經變窮的印度增產茶、咖啡、黃麻、橡膠、鴉片等等輸出作物。

可是，已經變窮的印度努力增產輸出作物（換錢作物）的結果，就是糧食的產量減少了，變成必須仰賴糧食入的國家。

就這樣，印度失去最大收入來源的棉織品產業，又因為以輸出作物為栽種的重點，也失去了自給自足的經濟。後人用「被砍了雙手」的語句，來形容這樣的印度。

東印度公司是獨立核算制的公司。雖然是大不列顛的軍隊與法國軍・孟加拉作戰，但戰爭派遣軍隊與糧食費，卻必須由東印度公司負責承擔。大不列顛的議會不會同意支付在印度的軍事費用，更不會把稅金用在印度上。

因此，東印度公司只要有所行動，積欠母國的債務就會增加。但就像一停業就會倒閉的公司一樣，為了消彌公司營運的赤字，只好強取印度人應有的收入。

結果，大不列顛經營印度的方式，就是母國完全不須任何支出，所有的營運成本都從壓榨印度大陸而來。這樣的經營方式是母國沒有任何負擔，東印度公司從頭到尾扮演被怨恨的惡人角色。

關於工業革命起源於大不列顛的說法有很多。例如說大不列顛是世界重商主義的先驅，靠著重商主義累積了龐大的資本；或說大不列顛靠著大西洋三角貿易，賣日用品與槍械給西非，並從非洲買了黑奴賣給美國，再從美國輸入砂糖與棉花，大大地增加了本身的資本。但無論如何，從歷史的大洪流看來，與印度的關係應是最大的因素。

15—中華帝國的最後光輝——乾隆皇帝時代

繼名君雍正之後的乾隆時代從一七三五年到一七九五年。乾隆皇帝和路易十四一樣，都是高調、喜歡奢華的皇帝。乾隆皇帝曾經十次親自帶兵遠征，自誇有「十全武功」，更有「十全老人」的稱號。一七五五年，乾隆消滅了最後的遊牧國家（準噶爾），大清的疆域來到了最大的頂點。

此外，一七五一年起，乾隆開始他的巡幸之旅。巡幸是指皇帝巡遊全國的活動，這個活動始於秦始皇。乾隆之前的歷代清朝皇帝是很節儉的。舉例說明他們的節儉行為，據說康熙時代後宮的一年經費，只夠明朝時代後宮一天的開銷。

不過，乾隆卻花了大把的銀子，做了六次奢華的江南巡幸。那是沒有飛機也沒有高鐵的時代，巡幸確實是要花很多金錢與時間的活動。

為了款待南巡的乾隆皇帝，中國人研發出了滿漢全席的豪華中國筵席。那是使用了三十二種山珍海味，開創出一百種左右的菜色，可以連續吃三天的宴會料理。這麼奢侈，又這麼美味的料理，確實是可以讓愛好奢華的皇帝感到滿足了。優秀文化的誕生，經常也有會這一面。

滿漢全席需要各式各樣的食材，日本的蝦米、乾鮑魚、乾魚翅等乾貨因此大量輸出到中國。其實日本的佐渡金山與石見銀山在那個時候已經開採殆盡，可以輸出的只剩下別子的銅而已。幸好中國為了乾隆皇帝而創出了滿漢全席的筵席，讓乾貨成為日本的新輸出貨品。一七八二年，中國最大的叢書《四庫全書》完成了，乾隆非常敬仰他偉大的祖父——康熙皇帝編纂《四庫全書》，或許是在仿傚祖父的《康熙字典》。

乾隆皇帝批准「公行」貿易

因為工業革命，大不列顛的棉織品工廠全面開工了。但是工人長時間工作的結果，造成精神不濟，需要可以振奮精神的藥。西班牙為了提高波托西銀山的產能，讓原住民礦工咀嚼古柯葉。同樣可以提神的還有紅茶。在短暫的休息時間裡喝加了大量砂糖的紅茶，也可以提神。

紅茶的需求量大增了。糖可以從新大陸獲得，但茶是中國的獨占商品。除了大元朝外，中國的貿易以朝貢貿易為原則，其交易形式為：中國外圍的國家以仰慕中國皇帝的德政之名，獻給皇帝稱為「貢品」的各國物資，而中國皇帝則以茶葉做為回禮。對本國內就擁有各項生活物資的中國而言，幾乎感覺不到與外國進行交易的必要性。不過，康熙皇帝還是在一六八四年時解除海禁，開放了四個港口。

但到了乾隆時代，與外國的交易卻只侷限在廣東一港。一七五七年，在被稱為廣東十三行的公行行會居間斡旋下，廣東體系成立了。考慮到彼此的國力，又想得到日常必須的茶葉，大不列顛也只好服從這個體系的決定。

根據一七六三年的入口調查，清朝開始時的中國人口已經突破兩億。一七六四年，描寫清朝貴族豪華生活的大長篇小說《紅樓夢》的作者曹雪芹死了。《紅樓夢》與普魯斯特《追憶似水流年》、紫式部的《源氏物語》一樣，都是世界級的文學傑作。

耶穌會傳教士郎世寧之死與科舉制度流傳到歐洲

一七六六年，耶穌會的傳教士郎世寧去世了。來自西方的郎世寧在康熙、雍正、乾隆三朝為官，他是一位優秀的宮廷畫家與西洋庭園（圓明園）設計師，在中國留下了不少成就。中國的耶穌會自利瑪竇以來，努力了一百五十年，架起了中國與歐洲的橋梁，卻因羅馬教皇頑固的方針（禮儀爭論）而倒塌，郎世寧之後，耶穌會在中國的歷史會落幕了。

耶穌會最大的成就，可以說就是把科學制度帶進歐洲。耶穌會發現清朝可以把這麼大一個國家治理得井井有條的原因，在於靠著官僚體制的文書行政。而官僚體制的根基，便是科舉制度，從來自全中國各地的優秀學生中，甄選出一流精英份子的人才錄用系統。

耶穌會把這一套系統帶回歐洲。

歐洲中最熱衷於科舉制度的國家是法國。現在的法國國家行政學院（École nationale d'administration，縮寫為ＥＮＡ）被認為是當今世界最優秀的行政精英養成學校。從ＥＮＡ畢業的學生被稱為「Enarque」（ＥＮＡ校友），不少人成為政界、財經界執牛耳的人物。

現任的法國總統法蘭索瓦・歐蘭德（譯注：任期二〇一二年五月十二日～二〇一七年五月十四日）、之前的雅克・席哈克總統及季斯卡・德斯坦總統，都是ＥＮＡ校友。

16 東印度公司統治了印度

東印度公司趁著蒙兀兒帝國國力日漸衰弱之際，不斷逐一地擴大自己的權益。於是蒙兀兒帝國沙・阿拉姆二世便與孟加拉太守聯手，對抗東印度公司（布克薩爾之戰），但戰敗了。一七六五年，蒙兀兒帝國把圍繞著加爾各答的孟加拉、比哈爾、奧里薩等三邦的徵稅權讓給東印度公司，雙方以此為條件，締結安拉阿巴德條約，從此這三邦成為東印度公司的領土。

另外，東印度公司的手也伸向南印度的邁索爾王國。十四世紀末從毗奢耶那伽羅王朝獨立出來的邁索爾王國，當時的統治者是穆斯林之雄海德・阿里。邁索爾王國與東

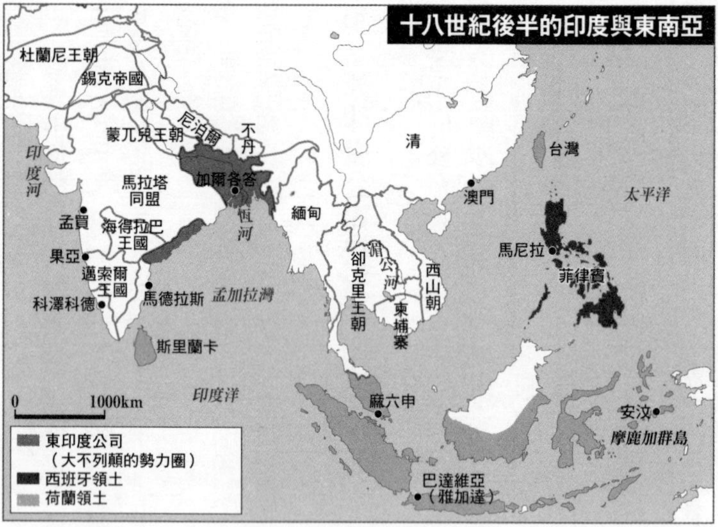

印度公司的戰爭始於一七六七年，持續到一七九九年，經過四次大戰役後，邁索爾王國滅亡了。

東印度公司取得了印度東邊與南邊後，接下來便以德干高原為目標，和馬拉塔同盟開戰。這次的戰爭從一七七五年開始，經過三次戰役後，一八一八年時，以馬拉塔敗北告終。東印度公司的侵略戰爭都經過數次戰役，並非一蹴而就，總是在戰爭停止時等待對手內部分裂，然後再趁機開戰。反覆如此之後，才獲得最後的勝利。

不管是對邁索爾王國還是對馬拉塔同盟的戰爭，東印度公司都經過激烈的戰鬥，才辛苦獲得勝利。仔細想想，邁索爾王國是穆斯林，馬拉塔同盟是印度教徒，雙方如果能夠剷除宗教之牆，聯手對抗來侵略的東印度公司，或許有機會取得勝利。讓雙手無法聯手的原因，應該就是基本教義派的強硬君主奧朗則布所成的、難以消彌的宗教鴻溝。

以各個擊破的方式打敗了強勁對手的東印度公司，可以說是運氣好。

一七六七年，泰國的大城王朝滅亡，達信建立了吞武里王朝，但因其精神上的疾病，被拉瑪一世所殺。一七八二年，泰國開始了中國裔君主（拉瑪一世有華人血統）的卻克里王朝，直至今日。大約在同一個時期，越南方面，從明朝獨立的黎朝處於分裂的狀態，王族之間互有爭戰，清軍的大軍也參與了這場混戰。一七八九年，西山黨的阮氏在清軍入越戰爭中擊退了清軍。

17 乾隆皇帝時代結束

一七六三年時，清朝的人口突破兩億，但二十七年後的一七九〇年，人口卻已超過三億人。從這個時候開始，中國的人口成長大爆發。造成這個大爆發的原因，是十六世紀後半起傳入中國的美洲原產作物：玉米、馬鈴薯、甘藷、辣椒、南瓜、番茄、花生、四季豆等等。就像這些作物中的馬鈴薯至今還是德國的主食一樣，有著非常高的收穫量。

這些新作物給中國帶來第二次農業革命。中國的第一次農業革命發生於宋朝。當時因為氣候溫暖化的關係，長江沿岸一帶變成也可以栽種來自越南來的占城稻了。占城稻的生長期短，很快就可以收成，一年之間甚至可以於同地栽培兩種作物。

從人口爆增的中國移居到東南亞的中國人也不少，泰國甚至還出現了中國裔的王朝，這與中國人大量移入的情形不無關係。

一七九三年，大不列顛的使節馬戛爾尼獲准覲見乾隆皇帝，傳達了以下的信息。「我國雖然不如貴國，但也是個大國家。希望我們可以建立外交關係，也請貴國開通更多的港口。」

但乾隆的答覆是：

「世界各國仰慕我天朝之德而來朝貢。我國並不需要貴國輸入的物品。並且設置大使館不符我國體制。」

乾隆的意思簡單地說就是：已經批准廣東的公行貿易，你們應該知足了。乾隆的時代中國國勢強大，還是很威風的，但五十年後的鴉片戰爭一起，中華帝國的最後威風便一去不回了。

乾隆的時代是三世之春嗎？

一七九六年，乾隆讓位給嘉慶皇帝，但實權仍然在他的手中。

有學者認為康熙、雍正、乾隆三代是三世之春的盛世，但也有學者對乾隆的盛世抱持疑慮的態度。乾隆時代的內政是成熟與廢弛並存的。他讓位時的一七九六年，白蓮教徒在河北與四川舉兵興亂。起於宋朝的這個宗教結社，每到國家混亂時，就會出來作亂。

一七九九年乾隆去世，他的寵臣和珅被嘉慶皇帝彈劾，並被判了死罪。和珅以非法的手段獲得了龐大的個人資產，據說財產多達國庫十年稅收。其收賄規模之大，讓人感到驚訝。

18　葉卡捷琳娜的攻勢。鄂圖曼王朝的自淨作用與波蘭、立陶宛的滅亡

一七六八年，與彼得大帝並稱為俄羅斯英主的葉卡捷琳娜二世（大帝）趁著圖曼王朝國力漸弱之際，啟動了雙方的戰爭。此外，葉卡捷琳娜二世的情人斯坦尼斯瓦夫・奧古斯特・波尼亞托夫斯基是波蘭立陶宛國王（一七六四年就任），但一七七二年時，俄羅斯卻與普魯士、奧地利聯手瓜分了波蘭（第一次瓜分波蘭）。

俄羅斯與鄂圖曼王朝的戰爭以俄羅斯勝利收場，兩國於一七七四年簽訂庫楚克開納吉和約，俄羅斯獲得黑海的自由航行權，鄂圖曼帝國還割讓了黑海北岸的領土給俄羅斯。此外，葉卡捷琳娜也成功地克服了大規模的農民叛亂——普加喬夫之亂。

一七七四年，法國庸碌平凡的君主路易十五去世，路易十六即位。翌年，一七七五年，美國的獨立戰爭開始了。

葉卡捷琳娜二世重視南下政策。為了確保從黑海到博斯普魯斯海峽的海路，採取了鞏固南方出海口的政策。一七八三年，她併吞了金帳汗國系統的克里米亞汗國；並利用一七八九年因為法國革命所引起的歐洲動蕩，在一七九一年時再次發動對鄂圖曼王朝的戰爭。奧地利也被捲入這次的戰爭中。一九七二年，俄羅斯獲得這場戰爭的勝利，與鄂圖曼王朝締結雅西和約。俄羅斯併吞了克里米亞半島，獲得通往南方的大進出港灣。

鄂圖曼王朝接二連三地敗給俄羅斯，不得不好好反省、思考對策。大概像日本政府在明治維新後感受到危機感一樣吧?塞利姆三世決定創建西洋式的新軍隊「Nizam-i Cedid」（鄂圖曼土耳其語「新的秩序」之意）。鄂圖曼王朝因為有這樣自我反省的能力，所以能夠數次重建國家。

波蘭立陶宛最不幸的事情，就是東有俄羅斯，西有普魯士，南有奧地利，位於這三大強國的中央。還有，因為國王是透過選舉產生的，所以很難施行長期性的政策。包圍著波蘭的三個國家彼此避開用愚蠢的戰爭方式來獨占波蘭，而是聰明地選擇使用瓜分的方法。一七七二年時，他們已經成功地瓜分過一次波蘭了。當路易十六被處刑，歐洲陷於紛亂之中時，一七九三年，波蘭再度遭受鄰國的瓜分，但這次奧地利沒有加入瓜分的行列。

一七九四年，憤怒的波蘭愛國志士柯斯丘什科舉兵起義，反抗俄羅斯與普魯士的巧取豪奪。柯斯丘什科是曾經參加過美國獨立戰爭的將校，卻仍然無法改變波蘭的局勢，他的起義行動敗北了，還成為俄羅斯與普魯士再度瓜分波蘭的藉口。一七九五年，波蘭再度遭到瓜分，終於直接滅亡了。

在波斯的「最後征服者」納迪爾被暗殺後，阿夫沙爾王朝的勢力快速衰退，淪為小地方的政權。一七五〇年，以南部的西茲子為中心的卡利姆．汗創建了桑德王朝。原是納迪爾的部將的卡利姆．汗極為有才能，他給波斯全境帶來了安定的生活，而獲得大王的尊稱。卡利姆死後，阿迦．穆罕默德汗崛起，並以伊朗西北部，原本是貧窮村莊德黑蘭為首都，一七九六年建立了卡扎爾王朝。

19 美國獨立

七年戰爭（法國印第安戰爭）時，大不列顛軍隊以法國與北美的領地為戰場，經歷了非常激烈的戰鬥。當時大不列顛的軍隊由大不列顛本土軍團，與北美十三州的殖民地政府軍組成。

北美十三州是指北從新罕布什爾州，南到喬治亞州，自朝聖先輩以來，從歐洲移居到美洲的人們的居住地。

大不列顛為了填補七年戰爭的龐大戰爭經費，對殖民地進行了種種課稅，例如砂糖法（一七六四年）、印紙法（一七六五年）、唐森德法案（Townshend Acts）（一七六七年）等等。唐森德法案是針對進口到美國的紙、玻璃、茶葉等等日用品徵稅的法案。殖民地的人對這個法案感到十分憤怒，提出「沒有代表就沒有課稅」的抗議。唐森德法案本身的稅率並不高，問題是殖民地的人在母國的會議中沒有發言權。

從母國議會的角度看，在北美戰場上的軍費所需，當然由北美地方負責支出，。就像在印度的戰爭一樣，殖民地的開銷當然由殖民地的人結帳。但是，從北美十三州的角度看，就不是那樣了。因為七年戰爭是從母國開始的，殖民地是在幫忙從倫敦開始的戰爭，所以沒有負擔戰爭經費的義務。殖民地政府的這個主張，讓母國與殖民地之間的關係惡化了。

一七七三年，著名的波士頓茶葉事件爆發了，對母國議會的殖民地感到憤恨的波士頓市民，把進港的母國商船上的紅茶箱丟進大海裡。

美國獨立戰爭與法國的關係

大不列顛喬治三世的政府態度十分強硬。留駐北美的母國軍隊終於在一七七五年在萊辛頓康科德之戰中與殖民地政府軍隊交戰，美國獨立戰爭開始了。交戰中的一七七六年，殖民地政府發表美國獨立的獨立宣言，美利堅合眾國誕生了。一七七七年，美利堅合眾國以星條旗為國旗，並在這一年的薩拉托加戰役獲得大勝。

一七七八年，法國與美國結盟，以拉法葉侯爵為首的法國義勇軍支持美國，加入對英軍（大不列顛軍隊）的戰爭。一七八〇年，大不列顛發佈了對美國的海上封鎖，葉卡捷琳娜二世提倡武裝中立同盟，要在國際上孤立大不列顛。到了一七八一年，美軍總司令喬治·華盛頓與法國軍隊聯手在約克鎮擊敗了母國的軍隊。至此，美國獨立戰爭的大勢底定。

一七八三年，英美兩國簽署《巴黎和約》，美國獨立正式獲得承認，長達八年的獨立戰爭終於結束了。一七八七年，美利堅合眾國憲法出爐，喬治·華盛頓就任第一屆美國總統。

支持獨立戰爭的思想根源，是將光榮革命正當化的約翰·洛克的自然法理論，與在法國深具影響力的啟蒙思想。美國獨立宣言的起草人傑佛遜就是一個啟蒙合理主義者，他和第一屆美國總統、是法國貴族卻成為美國義勇軍的立憲派人物拉法葉，都有深厚的交情。

簡單地說，啟蒙思想是「人類的存在與自然的存在一樣，受到普遍性法則的支配。靠著人類本身的理性，就能理解世界的秩序」。而神的存在只在於是創造主，人類可以依據理性來解釋神。伏爾泰的《哲學通信》（一七三七年），孟德斯鳩的《論法的精神》

（一七四八年），狄德羅與達朗貝爾編纂的《百科全書》（一七五一－一七七二年），魯梭的《社會契約論》（一七六二年）等等出版物，都是新大陸的領導者們建立新國家的理論性支柱。

這些啟蒙思想家通通都是法國人，他們的思想正是批判波旁王朝絕對王政的武器。在思想上給予美國重大影響的法國，在美國獨立戰爭開始後，也以義勇軍之姿介入戰場，參與新大陸的獨立戰爭，對合眾國的成立有實質的影響。

完成於獨立戰爭時期的古典名著

美國的獨立戰爭時，啟蒙思想發揮了很大的影響力，歐洲今日還保存著許多當時創作的啟蒙思想名著。

一七七六年大不列顛的思想家湯瑪斯．潘恩在獨立戰爭中造訪美國，出版了《常識》，讚揚美國的合理性精神。同年，經濟學者亞當．史密斯完成《國富論》（全名為《國民財富的性質和原因的研究》）的著作，講述市場經濟的原理。

在德國，一七七四年時，歌德發表了描寫青春的愛與苦惱的《少年維特的煩惱》。一七八一年，康德發表《純粹理性批判》，打下德國觀念論哲學的基礎。

20 法國大革命

法國從路易十四開始，就因為第二次英法百年戰爭而一直在打仗。過度參戰的結果，造成路易十六統治下的法國國庫空虛，政府的財政赤字竟然高達年稅收的九倍之多。當時的法國人口構成分為第一等級身份者（神職者，約十四萬人），第二等級身份者（貴族，約四十萬人）及第三等級身份者（一般老百姓，約二千六百萬人）。而全國一半以上的財富在第一等級與第二等級身份的特權階級者手中，這些特權階級者還享有繳稅的豁免權。所以要進行財政改革的話，就只有向特權階級者課稅一途了。但是，儘管財務總監杜爾哥與財政部長內克爾都很想進行財務改革，卻無法擊破特權階級者的厚牆。

一七八九年，為了打開財政僵局，法國政府決定召開了全國三級會議。可是特權階級者頑強抗拒三級會議，著急的第三等級身份者便自行組織了國民議會。此時以拉法葉侯爵為首，受到美國獨立宣言與啟蒙思想的一部份神職人員與貴族們，也站在國民議會這邊。國民議會要求制定憲法與受到承認，決議在路易十六承認國民議會前，國民議會絕對不會解散。國民議會發表決議的地方在凡爾賽宮的室內球場，所以這個決議也稱為「網球場宣言」。

但是路易十六看不清情勢，罷免了深獲市民支持的內克爾，激怒了巴黎市民。巴黎市民於是襲擊巴士底監獄，解放了政治犯。一七八九年七月十四日，以自由、平等、博愛為口號的法國大革命開始了。舊體制瓦解了。八月二十六日，國民議會發佈人權宣言，十月五日，因為不滿物價高漲與糧食不足，憤怒的巴黎婦女們跟著遊行隊伍行進到凡爾賽宮，把國王一家人帶到巴黎。一七八九年拉法葉侯爵所設計的三色旗後來成為法國國旗。

一七九一年，國民議會制定了憲法，法國成為立憲君主制國家，以限制選舉（特定身份者才有選舉權）為支柱。並且以新憲法為基礎，召集立法議會。立法議會中以立憲君主派的吉倫特派佔多數。此外，公制法於這一年制定。

另外，莫札特在這一年的年底逝世於維也納。

因為列強干涉而開始了法國革命戰爭

一七九二年四月，在標榜反革命的奧地利干涉下，吉倫特派內閣發動了對外戰爭（法國革命戰爭）。普魯士也對法國宣戰，大軍逼近巴黎，這時從馬賽前來巴黎支援的義勇軍所唱的馬賽進行曲，後來成為法國的國歌。八月巴黎市民與義勇軍襲擊杜樂麗宮，迫使國王退位，國王一家被拘禁於聖殿塔。接著，根據普通選舉，九月時國民公會成立，宣佈廢除君主制，成立第一共和制。

第一共和制壓制了吉倫特派，羅伯斯比爾所領導的雅克賓派掌握權力。一七九三年一月，路易十六與來自哈布斯堡家族的王后瑪麗・安東妮被送上斷頭台處死。

路易十六被處死震撼了全歐洲，以大不列顛的首相小威廉・皮特為中心的歐洲列強組成第一次反法聯盟，各國軍隊入侵法國。另一方面，雅克賓派的羅伯斯比爾一再處死政敵，實施了恐怖政治。但他的恐怖政治或許這是為了守護被歐洲各國敵視的共和制祖國，而不得不為的手段。法國軍在各地奮戰，不允許外國軍隊對祖國的干涉。

這時的法國人對自己建立的新國家的愛，是非常堅定的。一七九三年十一月，原來的曆法被廢除，著名的法國革命曆制定完成了。例如月份名配合季節而改為霧月、熱月……，並對時刻做了合理性的區分，設定一天是十個小時，一個小時是一百分鐘，一分鐘是一百秒。這套曆法被使用到一八〇五年。

革命結束（熱月政變）與拿破崙的出現

羅伯斯比爾的恐怖政治最終還是召來了市民的反彈，他與盟友聖茹斯特被逮捕，同樣遭受處死的命運。那一天是舊曆法的一七九四年七月二十七日，革命曆則是熱月九日。

「熱月政變」後的法國成為上層資產階級統治的國家。國內物價上漲、人民的生活失序的現象十分明顯。一七九五年政府修憲後，國民公會時代結束，五人執政的督政府時期開始。就在這個時候，科西嘉島出生的年輕將領拿破崙崛起了。

一七九六年，督政府任命拿破崙為義大利方面的軍總司令，席捲北義大利的奧地利軍隊，滅了威尼斯共和國。

拿破崙接著以北上為目標，一七九七年與奧地利締結坎波福爾米奧條約，獲得了比利時與北義大利（除了威尼斯）。由於拿破崙的勝利，第一次反法大同盟瓦解了。此時法國的敵人只剩下宿敵大不列顛。不過，要攻打擁有精銳強大海軍的大不列顛，光是要登陸就不容易。拿破崙於是把目標轉向埃及。督政府認為拿破崙是軍事天才，批准了拿破崙遠征埃及的計畫。

拿破崙理解大不列顛強大的理由，便是大不列顛從印度獲得了龐大的利益。拿破崙認為如果要打敗大不列顛，就要切斷大不列顛與印度之間的連繫。於是，拿破崙聯手阿富汗帝國的杜蘭尼王朝，及與東印度公司（英）對抗的邁索爾王國，他想從南北兩個方向牽制印度。聯合埃及、阿富汗和南印度，這是一個偉大的構想。一七九八年七月，拿破崙出兵前往埃及，同行的還有許多學者，埃及學因此興起了。羅浮宮美術館的開館時的首任館長德農（Vivant Denon）也是當時的隨行學者之一。面對拿破崙的攻勢，當時的大不列顛首相小威廉·皮特便去接近伊朗的卡扎爾王朝，並且與之結盟。

二十世紀也有為了對抗大不列顛而攻打印度的戰略，德國的 3B 政策（比利時 Belgium、拜占庭 Byzantium、巴格達 Baghdad）就是其中之一。

但是，一七九八年八月，大不列顛的海軍將領納爾遜在尼羅河的阿布基爾灣攻擊停泊中的法國艦隊。受到攻擊的法國艦隊幾乎全滅，拿破崙的軍隊因此被困在埃及。一七九九年，第二次反法大同盟形成，法國再度陷入危機。這一年，奧地利奪回北義大利。

一七九九年八月，拿破崙悄悄返回巴黎，革命曆的霧月十八日發動霧月政變，推翻了督政府，修改憲法，自任為第一執政，樹立執政府。到了一八〇〇年，拿破崙與奧地利開戰，大敗奧地利，簽署了呂內維爾條約（一八〇一年），奧地利把萊茵河左岸的土地全部割讓給法國。這個條約讓第二次反法大同盟潰散，而法國則是終於得償宿願，讓萊茵河成為自然國境。拿破崙在內政方面也有建樹，他設立了法國銀行（中央銀行），穩定了國內的通貨。

至於新大陸方面，一八〇〇年，美利堅共和國定都於華盛頓。

第四章 歐洲初掌世界霸權

有人認為從十五世紀的文藝復興時期開始，領導全世界的地方就是歐洲。但是，若從數字看來，歐洲是因為十九世紀的鴉片戰爭，才掌握到成為世界霸權的契機。從世界GDP的占有率，就可以看出這一點了。

進入十九世紀後，清朝、蒙兀兒王朝、鄂圖曼王朝、卡扎爾王朝等等亞洲大國，紛紛走下坡，而擁有工業革命與民族國家這兩個強大武器的四方列強，迅速地跳上世界的舞台。大不列顛成為大英帝國，來到英國最強盛的頂點；而法國，在兩位拿破崙的實力表現下，也更強大了。另外，美國與俾斯麥領導的德國也快速成長，日本則在以朝鮮為踏板的情況下，緊追在列強之後。

說到十九世紀的代表性人物，當然首推拿破崙。拿破崙是一位改變世界的天才，天生好像就有掌握局勢的能力，看到開始起風了，就知道乘風而上。

法國大革命後，眾多領導人物被殺，天才便在這個領導人物近乎空白的時候出現了。

1820與1870年的世界GDP占有率

（單位：%）

	1820年	1870年	變化幅
清朝	32.9	17.2	△15.7
印度	16.0	12.2	△ 3.8
鄂圖曼王朝	2.8	3.0	＋ 0.2
卡扎爾王朝	2.9	2.6	△ 0.3
大英帝國	5.2	9.1(+印度)	＋ 3.9
普魯士	3.8	6.5	＋ 2.7
法國	5.5	6.5	＋ 1.0
義大利	3.2	3.8	＋ 0.6
奧地利	2.6	3.3	＋ 0.7
美國	1.8	8.9	＋ 7.1
俄羅斯	5.4	7.6	＋ 2.2
日本	3.0	2.3	△ 0.7

・1820年是維也納體制的時代，1870年拿破崙三世向普魯士投降。
・1840-1842是鴉片戰爭年。

他把法國大革命時所誕生的自由、平等、博愛的種子，像散播痲疹病毒般地，撒向全歐洲。不過，他撒出的自由、平等、博愛的種子，不只在歐洲落地生根，還飛向包括拉丁美洲在內的全世界。

自由、平等、博愛的種子帶來近代化，也根本性地改革了法的制度（拿破崙法典），更催生了民族主義，產生民族國家。

拿破崙一世雖然推翻共和制，復辟帝制，但將自由、平等、博愛落實為革命理念的人，也是拿破崙。他是法國大革命之子，而以拿破崙為動能的法國大革命，造就了民族國家，開創出象徵人權、所有權的近代世界。

拿破崙一世失敗後，出現了反作用的維也納體制，自由、平等、博愛的痲疹病毒復活了。一八四八年爆發了歐洲革命。這場歐洲革命或許正是法國大革命的結束。

1—拿破崙皇帝

發佈大陸封鎖令

拿破崙自法國大革命以來，就不斷地與羅馬教會修補彼此的關係，終於在一八〇一年簽定政教條約，緩和國內宗教對立的情形。同年，受到俄羅斯女沙皇葉卡捷琳娜二世期待的孫子——亞歷山大一世即位為沙皇。亞歷山大一世後來也成為拿破崙的敵手。這時的大不列顛併吞了愛爾蘭，成立英國。

一八〇二年，拿破崙與英國簽署亞眠和約，雙方暫時休兵。這一年，法國設置法國榮譽軍團勳章，拿破崙成為終身職總統。

一八〇四年，拿破崙公佈《法國民法典》（拿破崙法典）。同年，拿破崙依國會的決議與國民投票，成為法國人民的皇帝。這是第一帝政的開始。接著，在拿破崙的指定下，巴黎綜合理工大學（法語：Ecole Polytechnique，別稱「X」，是法國最頂尖且最富盛名的學校）改為軍事學校。

同年，在奧地利的神聖羅馬帝國皇帝弗朗茨二世放棄了神聖羅馬帝國皇帝的稱號，改稱奧地利皇帝弗朗茨一世，即位為奧地利皇帝。

神聖羅馬帝國皇帝的稱號，原本是在德國諸侯之上的冠冕，但經過三十年戰爭，「神聖羅馬帝國皇帝」已經變得有名無實，沒有權力也沒有權威的稱號了。會有這樣的結果，當然是拿破崙造成的。

英國看到拿破崙一步步穩定強大，便背棄亞眠和約，組織了第三次反法同盟，再度與拿破崙開戰。這是一八〇五的事。

特拉法加海戰時，英國著名的海軍將領雖然陣亡，但英國獲得勝利。但在奧斯特里茲戰役（又稱三皇會戰，是拿破崙對亞歷山大一世、弗朗茨一世的戰爭）時，法國取得勝利，戰後締結了普雷斯堡和約。第三次反法同盟的時間只有一年就潰散，拿破崙為了記念這一次的勝利而命令建築凱旋門。

話說回來，一七九八年時拿破崙侵略的埃及是鄂圖曼王朝的領土。當時鄂圖曼王朝派去抵抗拿破崙的軍隊統領，是阿爾巴尼亞人穆罕默德·阿里。這個穆罕默德·阿里在拿破崙的軍隊撤離後，於混亂的局勢中嶄露頭角，於一八〇五年被推舉為埃及總督，穆罕默德·阿里王朝於是誕生。這個王朝一直續存至一九五三年。

至於拿破崙遠征埃及留下了什麼成果呢？保存在羅浮宮美術館裡的財寶當然是遠征埃及的成果，而政治上的成果便是切割了鄂圖曼王朝與埃及的關係，讓鄂圖曼王朝失去自古以來便有富饒的穀倉之稱的埃及，鄂圖曼王朝從此走向衰微之路。至於文化上的成果，就是促成埃及學的興起（一八二二年，商博良破解古埃及象形文字——聖書體的結構並破譯羅塞塔石碑），並把東方主義帶入藝術世界的中心。

一八〇六年，拿破崙把佔領來的那不勒斯封給兄長約瑟夫，讓約瑟夫即位為那不勒斯國王，又讓弟弟路易即位為荷蘭國王。接著，拿破崙整合因為奧斯特里茲戰役戰敗而失去影響力的弗朗茨一世之下的德國諸侯，組織成「萊茵聯邦」，做為法國的衛星國。就這樣，形式上的神聖羅馬帝國也消失了。

為了阻止越來越強大的法國繼續擴張勢力，英國與普魯士、俄羅斯於一八〇六年再組反法同盟。這是第四次反法大同盟。這一次，拿破崙很輕易地就攻陷了普魯士的首都柏林。

拿破崙一進柏林城，就宣佈大陸封鎖令（一八〇六年十一月），明令禁止歐洲諸國與英國進行交易。

為了打敗革命法國的拿破崙，過去四次的反法同盟都是由英國主謀，結合而成的。當時英國因為成功的工業革命，成為大量輸出工業製品的國家，可是一旦被切斷對外的交易，英國恐怕就會倒台。可是，此舉也對歐洲諸國造成很大的不便。於是禁止交易變成大陸的歐洲諸國與英國的「耐力比賽」。

尤其麻煩的事，是新大陸的糖進不了歐洲大陸。不管是女性和男性，都會因為缺少甜的食物而感到身心不愉快。話雖如此，卻不能因為這個理由而與拿破崙持刀相向。歐洲人無奈之下，竟然發展出甜菜的栽培。甜菜是歐洲原產的根莖類的蔬菜，從甜菜採取糖分的方法因此被開發出來，也被普遍使用了。

自由、平等、博愛的革命熱潮，傳播到全世界

拿破崙獲得第四次反法同盟戰爭的勝利，因一八〇七年的提爾西特條約，拿破崙與普魯士國王腓特烈．威廉三世、俄羅斯沙皇亞歷山大一世講和了。

第四次反法同盟戰爭的結果，拿破崙讓波蘭恢復了華沙大公國之名。

普魯士的領土因此縮減了一半，不僅被削減兵力，還被要求龐大的賠償金，眼看就要滅亡了。

此時，普魯士的首相施泰因男爵為了讓祖國重新站起來，斷然廢除農奴制，實施國家近代化，決心從根本改造國家。施泰因男爵改造普魯士的理念來自法國大革命的民族國家思想；而柏林大學的哲學教授費希特發表了「告德意志國民」的演說，主張「應用德意志的語言教育德意志的國民」。拿破崙「用法蘭西的語言對法蘭西的國民說」的主張，被費希特引用，成為「應用德意志的語言教育德意志的國民」的訴求。

同樣的一八〇七年，拿破崙攻打不服從大陸封鎖令的葡萄牙，並且佔領了葡萄牙。葡萄牙的王室於是乘著英國船逃亡到巴西。

一八〇七年，趁著西班牙王室內亂之際，拿破崙讓已經是那不勒斯國王的兄長約瑟夫，又即位西班牙國王。這時高傲的西班牙民眾開始執拗地抵抗了。西班牙民眾的抵抗獲得了英國的幫助與葡萄牙的支援，讓半島戰爭持續了六年之久。所謂的游擊戰就是從半島戰爭開始的。此外，半島戰爭起源於馬德里市民的起義，關於當時的虐殺，西班牙畫家以憤怒的心情作畫，表達了他對戰爭的看法。

但這時的西班牙國王約瑟夫其實也有做好事。他廢除了異端審問制度，也停止實施血統純潔度規定。約瑟夫掃除了西班牙的封建體制，並剝奪了神職者的特權。

拿破崙的傀儡國家政權，基本上都是軍事獨裁政權。那些政權的能量泉源就是法國大革命的理念，也就是自由、平等、博愛。而法蘭西帝國的膨脹理論便是「歐洲國家的封建舊體制讓人民深受其苦，推廣拿破崙的新革命精神與民法典等新主張，就可以幫助人民」。

結果，「自由、平等、博愛」這個革命精神，便隨著法國軍隊，無論好壞地，像痲疹病毒一般席捲歐洲，甚至遠播到南美洲。

一八一一年，西蒙·玻利瓦爾在南美洲西班牙領地委內瑞拉的卡拉卡斯，發表了獨立宣言。玻利瓦爾曾經是拿破崙的軍官，但在回到南美後，便致力於聯合安地斯五個國家組成哥倫比亞共和國的獨立運動。現在的玻利維亞這個國家的國名，便是以玻利瓦爾之名命名的。玻利瓦爾見西班牙陷於半島戰爭中，認為彼時正是拉丁美洲殖民地國家獨立的機會。

拿破崙的權勢來到最高點

奧地利見拿破崙陷入西班牙的游擊戰中，便於一八〇九年與英國聯手，展開第五次反法同盟的戰爭。可是，奧地利的維也納被佔領，華格姆戰役又大敗，只好與拿破崙簽下申布倫條約求和。根據申布倫條約，奧地利割讓約佔人口六分之一的土地給法國，第五次反法同盟半年就瓦解了。

一八一〇年，瑞典議會因為卡爾十三世沒有子嗣，指名拿破崙軍隊的元帥伯納多特為王儲。拿破崙同意了。伯納多特成為瑞典國王後的王朝，一直持續到今日。如此看來，可以說現在瑞典王室的祖先是法國人。

伯納多特的妻子德茜蕾·克拉里（姊姊是拿破崙兄長約瑟夫的妻子）曾經是拿破崙的未婚妻。但拿破崙後來和約瑟芬結婚，卻又因為約瑟芬沒有生子而與約瑟芬離婚，在伯納多特成為瑞典王儲的那一年，再娶了奧地利公主瑪麗·路易莎。

隔年一八一一年，瑪麗·路易莎生了皇太子。拿破崙立刻封這個孩子為羅馬王。神聖羅馬帝國滅亡了，羅馬皇帝的位置也消失了，但是以前可以成為羅馬皇帝的人，習慣上會先成為羅馬王。拿破崙或許想讓自己的孩子將來成為傳統的羅馬皇帝。

此時的拿破崙正站在人生的最高峰。

大陸封鎖令與英國對美國的戰爭

拿破崙的大陸封鎖令固然讓歐洲國家很苦惱，但英國也同樣受到不小的打擊。

英國三次（第一次～第三次）組織反法大同盟的名相小威廉·皮特於一八〇六年去世了。英國的戰鬥意志雖然沒有消退，但和持續對抗的法國比較耐心時，英國一般公民的力氣似乎已經疲憊了。

一八一一年，英國發生了盧德運動。這個運動起因於一個虛設的人物，是對工業革命的抗議行為。參與這個運動的人被稱為盧德分子，他們破壞工廠的機械設備，並且以威嚇的方式，要求資方改善工作條件。

一八一二年，英國與美國發生戰爭。為了對抗大陸封鎖令，英國便實施了海上封鎖，使得歐洲的工業產品無法輸入到美洲，美國因此嚴重受損，於是開啟了戰端。當時的美國是中立國，是可以與歐洲進行交易的。然而英國實施的海上封鎖，不僅妨礙了以法國為首的歐洲商船的交易活動。也連累了美國。

這次的英、美戰爭持續到一八一四年。戰爭期間，美國的律師兼詩人弗朗西斯·斯科特·基，寫下了「星條旗」的歌詞，這首曲子後來成為美國的國歌。經過這場戰爭，美國的工業發達了，擺脫了對母國的依賴，經濟上獲得了獨立。所以有學者用「第二次獨立戰爭」，來形容這次的英、美之戰。

拿破崙戰敗了

因為對拿破崙充滿敵意的俄羅斯沙皇亞歷山大一世，完全不把大陸封鎖令放在眼中，一八一二年，拿破崙的大陸軍團遠征了莫斯科。毫無意外的，莫斯科被拿破崙軍攻陷。但是，俄羅斯軍採取焦土政策，在燒光了莫斯科一帶的物資後，往東方撤退，拿破崙軍無力追趕，被迫留在變成廢墟的俄羅斯平原，接受寒冬的侵襲，六十萬大軍幾乎全滅。這一年，法蘭克福的猶太人富豪邁爾・阿姆謝爾・羅斯柴爾德去世了，但在他的五個子女同心協力下，大名鼎鼎的國際金融資本家族羅斯柴爾德家族誕生了。

拿破崙回到巴黎後，等待著他的，是一八一三年以普魯士為中心的歐洲諸國第六次反法大同盟。以攝政的身份治理瑞典的伯納多特也參加了這一次的反法大同盟。這一次，英國的威靈頓打敗了西班牙的法國軍。法國軍隊撤出，西班牙的王位從拿破崙的哥哥約瑟夫的手中，回到原本波旁家族的斐迪南七世手中。同年的萊比錫戰役時，擁有兩倍於拿破崙兵力的普魯士、奧地利、俄羅斯、瑞典聯軍，大敗拿破崙軍，而聯軍的總司令正是伯納多特。德國的學者稱這一次的戰爭是「民族會戰」，定位為解放德意志的戰爭。

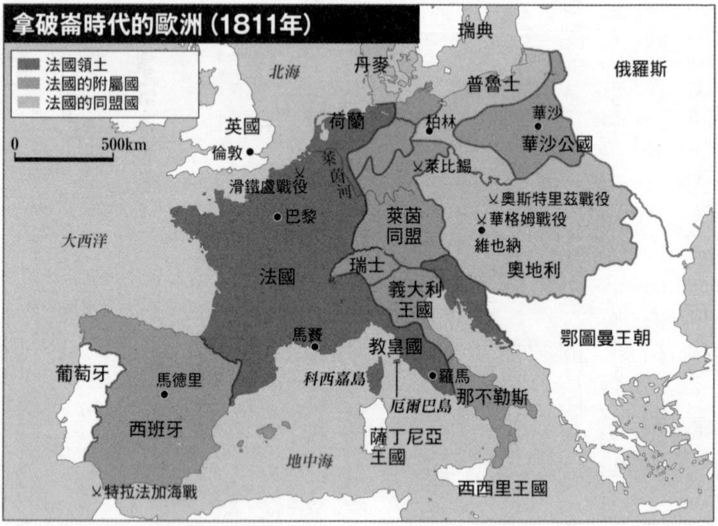

拿破崙時代的歐洲（1811年）

這一次的敗北結束了拿破崙的氣勢。一八一四年，聯軍進入巴黎，拿破崙被迫退位，並被流放到地中海的厄爾巴島。法國王政復辟，路易十六世之弟即位為法國國王，是路易十八世。

2 像舞會會議般的維也納會議與塔列朗的手腕

拿破崙退位，戰後秩序必須重整。一八一四年，歐洲各國開始了維也納會議。

主導這個會議的人物是奧地利的外交大臣相梅特涅。但是，開始的時候要整合各國的意見是非常困難的事情，所以每次開會是在跳舞，會議便在「會議只是在跳舞，一點進展也沒有」的情況下進行。拿

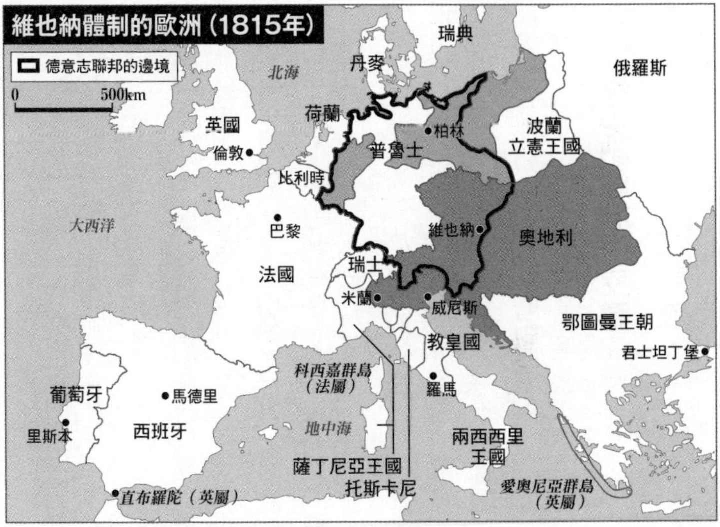

破崙見到這種情況，便在一八一五年時逃出厄爾巴島，回到巴黎復辟，又當了皇帝。

由於拿破崙的復辟，維也納會議中斷，第七次反法大同盟形成了。第七次反法大同盟的戰爭在拿破崙兵敗滑鐵盧後，結束了拿破崙的百日天下。這次拿破崙被流放到大西洋的孤島聖赫倫那島，並在那裡結束一生。

接下來在維也納會議高唱主導性理論的人物，是戰敗國法國的外交部長特列朗。特列朗出身名門貴族，他也是公制法的提倡者，曾經是督政府時代與拿破崙時代的優秀外交官。據說法國著名的浪漫派畫家德拉克羅瓦，是特列朗與情婦的私生子。

特列朗在維也納會議裡高唱的理念，

便是正統主義。

法國大革命破壞了歐洲正統的國王體制。法國大革命的思想是「自由、平等、博愛」的共和主義，而拿破崙體制是法國大革命的產物。所以，讓一切回到原來的正統，是非常重要的事。

總之，如果能回到原來的正統世界，那麼歐洲就可以安定了。特列朗的這套理念，獲得了各國代表的認同。

「不是法國的錯，一切都是革命這個痲疹病毒闖的禍。」——就這樣，戰敗國法國在幾乎沒有喪失原有領土的情況下，歐洲國境回到在拿破崙以前的狀態。

讓歐洲陷入一片混亂的法國，竟然在戰敗後幾乎沒有損失，這實在太不可思議了。但這或許特列朗的外交手段太卓越的關係。不過，被戰敗國的代表擺布，發起維也納會議的梅涅特與亞歷山大一世，是不是有點無能？從維也納會議，可以窺視看到個人的能力確實能夠左右外交的動態。

3——維也納體制的反彈

因一八一五年維也納會議產生的歐洲秩序，稱為維也納體制。

首先，在正統主義下，共和國的存在被否定了，所有的領土都屬於正統國君，因此，因為拿破崙而被滅亡的威尼斯共和國，與面對亞得里亞海的拉古薩共和國（杜伯尼克），變成了奧地利的領土，奧地利成為德意志聯邦的盟主，還得到了以米蘭為中心的倫巴底區域。

因為荷蘭國王路易是拿破崙的弟弟，所以英國從荷蘭那裡得到斯里蘭卡、開普敦。俄羅斯則得到了芬蘭大公國與波蘭立憲王國（華沙公國的改稱）；不過，那兩個國家並沒有和俄羅斯合併，只是俄羅斯沙皇兼任那兩國的大公與國王。

另外，普魯士取回了被拿破崙剝奪的領土；瑞典從丹麥手中獲得了挪威，成為共主邦聯；薩丁尼亞得到熱那亞共和國。荷蘭雖然失去了海外的領地，卻得到了比利時（但比利時於一八三〇年獨立）。法國與西班牙、那不勒斯被歸還給波旁家族（那不勒斯王國在一八一六年與西西里王國合併，成為兩西西里王國）。被拿破崙佔領的教皇國領土也歸還給教皇。此外瑞士被正式承認為永久中立國。

在上述的領土歸還過程中，在亞歷山大一世的提議下，成立了神聖同盟，以此同盟領導反彈政策。一八一五年，由俄羅斯、普魯士、奧地利三國組成之神聖同盟的盟約便是：以基督教的正義、博愛精神為基礎，各國君主攜手，共和維持和平（也就是壓抑自由主義與民族主義）。

4—西蒙・玻利瓦爾的拉丁美洲獨立運動，與美國的門羅宣言

這個時期的拉丁美洲也有很大的變動。一八一一年，西蒙・玻利瓦爾建立的委內瑞拉共和國敗給了西班牙軍隊，共和國瓦解。但是維也納體制後的一八一六年，阿根廷宣佈獨立。阿根廷的聖馬丁將軍於一八一七年翻越安第斯山，解放了智利，並且讓智利獨立（一八一八年），朝著西班牙軍的據點秘魯前進。

一八一九年，西蒙・玻利瓦爾發佈大哥倫比亞（委內瑞拉、哥倫比亞、巴拿馬、厄瓜多爾）獨立宣言，推動解放西班牙軍統治下的委內瑞拉與厄瓜多爾區域。一八二〇年，西班牙國內發生里耶哥革命（西班牙立憲革命），革命份子的領導拉斐爾・德・里耶哥主張恢復決定國民主權的憲法（加的斯憲法。廢除王政復古），在這「自由主義的三年裡」，南美的解放、獨立有更進一步的發展。一八二一年墨西哥與委內瑞拉獨立；同年聖馬丁攻佔利馬，秘魯也獨立了。從南北上進軍的聖馬丁與從北南下的西蒙・玻利瓦爾，在瓜亞基爾舉行會談，聖馬丁決定引退。

同年，巴西也成功地脫離葡萄牙而獨立。美國在這一年承認阿根廷、大哥倫比亞、墨西哥為獨立國家。

一八二三年，美國總統門羅提送國情咨文給議會，主張新、舊大陸之間互不干涉的聲言。世人稱門羅的這個聲言為門羅主義。聲言的主要內容便是美國不過問歐洲大陸的

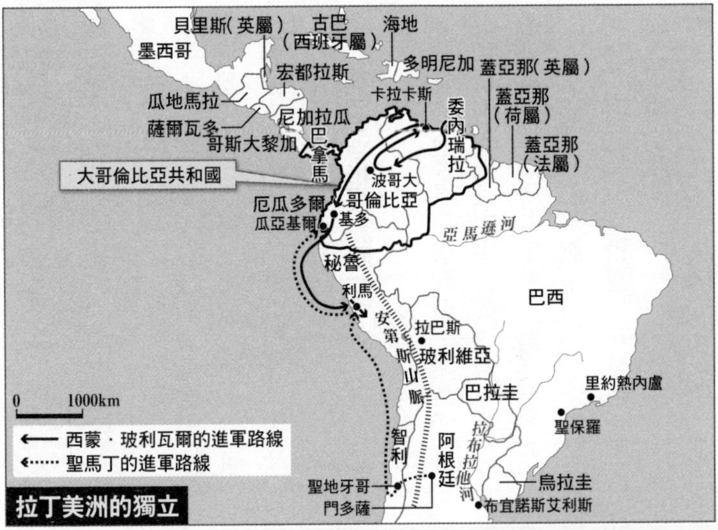

拉丁美洲的獨立

紛爭，維也納體制（歐洲）也不要干涉美洲諸國的獨立運動，如果干涉的話，美利堅共和國不會保持沈默。

既然南美已經有這麼多國家獨立了，未來的南美必定有自己要走的路。而煽起這股獨立風潮的，當然就是美國的獨立戰爭，所以保護新獨立的南美諸國，自然就是美國的責任。這是美國表現自我的骨氣。

門羅主義後來只被強調孤立主義思想的一面，成為揶揄美國缺乏自信的一種表現。其實美國原本的用意是要展現自己的骨氣。一八二五年，玻利維亞也獨立了，西班牙統治南美的時代隨之落幕。

5 亞洲的黃昏與英國

從黎朝後期（一五三三—一七八九）

到西山朝（一七八八—一八〇二），是越南內亂不斷的時代。因為國家的統治制度嚴重疏漏，越南成為海盜避難的絕佳場所。對襲擊富裕的中國船隻，同時被中國官兵追捕的海盜而言，越南無疑是很好的藏身之地。不過，到了一八〇二年，阮朝統一越南後，海盜們便失去藏身之所。

一八一〇年，最後的大海盜張保投降給清朝，並且成為清朝的海軍武官。從倭寇王直到鄭成功的中國大海盜（海上的自由之民）歷史，在張保投降清朝後畫下句點。當時擁有強大槍械火力的歐洲船隻開始往來於東海、南海的海面，海盜的時代完全結束了。

英國強化亞洲戰略

拿破崙與馬拉塔同盟、阿富汗合作，想要奪取英國的搖錢樹——印度，於是英國便與聯合卡扎爾王朝來對抗法國。但拿破崙的時代結束後，伊朗與阿富汗變成英國與南下歐洲的俄羅斯爭奪中亞、展現策略的「大博弈」舞台。

英國在拿破崙戰爭時期中，趁著拿破崙的弟弟成為荷蘭國王之際，奪取了一直以來渴望得到的麻六甲群島與爪哇島。但因為這屬於趁火打劫的行為，所以後來還是歸還了麻六甲與爪哇。

一八一九年，英國的托馬斯．萊佛士獲得新加坡的治理權，這給英國帶來很大的利益。因為新加坡是麻六甲海峽的要衝，從此英國與荷蘭在東亞的勢力關係完全互換了。

一八二四年開始，英國針對印度東鄰的緬甸與阿薩姆邦的領地，前後發動了三次戰爭，頑固地對緬甸用兵後，終於在一八八六年時，將緬甸併入印度。

這個時期英國從中國輸入茶葉的數量激增，來到了十八世紀時的四百倍。雖然讓工廠的勞動者喝茶是輸入量激增的主因，但是喝下午茶的風氣滲透到整個社會，也是茶葉輸入量激增的不可忽視原因。但問題來了，英國從清王朝輸入大量的茶葉，卻缺少可以同樣輸出到清王朝的商品。

與中國進行貿易的東印度公司拿出大量的國際貨幣（銀）向中國購買茶葉，貿易的赤字越來越大。

但是，東印度公司有一個熱門商品，那就是鴉片。

走私鴉片的交易救了東印度公司

自一七九六年起，中國的大清王朝政府就數度發出鴉片禁令。但是，吸食鴉片會上癮，想戒也戒不掉，而且每次一發戒令就賄賂橫行，走私鴉片的買賣更加猖獗。

東印度公司自一七七〇年起，便祕密地在孟加拉地方種植鴉片，然後賣給所謂「國家貿易商」的商人，這些國家貿易商們則把鴉片偷偷地賣到清朝。東印度公司隱瞞了這件事。因為如果被清朝政府發現這件事的話，重要的茶貿易或許就會被停止了。

不理會鴉片禁令，走私鴉片的數量甚至有增無減的結果（從十九世紀初到鴉片戰爭的前夕，走私的鴉片量增加了約十倍），使得一八二七年開始，雙方的貿易收支出現逆轉，清朝的銀子開始往外流。施行地丁銀稅制的清朝是用銀子納稅的，所以老百姓必須用平常使用的銅錢換算成銀子納稅，但在銀子不足（銀子外流了）的情況下，銀價漲了二到三倍，等於稅金漲了二到三倍。

當時清朝的道光皇帝無法忍受這種狀況了，任命有操守有才能的林則徐為欽差大臣（特命大臣），前往廣東清查鴉片。

林則徐回應了皇帝的期待。他收集英國、東印度公司與鴉片的資料，詳細了解後，強制沒收鴉片，進行了焚燒的化學處理。這是一八三九年的事。林則徐大舉焚燒鴉片之事引起英國議會的抗議，決定出兵中國。

不過，關於出兵這一點，因為以後來成為英國首相的格萊斯頓為首的善良英國政治人物，認為那是不義之爭而堅持反對。最終投票的結果，贊成出兵中國者二七一票，反對者二六二票，贊成者以九票之差勝出。就這樣，一八四〇年，鴉片戰爭開始了。

6 — 鴉片戰爭與南京條約

英國艦隊避開林則徐堅固防守的廣州，航向北京的外港天津。道光皇帝大驚，革除了林則徐的官職。一八四二年，英國與清朝締結南京條約，結束鴉片戰爭。

根據南京條約，中國必須賠償鉅額的金錢，並且割讓香港給英國，此外還批准自由貿易（廢除只能在廣州一港進行貿易的「公行」制度），開放包括廣州在內的五處港口。然而由於鴉片而生的這個條約裡，竟然完全沒有提到鴉片的事。大概對英國來說因為鴉片而出兵的戰爭與條約，畢竟是不名譽的事吧！不過，不在條約裡提及鴉片，是因為英國仍然想繼續輸出鴉片到中國，並且持續增加輸出量。一八八八年，輸出到中國的鴉片量達到最高點。南京條約後，鴉片繼續腐蝕中國四十年。

南京條約後的第二年，一八四三年，英國又與中國簽署了虎門寨追加條約，逼迫中國承認領事裁判權，並放棄關稅自主權，讓英國享有最惠國待遇。中國就這樣一步步地好像成為英國的殖民地了。林則徐的朋友魏源以林則徐收集來的文獻、資料為本，完成《海國圖志》一書，做為敲醒中國人的警鐘。日本幕府晚期，便以《海國圖志》做為學習西洋時的教材。

法國等歐洲列強與美國看到英國打敗了清朝，還迫使清朝簽下不平等條約，便紛紛起所效法。鴉片戰爭以前全球 GDP 占有率經常在二〇到三〇％的中國，就像乘溜滑梯一樣急轉直下，快速地衰退了。

一八四五年，英國接著迫使清朝政府公佈上海租地章程。根據這個章程，列強分割了上海地區，在各自的區域裡享有行政權與治外法權，所謂的租界就這樣誕生了，而上海也發展成東亞的交易中心。

7 英國奸巧的侵略戰爭

一八四五年，英國與從蒙兀兒王朝獨立的旁遮普地區錫克教徒所建立的錫克王國（一八〇一－一八四九）開戰，經過兩次戰役後，消滅了錫克王國。東印度公司幾乎佔領整個印度了。

話說回來，東印度公司總是在經過二～三次的戰役後，讓對手屈服。例如通過三次戰役征服圍繞著阿薩姆邦的緬甸，通過兩次戰役讓阿富汗成為被保護國。

為什麼要分成好幾次作戰呢？前面也稍微提過了，英國非常巧妙地運用了狡猾的戰略。首先，英國會突如其來地強烈攻擊對手，對手必定會頑強抵抗，造成自己也有損失的局面，然後以受害者的姿態要求對方賠償，締結對自己有利的和平條約。這是最初的戰爭。接著，趁著對手因為和平條約被壓榨得喘不過氣時，進行分化對方內部的工作，再利用對方的內部紛亂，製造下一次的戰爭。如果兩次不能打倒對方的話，就會製造第三次、第四次的戰爭。

不過度勉強，也不會傷害到自己的戰略。重點就在於讓對手的內部先造成分裂。英國就是用這樣的方法，蠶食併吞了大國印度。

因為工業革命而率先完成現代化，並且擁有巧妙戰術的英國，承擔起終結亞洲大國的任務。

8 革命的餘波與反彈的風暴雨在歐洲相持不下

維也納會議一時平息了法國大革命的痲疹病毒，原有的國王制度政治了。然而自由、平等、博愛的智慧種子，已經散播到歐洲各地了。拿破崙所創設的民族國家，讓各國產生了民族主義。

一八二一年，希臘開始了獨立戰爭。

統治希臘的鄂圖曼王朝因為拿破崙（後來是因為穆罕默德．阿里），而失去了穀倉地帶的埃及，被揶揄如同瀕死的病人，王朝日漸衰弱。在從北方南下的俄羅斯做靠山的情況下（希臘是東方教會之地，俄羅斯因為莫斯科有第三羅馬之稱，所以以東方教會的守護者自居），希臘人認為獨立的機會來了，便發起獨立運動（一八二二人發佈獨立宣言）。古代文明發源地的希臘人起義，獲得了歐洲不少藝術家與一般民眾的支持。

英國的詩人拜倫就是希臘人起義的支持者，很多民眾也為希臘的獨立加入義勇軍前往希臘。

鄂圖曼王朝面對希臘的獨立運動，結合了穆罕默德．阿里，準備阻止希臘獨立。一八二七年，發生在伯羅奔尼撒半島南端的納瓦里諾海戰，在英國、法國、俄羅斯介入下，獨立軍大勝，希臘獨立成為定局。依據一八二九年的亞德里亞堡和約，希臘獨立獲得承認。此外，基於一八三二年英法俄的倫敦條約，隔年，政治中立的巴伐利亞（因為拿破崙而在一八〇六年升格為王國）王子以奧森一世之稱，即位為希臘國王。

義大利也吹起獨立的風潮

一八二七年，義大利作家孟佐尼發表了歷史小說《婚約夫婦》。在義大利想重建統一國家的氣勢下所完成的這本小說，被譽為足以和但丁的《神曲》相提並論的義大利國民文學。

一八三一年，義大利統一運動（復興運動）的先峰、祕密結社「燒炭黨」一員的馬志尼，在流亡的所在地馬賽創立了「義大利青年黨」。

一八三〇年，因維也納會議而成為羅馬帝國統治下一員的波蘭立憲王國也以獨立為目標，於十一月起兵，但隔年便被俄羅斯軍隊擊潰，讓獨立成為泡影。當時在巴黎的鋼琴家蕭邦悲懷祖國，而寫下《革命練習曲》。

一八三五年，芬蘭出版了民族史詩《卡列瓦拉》。這部詩集是用當時尚未成為公用語的芬蘭語寫成的，目的就是在喚醒芬蘭人的民族意識，提高芬蘭擺脫俄羅斯而獨立的氣勢。

一八三〇年法國暴發七月革命

維也納會議的結果，法國王政復辟，路易十六的弟弟路易十八成為法國國王。路易十八沒有子嗣，所以由另一個弟弟夏爾十世繼位。

夏爾十世為獲得資源，在一八三〇年入侵阿爾及利亞。阿爾及利亞的英雄阿卜杜·卡迪爾雖然極力反抗，但仍然不敵法國軍隊，不久後阿爾及利亞成為法國的領土（一八四七年）。但夏爾十世在國內不斷發佈造成反彈的敕令，造成議會解散的局面，在縮小選舉權的七月敕令發佈後，巴黎發生暴動，七月革命開始了。

七月革命的結果便是波旁家族的夏爾十世流亡到英國，奧爾良家族的路易·菲利普成為新王，法國成為君主立憲制國家（七月王政奧爾良王朝）。

德拉克羅瓦的畫作《領導民眾的自由女神》便是描寫七月革命的傑作。

普魯士主導的德意志關稅同盟與布爾人的大遷徙

一八三三年，普魯士集合了奧地利以外的德意志聯邦的各諸侯與自由都市，組成了經濟學家弗里德里希·李斯特所提倡的德意志關稅同盟。普魯士比奧地利更近代化，也更具實力。普魯士所提的關稅同盟提案，不僅提高了德意志這個國家意識，也促成德意志的經濟性統一。

而南非的布爾人也大約在這個時期，開始了他們的大遷徙。

十七世紀時荷蘭所開拓的開普殖民地，因為維也納會議而由荷蘭割讓給英國。已經定居在開普敦的荷蘭系移民在土著化後，被稱為是「布爾人」，他們在廣大的土地上經營著大規模的奴隸制農業，但英國卻在一八三三年發佈要廢除奴隸制度。

布爾人當然強烈地反彈，於是拋棄在開普敦的農場，開始往北遷移。

這就是大遷徙的開始。南非是用牛拉車的，布爾人的大遷徙是利用牛車的長途旅程。

往北遷徙的布爾人與北方祖魯王國起了衝突，祖魯是一個黑人國家。一八三八年的血河戰役，布爾人戰勝，繼續往北遷移。不久後，布爾人在內地建國，成立了川斯瓦共和國（一八五二年）與奧蘭治自由邦（一八五四年）。

9 勞動階級的抬頭與共產黨宣言

一八三七年，英國的維多利亞女王即位，但漢諾瓦王國（漢諾瓦因為維也納會議而升格為王國）根據薩力克法不承認女性的繼承權，所以英國與漢諾瓦結束共主邦聯的關係。

維多利亞女王的丈夫阿爾伯特親王是德國人，因此英國現在這個王朝的血脈幾乎都是德國人。

一八三九年，憲章運動開始了。這是勞動者階級要求實現選舉權的運動。憲章運動也是受到法國大革命的影響而誕生的群眾運動，因為當時議會三次否決了民眾提出的國民請願，助長了憲章運動的氣勢。

一八四六年，英國議會廢除了穀物法。穀物法這是禁止外國穀物輸入英國的法律，英國廢除這項法律的目的，在於表明放棄保護主義貿易，選擇自由主義的貿易。

想成為世界之海與產業的主控者，就不能設置貿易障礙。英國的霸權（不列顛治世）已經接近頂點，而自由貿易帝國主義即將來到。

一八四七年，馬克斯與恩格斯在倫敦成立共產主義者同盟，隔年（一八四八年）發表共產黨宣言。因為工業革命的關係，英國的勞動者開始變成一個不可忽視的存在。

10 一八四八年的歐洲革命。維也納體制的結束與路易·拿破崙的出現

一八三〇年，波旁王朝結束，在法國這個君主立憲國家（奧爾良王朝），民眾要求普通選舉的呼聲高漲。一八四八年發生了二月革命，誕生了第二共和制。

二月革命的火花很快就噴到德意志與奧地利，不久後柏林與維也納發生了三月革命（梅特涅辭職、流亡）。雖然兩國都還維持著君主制的政體，但君主的權利已經被大幅削減。

二月革命、三月革命接連發生，所以有人稱一八四八年是「諸國民之春」，或「歐洲革命年」。由於一八四八年的歐洲革命，維也納體制實質地消失了。至此，法國革命全部結束。

到了一八四九年，革命之風也吹到匈牙利。率領匈牙利民眾的政治家科蘇特宣佈獨立，但奧地利的法蘭茲·約瑟夫一世引俄羅斯軍隊鎮壓獨立運動。

這時俄羅斯軍隊的介入，很容易讓人連想起二十世紀蘇聯軍隊介入匈牙利動亂與布拉格之春的事件。

拿破崙三世皇帝與法屬非洲

接受了一八四八年的二月革命，法國出現了世界首次的男性普選，選舉法國總統。被選上的是當初不被看好的候選人路易．拿破崙。他是拿破崙一世的侄子，歷經兩次政變都流亡到英國。從拿破崙時代開始，超過三十年以上的歲月，路易．拿破崙總是在懷念與那位偉大的英雄相關的事蹟吧！

路易．拿破崙好色，對拿破崙的天敵——英國懷有好感，同時信奉國民主權和帝政與聖西門的烏托邦社會主義，是一個奇怪的人物。

路易．拿破崙以自己的人氣為背景，一八五一年斷然發動政變，隔年舉行國民投票，即位為拿破崙三世（拿破崙的嫡子羅馬王病歿），成為法國皇帝，開始第二帝政。拿破崙三世對擴張領土充滿企圖心，他任路易．費迪爾布為塞內加爾總督，費迪爾布也不負所託，完成了建設法屬西非（現今的馬利、尼日等八個區域）的基礎。

工業革命的推進與巴黎的發展

拿破崙三世以富國強兵為目標，推動工業革命。一八五二年，佩雷爾兄弟創立（巴黎信貸銀行），為產業金融開道。同年，被視為世界第一家百貨公司的樂篷馬歇（Le

Bon Marché）百貨公司開幕。一八五三年，任命喬治－歐仁·奧斯曼男爵為巴黎所在的塞納省省長，開始打造新的巴黎。

奧斯曼計畫讓巴黎成為美麗的都市，於是規定了建築物的一定高度與顏色、形狀，並且設計了放射狀的道路，打造廣場等等。在奧斯曼的果斷實行下，著名的巴黎凱旋門可以一路直通到羅浮宮（巴黎的歷史軸。拉德芳斯〔法語：La Défense〕的新凱旋門也在這條直線的延長線上）。法國革命重視自然秩序，於是衍生出追求合理性精神的圖形秩序之美，而奧斯曼便把這種追求應用在改造巴黎的計畫上。

一八五五年，拿破崙三世在巴黎舉辦了第一次世界博覽會，還為了招待外國來的訪客，進行首次的波爾多葡萄酒品級評鑑。一八六七年，拿破崙三世又在巴黎舉辦世界博覽會（日本第一次參加）。

11—太平天國之亂與日本開國。美國要求日本的事

一八四三年，科舉落榜的洪秀全自稱是基督的弟弟，開始宣傳拜上帝教。拜上帝教的教義便是禮拜上帝，禁止偶像崇拜。一八五一年洪秀全的太平天國建國，一八五三年，太平天國軍攻陷南京，並以南京為首都。

此時的清朝正規軍根本壓不住太平天國的軍隊，而建國初期引以為傲，號稱無敵的

八旗軍淪為只能拿著旗子進行閱兵的部隊。於是清朝的重臣曾國藩便從自己的故鄉號召一批勇猛的志願軍，成為討伐太平天國軍的部隊，這個部隊就是湘軍。曾國藩是湖南省人，而湖南簡稱湘。

李鴻章是曾國藩的部下，而袁世凱又曾經是李鴻章的部下。清朝末期的軍隊以私兵為主。

一八五一成立的太平天國，一直到一八六四年才被殲滅。

太平天國定都南京的一八五三年，日本也有大事發生，美國海軍將領培理率領黑船，進入日本的浦賀港。

但是，培理率領船艦前往日本的原因是什麼呢？

這個時候的美國已是僅次於英國的經濟大國，中國自然也是美國非常重視的貿易對象，但要和中國做交易，美國卻有絕對贏不了英國的理由。

培理艦隊航行到日本的路線是從紐約附近的港口出發，先是橫渡大西洋，經過英國後，再通過印度洋。從這樣的航行路線看來，美國商船確實要比英國商船多出了從紐約到倫敦的航行成本。

美國如果想贏過英國，除了開闢橫渡太平洋的航行路線外，別無他法。既然地球是圓的，那麼經由阿拉斯加、白令海、日本到中國的路線，可以說是美國到中國最短的路線了。今日美國飛往中國的飛航路線，就是這樣飛的。如果美國商船能夠利用這樣的航線，那麼日本就是最佳的中繼站。也就是說，培理艦隊的目的，表面上是美國想得到捕鯨船的基地，更重要的是為了中美的貿易，需要日本開港。

當時年輕的幕府老中阿部正弘接受了培理的強硬。熟稔世界情勢的阿部正弘於一八五四年與美國簽訂了日美和親條約，日本承諾開箱館港與下田港。阿部正弘的這個決定，結束了日本超過兩百年的鎖國，可以說是相當英明的做法。在動蕩的大時代做判斷，只依賴年長者的想法，是靠不住的事情。因為人的思考總是會停留在最初的成見裡。阿部正弘年輕的時候就死了，但後來日本明治維新時站上時代舞台的，也幾乎都是年輕的人物。

締結日美和親條約那一年，紐約一家小蠟燭工廠的廠主安東尼奧．穆齊發明了電話，但他因為沒有錢線申請專利的費用，讓一八七六年取得專利權的格拉漢姆．貝爾，成為電話的發明者。

12 ─英國的蠻橫。第二次鴉片戰爭與印度第一次獨立戰爭

一八五六年，清朝的官方在廣州查獲可疑船隻亞羅號。這艘船登記的船籍是英國，但登錄期限已過，清朝的官兵可以合法緝捕。

但是英國的廣東領事巴夏禮（後來也當了日本公使）卻固執地抗議，表示清朝官兵捉拿英國籍船隻，是侮辱英國之事。當然，這只是英國想要開戰的藉口。這場戰爭也稱為亞羅號戰爭，又稱為第二次鴉片戰爭。

議會否決了這個不講道理的開戰，但是首相亨利．約翰．坦普爾（巴麥尊子爵）卻解散這個議會，不僅讓新議會同意開戰，還引誘拿破崙三世出兵清朝。

同年，英國也與伊朗開戰，開戰的原因是卡扎爾王朝佔領了呼羅珊的交易都市赫拉特。

一八五七年成立的巴黎條約讓卡扎爾王朝放棄赫拉特與阿富汗的主權，還被迫放棄關稅自主權。也就是說呼羅珊和阿富汗一樣，成為了英國的屬國，除英國外，別的國家休想動呼羅珊與阿富汗的腦筋。英國的做法確實太蠻橫，因為傳統上呼羅珊是波斯的一部份。

一八五七年，印度發生了西帕衣（Shipahi）之亂。波斯語的 Shipahi 這個字來自印度語的 Sepoy，是印度士兵的意義，指的便是被東印度公司聘用的印度人傭兵。這次民眾起義的原因，來自民眾對英國王政的不滿，從領主到一般農民的廣大群眾，都參與了這次的叛亂。叛軍推出名存實亡的蒙兀兒王朝的八十二歲老皇帝為號召，但這樣做毫無意義，一八五九年叛亂最終還是被平息了。

這一次的印度叛亂，在重視印度史觀的現在被稱為是印度的第一次獨立戰爭。

針對這一次的大叛亂，英國成立了印度統治法，由東印度公司代替祖國政府，直接統治印度。早就名存實亡的蒙兀兒王朝滅亡，英屬的印度帝國誕生。本書後面以「大英帝國」來表示英國。

此外，法國的拿破崙三世的表現雖然不如大英帝國，但也在一八五八年入侵越南的峴港。一八八七年，法屬印度支那（現在的越南、寮國、柬埔寨）成立了。

第二次鴉片戰爭結束與北京條約的內容

一八六〇年，英法聯軍佔領北京，燒毀了北京著名的行宮圓明園。清朝戰敗，只好和英法簽署北京條約，亞羅號戰爭結束（第二次鴉片戰爭），清朝除了必須支付大筆的賠償外，再加上天津開港，割讓九龍給大英帝國，還割讓濱海邊疆州給仲介戰爭談和的俄羅斯。

這個北京條約裡有一項必須特別一提的，便是清朝批准了中國人出國到海外的條款，其目的便是讓中國輸出勞力。

大英帝國得到了麻六甲、緬甸、新加坡等等地區，陸續在東南亞建立數個橋頭堡。兩次鴉片戰爭雖然獲得了龐大的賠償金，但興建港灣與都市，還需要大量的廉價勞動力，所以也想要利用中國人了，因此要求清朝政府批准中國人移民海外。這些離開中國國土的勞工被稱為「苦力」，是像奴隸一般的勞動人口；

但中國人聰明而且努力，他們反而在東南亞興起一股勢力，建立起華僑的世界，成為財政界的領導者。

一八六一年，清王朝的慈禧太后在一場政變後掌握實權，擁立才五歲的兒子登基，這個皇帝就是同治帝。

一八六四年，太平天國的首都南京被攻陷，洪秀全自殺，太平天國之亂落幕。之後，曾國藩、李鴻章等清王朝重臣大為了強化清朝的國力，推動洋務運動，大力引進歐洲的科學技術。

13 何謂明治維新

德川幕府從大清王朝鴉片戰爭看到教訓，立刻走出鎖國政策，開國之後很快地走上富國強兵的路線，一八五八年在幕府大老井伊直弼的英明決定下，簽下了日美修好通商條約等安政五國條約。一八六〇年，為了交換日美修好通商條約，以勝海舟為艦長，率領咸臨丸（荷蘭製）出海。

之後，日本經歷了薩長連合、大政奉還、倒幕，走向建設新國家的明治維新。至於明治維新的整個形勢為何？或許可以如以下這麼說。

織田信長時代的日本GDP約占全世界的四到五％，但在鎖國時代的日本GDP，大約只有前述的一半。因此，明治維新可以說是為了恢復因為兩百年的鎖國而大幅落後的GDP的一項運動。

然而，明治維新時，幕府為什麼失敗了呢？其中的一個原因便是幕府的匯兌政策失敗了。

日本因為鎖國的關係，對外面的世界情勢懵懂無知，錯置了銀與金的交換比率。當時外國人拿銀子到日本換金子，竟可以拿從日本換來的金子，去別的國家換回來兩、三倍的銀子。日本的金子太便宜了。在這種情況下，日本流失了大量的金子。美國首任駐日本公使好像也因此大賺了一筆。

當時幕府可以說是日本的國營公司，在公司的金子大量流失的情況下，發薪水給員工就變得困難了，而那些員工又都是旗本（譯注：可以直接晉見幕府將軍的武士）或御家人（譯注：與幕府將軍有直接主從關係的武士階級）。在吃不飽的情況下，幕府的軍隊自然打不過薩長藩的聯軍。幕府就這樣不戰而敗了。

打著尊王攘夷旗號的薩長藩聯軍，在大久保利通的睿智領導下，採取了尊王開國、富國強兵的策略，緊追歐美列強的腳步。

14 ─ 克里米亞戰爭和義大利的誕生

克里米亞戰爭與近代戰爭的序幕

一八五二年，薩丁尼亞王國的維托里奧．埃馬努埃萊二世起用加富爾為首相。這個加富爾便是義大利獨立的策畫者。

一八五三年，克里米亞戰爭開始了。這是從黑海採取南下政策的俄羅斯，與日漸衰退的鄂圖曼王朝及其支援者大英帝國、法國、薩丁尼亞王國的戰爭。加富爾認為義大利若要統一，少不了英、法兩國的支援，所以加入戰局。這場戰爭的進行，以俄羅斯艦隊的基地──克里米亞半島的塞瓦斯托波爾要塞的攻防為主，然後結束於一八五六年巴黎條約之後，條約的主要內容是黑海中立化與保全鄂圖曼王朝的領土。在戰爭中向聯合軍示好的克里米亞韃靼人在戰後被鄂圖曼王朝驅趕，俄羅斯人進入克里米亞，克里米亞半島成為俄羅斯的領土。

這次巴黎條約的意義在於阻止俄羅斯獨佔黑海及防止鄂圖曼王朝被切割。

克里米亞戰爭也可以說是近代戰爭的序幕，是在媒體煽動輿論下引起的戰爭，而戰爭的勝負取決於鐵路補給（數量戰）。估計克里米亞戰爭的犧牲者可能超過七十五萬人。

此外，紅十字會組織的誕生，緣於克里米亞戰爭中大英帝國護士南丁格爾的努力。

而俄羅斯醫生匹諾可夫在塞瓦斯托波爾要塞實現了患者的分診制度。

還有兩則著名的逸事與克里米亞戰爭有關。一則是德國人施里曼的故事。喜歡考古的施里曼因為做俄羅斯的軍火買賣，累積了可觀的財富，他把財富投注在發掘邁錫尼與特洛伊的遺跡上，在考古學上獲得很大的成就，因而成為家喻戶曉的人物。另一則是：在父親的兵工廠幫忙的瑞典人諾貝爾，在一八六六年時發明矽藻土炸藥，諾貝爾獎的基金，就是他用矽藻土炸藥賺來的錢。諾貝爾獎始於一九〇一年。

義大利統一戰爭

統一義大利的最大課題，是從奧地利那裡奪回以威尼斯、米蘭為中心的倫巴底大區。為此，勢必要和奧地利一戰。

加富爾考慮和拿破崙三世結盟，首先便派遣薩丁尼亞的貴婦到巴黎社交界。一八五八年，加富爾與拿破崙三世在休閒地密會，交換了卜諾姆比爾密約，法國答應支援薩丁尼亞的義大利統一戰爭，條件是得到薩伏依與尼斯。就這樣，兩國在一八五九年時起動了對奧地利的戰爭。

法、薩聯軍連戰連勝，但拿破崙三世的平衡感很敏銳，他也擔心薩丁尼亞會變得太強大，所以單獨和奧地利談和，擅自決定倫巴底大區畫歸薩丁尼亞，但威尼斯仍然屬於奧地利，然後就撤兵了。加富爾雖然氣憤拿破崙三世的做法，卻不敢公然生氣，只好無可奈何地接受了拿破崙三世與奧地利的談和內容。不過，托斯卡尼、摩德納、帕爾馬等中小國家表示要與義大利合併，拿破崙三世在得到薩伏依與尼斯的條件下，承認他們的合併。

一八六〇年，加里波底率領千名義勇志願軍（千人隊）登陸西西里島，佔領了西西里與那不勒斯（兩西西里王國），並且把兩西西里王國獻給維托里奧．埃馬努埃萊二世。義大利統一運動順利進行，只剩下威尼斯與教皇國了。

一八五九年，達爾文在倫敦出版《物種起源》。這個物競天擇的進化理論當然引起了基督教人士的強烈反彈。

義大利王國的誕生與教皇庇護九世的執念

一八六一年，普魯士國王威廉一世即位，隔年，統一德國的關鍵人物俾斯麥就任宰相。同年，俄羅斯皇帝亞歷山大二世宣佈農奴解放令；義大利這邊的維托里奧．埃馬努埃萊二世成為義大利第一代國王，義大利王國誕生了。

在此要先說一下。一八六六年的普奧戰爭時，與普魯士同盟而參戰的義大利，終於得到威尼斯；一八七〇年普法戰爭時，因為法國戰敗，義大利軍佔領羅馬，併吞了教皇國。

教皇國被併吞時的教皇是庇護九世，在位其間從一八四六年到一八七八年（史上在位最久的教皇），他在義大利王國成立時與義大利政府斷交。

庇護九世是非常頑固的人，他在一八六四年發表了《謬誤要略》（近代主義者的謬誤八十條），裁定自然科學或自由主義等等近代思想、文化都是謬誤的理論，還自稱是「梵蒂岡之囚」，閉居梵蒂岡不再傳教，書信文章裡寫的盡是對革命或共和政體的厭惡，完全背離近代。

15 南北戰爭與墨西哥英雄

一八六〇年，林肯就任美國總統。

一八六一年，美國展開因為解放奴隸問題而引起的南北戰爭（內戰）。一八六五年，林肯率領的北軍獲勝，南北戰爭結束。這個戰爭的本質是農業立國與自由貿易（南軍），對抗工業立國與（產業）保護貿易（北軍）之爭。內戰的結果，美國朝著工業國家之路勇往直前。

在墨西哥，以原住民出身的貝尼托．胡亞雷斯為中心，被稱為「改革戰爭」的自由主義政治、社會運動正在蓬勃發展。胡亞雷斯雖然被背離近代化的庇護九世開除教籍，但仍然在一八五七年時發佈新憲法，並於一八六一年當選墨西哥總統。

大英帝國、法國、西班牙等墨西哥的主要債權國，對墨西哥的發展感到不滿，決議出兵墨西哥。大英帝國與西班牙在適當的時候撤兵了，但拿破崙三世在一八六三年時佔領墨西哥城，一八六四年讓奧地利皇帝法蘭茲．約瑟夫一世的弟弟馬西米連諾即位為墨西哥皇帝。

但是，以胡亞雷斯為中心的反抗力量十分猛烈。再加上在南北戰爭獲勝的美國總統林肯以門羅宣言為盾牌，對法國施壓力，拿破崙三世不得已只好答應撤兵。一八六七年，法國軍隊自墨西哥撤兵，失去靠山的馬西米連諾被槍殺。墨西哥再次舉行總統選舉，胡亞雷斯再次當選。胡亞雷斯被墨西哥人視為建國之父，留了「尊重他人的權利就是和平」的名言。

一八八三年，義大利某一個家族生了一個男孩子。這個孩子的父親非常崇拜胡亞雷斯，希望兒子將來成為偉大的革命家，便以胡亞雷斯的名字貝尼托做為兒子的名字。很諷刺的是，這個孩子就是未來的墨索里尼。

一八六三年，因為亨利．杜南的提倡，依日內瓦條約，國際紅十字委員會（ICRC）成立了。一八六四年，在馬克思的主導下，國際工人協會（第一國際）在倫敦成立。

一八六五年，捷克的孟德爾發現了遺傳法則。

16 俾斯麥宰相統一德意志

普奧戰爭與奧匈二元帝國的誕生

俾斯麥想進行不包括奧地利在內德國統一（這是小德意志主義。與包括奧地利在內的是大德意志主義相對立），但若想無後顧之憂，就必須讓法國保持中立的立場。

於是俾斯麥於一八六五年，在西班牙國境附近的比亞里茨與拿破崙三世會談。俾斯麥以三寸不爛之舌說服拿破崙三世後，一八六六年普魯士挑釁奧地利，雙方展開戰爭（普奧戰爭）。奧地利軍隊面對普魯士參謀總長毛奇與鐵血宰相俾斯麥，很快就敗下陣來。德意志聯邦解體，普魯士組織了北德意志聯邦，並且成為這個聯邦的盟主。此時與普魯士一起參戰的義大利則因為此戰，終於奪回被奧地利佔領的威尼斯。

匈牙利是戰敗的奧地利剩下的領土。對匈牙利這個國家來說，奧地利曾經拉攏俄羅斯，破壞了匈牙利獨立運動，但匈牙利並不想與奧地利為敵，所以與奧地利和解，雙方達成協議，奧地利承認匈牙利政府，但匈牙利的國王必須由奧地利皇帝兼任。就這樣，奧匈這個二元帝國在一八六七年成立。同年，美國向俄羅斯買下阿拉斯加。

俾斯麥藉西班牙革命的騷動引發普法戰爭

一八六八年，西班牙的胡安・普里姆將軍發動九月革命，女王伊莎貝拉二世流亡到法國。革命政府在一八六九年制定立憲君主制的新憲法，開始選擇新的國王。經過幾番波折後，一八七一年，義大利國王維托里奧・埃馬努埃萊二世的王子阿瑪迪奧一世即位為西班牙國王。

然而西班牙國內的對立情況並沒有因此而停止，阿瑪迪奧一世在位三年就退位，西班牙成立第一共和政府。但是這個共和政府不到一年就倒台，伊莎貝拉二世的嫡子阿方索十二世從流亡地回到西班牙，波旁王朝復辟了。

在西班牙尋找新國王的時候，普魯士的王族利奧波德的名字也在新國王的推舉名單中。不過，拿破崙三世強烈反對利奧波德成為西班牙國王。就像法國曾經被夾在哈布斯堡家族裡一樣，現在像被夾在霍恩索倫家族裡。

利奧波德退出候選名單了。但是，一八七〇年，法國大使前往萊茵河畔的溫泉療養勝地埃姆斯，與普魯士國王威廉一世見面，傳達拿破崙三世強烈要求普魯士不要再干涉西班牙的意思。威廉一世對如此無禮的要求感到十分憤怒，立刻打電報把事情的經過告訴在柏林的俾斯麥。

俾斯麥很冷靜地重新編輯威廉一世發過來的電報，目的就在激怒法國。這件事被稱為「埃姆斯密電事件」。

就這樣，一八七〇年，普法戰爭開始了。當時普魯士的工業能力與軍事能力都在法國之上，已有萬全準備的普魯士與被激怒於是憤而出兵的法國之戰，可以說是勝負立見。法國大敗，拿破崙三世還在法國北部的色當會戰中被俘虜。第二帝國結束了。拿破崙三世一直生活在擔心德意志統一的陰影下，對西班牙問題反應過度成為他的致命傷。

德意志帝國誕生與巴黎公社

一八七一年，威廉一世在凡爾賽宮即位為皇帝，德意志帝國誕生了。威廉一世以普魯士為中心，完成了不包括奧地利在內的德意志統一大業。

法國臨時政府（凡爾賽）的首腦梯也爾要與德意志講和，但廣大的巴黎市民與工人反對梯也爾的主張，成立了巴黎公社的組織。雖然巴黎公社是一個短期組織，但在同一時期裡，馬賽、里昂等等七個地方都市也紛紛結成公社，發表宣言。但三月時，這些公社一一被接受德軍支援的第三共和制政府軍擊破。不過，首次女性參政權的實踐，與禁止兒童夜間工作等等優良社會民主主義政策，對後世有很大的影響。

這一次的戰爭除了讓法國必須割讓阿爾薩斯、洛林省給德意志外，還被要求必須賠償巨額的金錢。所幸法國在拿破崙三世主導的工業革命下有錢了，所以短短兩年就償還

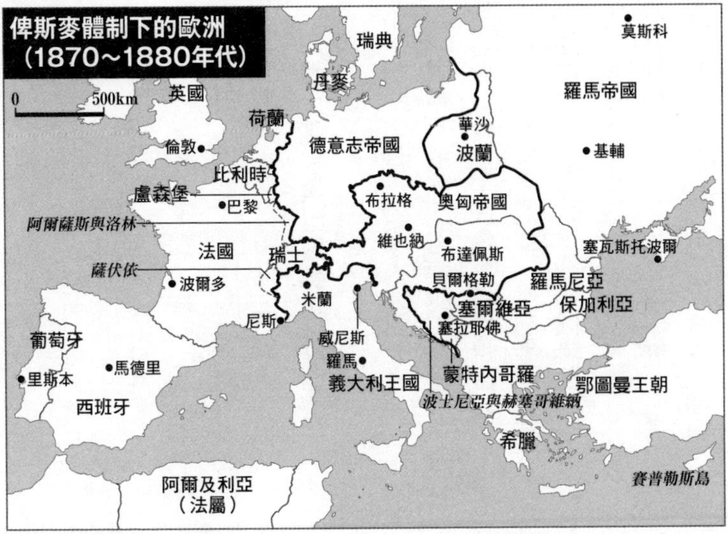

了巨額的賠償金。

一八六九年，法國人雷賽布幫助埃及開通了蘇伊士運河。蘇伊士運河公司是拿破崙三世為了振興產業，於一八五八年成立的公司。一八七五年，大英帝國首相貝斯雷利向羅斯柴爾德銀行融資，買下蘇伊士運河，送給維多利亞女王。

17 俾斯麥的調整能力讓俄羅斯的野心受挫

俄羅斯的南下黑海政策因為克里米亞戰爭而受阻，於是把目標轉向中亞。卡扎爾王朝放棄赫拉特也是俄羅斯轉向中亞的一大誘因，那裡有數個由欽察汗國分裂出來的突厥語民族的牧民小國，例如布哈拉汗國（昔班尼王朝的後裔）、希瓦汗國、浩罕汗國等等。從一八六八年左右起，俄羅斯一一征服了那些國家，並且在塔什干設置土耳其斯坦總督府，施行軍政。第一代土耳其斯坦總督考夫曼是一位優秀的領導者，他在奪取來的中亞殖民地充實教育、建設鐵道，努力促進地方的近代化，而非只是一味剝削，所以有中亞近代化之父的美稱。

另一方面，俾斯麥擔心法國報復，設定了孤立法國的外交目標，首先與奧地利、俄羅斯結盟，以維護東歐的安全與和平為藉口，成立三帝同盟（一八七三年）。

俄土戰爭與巴爾幹諸國的獨立

一八七七年，維多利亞女王就位為印度皇帝。

同年，俄羅斯再度與鄂圖曼王朝開戰（俄土戰爭），一八七八年俄羅斯獲勝，雙方簽訂聖斯特凡諾條約。根據這個條約，鄂圖曼王朝割讓了廣大的領土給俄羅斯，並讓王朝統治下的羅馬尼亞、塞爾維亞、蒙特內哥羅獨立，並承認大保加利亞（給予自治權）。上述的每一項條款，都對俄羅斯南下巴爾幹半島有利。

但是大英帝國對聖斯特凡諾條約強烈反彈，於是在俾斯麥介入協調下，列強群聚到柏林展開會議。會議之後，列強接受巴爾幹半島三小國獨立，但否定了大保加利亞的構想。另外，大英帝國向鄂圖曼王朝租借了賽普勒斯。

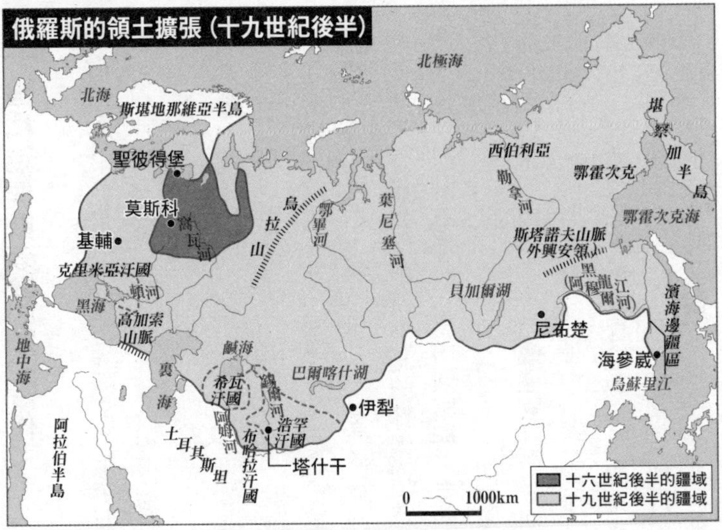

俄羅斯的領土擴張（十九世紀後半）

柏林條約大大地約束了俄羅斯的南下政策。亞歷山大二世對俾斯麥一邊加入三帝同盟一邊又和大英帝國勾肩搭臂之事，亦感到很不滿。在進行調解的時候，英法不可能沒有意見，俾斯麥也必須看情況做改變。結果，三帝同盟瓦解了。不過，歐洲各國大都認為俾斯麥是一位公正的仲裁者，給予相當高評價。

一八七九年，蘇伊士運河的主導者雷賽布這回開始主導巴拿馬運河的興建了。但巴拿馬運河工程艱鉅，一八八九年時中斷興建。

此外，一八八八年時，大英帝國的賽西爾．羅德斯成立了戴比爾斯（De Beers）礦業公司，獨占了南非的鑽石礦山。

18 被稱為俾斯麥體制的時代

現在的中國新疆地區，是經常發生伊斯蘭教徒的叛亂的地方。阿古柏之亂（一八六二—一八七七年）就是其中的一個大規模叛亂，大英帝國與俄羅斯甚至還承認了阿古柏的政權。不過，阿古柏之亂被左宗棠平定了。左宗棠是和曾國藩、李鴻章一樣的清朝洋務派的重要大臣。阿古柏之亂時，俄羅斯趁機入侵，佔領了中亞的伊犁地方，和清朝發生衝突。一八八一年雙方簽訂伊犁條約，俄羅斯歸還一部分的伊犁地方給清朝。

同樣是一八八一年，完成解放農奴政策的俄羅斯皇帝亞歷山大二世被民粹派（社會運動者組織，發起「到民間去」運動）暗殺，亞歷山大三世即位。

俾斯麥察覺到俄羅斯不滿柏林條約的微妙心理，便趁著亞歷山大三世即位時，向新皇帝傳達自己誠意之時，重申俄羅斯、奧地利、德意志的友好關係不變，促成三帝協商，重新啟動三國的關係。一八八二年，俾斯麥又聯合奧地利與義大利，組成三國同盟。能促成長期以來的敵人聯手結成三國同盟，俾斯麥的手腕真的是太高明了。

就這樣，俾斯麥對外一步步把法國孤立起來，對內實施有史以來最早的公家年金保險制度，充實國家的社會保險政策，讓德意志快速地近代化。俾斯麥也策畫參與在非洲獲取殖民地競爭。一八八四年德意志獲得了納米比亞、喀麥隆、多哥等地，一八八五年除了取得非洲的坦尚尼亞外，還得到了亞洲的新幾內亞。為了不讓列強因為在非洲的利益而產生對立與針鋒相對，俾斯麥便在一八八五年與主要的十四個列強國家，在柏林締結議定書，確定列強在中非洲的權益，並確認分割殖民地的原則。

俾斯麥最厲害的地方，便是一邊擴張德國在非洲的領土，還能以協調者之姿召集列強來共同協議。

此外，一八七九年，在丹麥，易卜生以女性獨立為主題的《玩偶之家》首次登上戲劇舞台。一八八三年，德國作曲家華格納去世；同年，哲學家尼采的《查拉圖斯特拉如是說》出版了。一八八四年，捷克的民族作曲家史麥塔納去世。

一八八七年，維多利亞女王即位五十周年，大英帝國開辦了第一屆殖民地會議。同年，俾斯麥與俄羅斯締結德俄再保險條約，用以取代因為俄、奧對立而失去機能的三帝協商。

從一八七〇年代到一八九〇年代，歐洲因為有了俾斯麥這個領導人物，所以得到相對安定的二十年。這二十年也被稱為俾斯麥體制的時代。

19—俾斯麥的卸任與法、俄的友好

俾斯麥外交的戰略目標就是封鎖法國、孤立法國，和不與大英帝國為敵；另外，就是在封鎖俄羅斯的同時，又和俄羅斯保持良好的關係。就像操縱鸕鶿的高手一樣，可以同時操縱好幾隻鸛鷺，俾斯麥隨時靈活地運用了手邊的許多議定書與條約書。可以操作如此複雜又高難度的外交，讓威廉一世雖然親口說「在俾斯麥之下做皇帝很困難」，卻還是完全信任俾斯麥，哄著俾斯麥繼續當德意志的宰相。這樣的皇帝與宰相之間的理解，可以說是首見了。

一八八八年，威廉一世去世，被囑以未來的長子腓特烈三世繼位，但腓特烈三世即位三個月後就死了，腓特烈三世的長子威廉二世繼位。但才二十九歲的年輕皇帝無法理解俾斯麥處理複雜政治的脈絡。威廉二世忍耐了兩年，於一八九〇年罷免了俾斯麥，稱自己的政策為新航路政策，開始走自己的路。

威廉二世通知俄羅斯不再更新再保險條約了。俄羅斯原本對德意志就懷有不信任感，威廉二世在上台之初，就剪斷德意志與俄羅斯之間互不信任卻勉強牽連在一起的線。

一八九一年，俄羅斯的西伯利亞鐵道竣工了。這條鐵道關係著俄羅斯東部的發展，並讓遠東成為俄羅斯的標的。在接受了德意志不再更新再保險條約後，俄羅斯與法國的關係越來越密切。一八九一年，俄法進行政治協定，一八九二年達成軍事協定，一八九四年終於成立俄法同盟。

法國擺脫被孤立的狀態，在和俄羅斯結盟後，形成一左一右包夾德意志的局面。

教皇利奧十三世的《革命性的轉變》

在此要稍微敘述幾件俄法同盟之前歐洲發生的幾件事。

一八八九年，法國的艾菲爾鐵塔落成。同年，同樣是巴黎，在恩格斯的領導下，第二國際開始活動了，這是接受一八七六年第一國際解散後的動作。此時鄂圖曼王朝的青年土耳其運動也在蓬勃。這個運動深受一八三一年馬志尼組織的青年義大利的影響。

一八九一年，教皇利奧十三世發表了《革命性的轉變》（英語：Rerum novarum）的文告。這是針對庇護九世發表的《謬誤要略》，所進行的羅馬教會自我批判。利奧十三世明白地宣告：我們也非常認同自由、平等、博愛的精神。羅馬教會也走上近代化了。

20 屈里弗斯事件與猶太復國主義

俄法締結同盟的一八九四年，法國的猶太籍軍官屈里弗斯因為有間諜的嫌疑而遭受逮捕、流放。在以小說家埃米爾．左拉為首，為屈里弗斯辯護的人奔走、尋找證據下，屈里弗斯終於洗刷冤屈。這是讓法國社會分裂的大事件。

出生於布達佩斯，猶太籍的奧地利報社記者西奧多．赫茨爾在報導這個事件時，眼見連採取自由共和政體的法國，都無法克服對猶太人的偏見，所以提出了「猶太復國主義」的意見。猶太復國主義是提倡猶太人回到祖先之地耶路撒冷的運動。一八九七年，赫茨爾在瑞士的巴塞爾，召開了第一屆猶太復國主義會議。

一八九六年，法國的顧拜旦受到古代希臘和平祭典（即使是交戰中的都市也要停戰參加的祭儀）的感召，在他的努力下，第一屆近代奧運在雅典舉行了。另外，留下「參加比獲勝更有意義」這句名言的人並不是顧拜旦，而是美國主教塔爾博（Ethelbert Talbot），這是他在一九〇八年的倫敦奧運時對美國選手說的話。

一八九八年，俄羅斯社會民主工黨成立，這個黨便是日後共產黨的前身。一九〇〇年，列寧的報紙「火星報」創刊，普列漢諾夫成為活動的中心人物。

十九世紀最後幾年，有幾項必須一提的重大發明及發現，如下。

一八九五年，德國的倫琴發現X射線，義大利的馬可尼發明了無線電通信。

一八九六年，法國的貝克勒發現放射能。

一八九八年，巴黎索爾本大學的居禮夫婦發現鐳。

21 布爾戰爭開始

布爾人展開大遷徙北上後，建立了川斯瓦共和國與奧蘭治自由邦。但一八八〇年時，大英帝國的開普殖民地與川斯瓦共和國產生衝突，開啟了戰端。

川斯瓦共和國的金礦脈與奧蘭治自由邦的鑽石礦脈陸續被發現了，開普殖民地想併吞這兩個地方，但布爾人打敗了開普殖民地軍，川斯瓦共和國與奧蘭治自由邦再度被承認是獨立的國家（一八八一年）。然而大英帝國還是不死心，一八九九年再度掀起戰事，雙方激戰到一九〇二年，最後終於讓這兩個共和國成為屬地。

同樣的一八九九年，俄羅斯皇帝尼古拉二世邀集了二十六個國家，在荷蘭的海牙召開萬國和平會議，當時締結了和平處理國際紛爭的條約，並設置常設仲裁法院（PCA）。這個常設仲裁法院直到現在還存在。

22 日本開始邁向近代化

一八六八年，日本的明治維新獲得成功，而打動民眾內心的，正是維新運動中「尊王攘夷」的口號。擁戴天皇，排斥外國，創造日本的明天。這樣的思想很容易被因為長時間鎖國而不了解外國世界的日本人接受。然而，成為維新原動力的薩摩藩與長州藩的首腦們，卻很明白尊王攘夷是不符合現實的（薩英戰爭與下關戰爭的教訓），他們的內心其實同意幕府開國與富國強兵的路線。此時，在倒幕派（推翻幕府派）中，也有人確實把尊王攘夷當做信仰，在他們成為主流時，一八六八年發佈了神佛分離令。

神佛分離令是基於日本為神道國家，所以寺廟與神社不能並列的命令。長期以來，日本的神社與寺廟以神佛混淆的形式和平共存。

可是，神佛分離令一出，堅持信仰尊王攘夷的民眾便開始破壞寺廟，廢佛毀寺變成一種運動，全日本有不少佛像被毀，不少寺廟被破壞。廢佛毀寺的運動長達十年之久，好不容易才終結。那種情形就像中國的文化大革命，或塔利班（伊斯蘭神學士）、ISIL（自稱伊斯蘭國）對歷史遺蹟的破壞。

明治維新後，明治政府很快就打出一個又一個的富國強兵政策。一八七一年，明治政府斷然實施廢藩置縣的政策，以岩倉具視為正使，帶領大使節團前往歐美。一八七二年，新橋與橫濱間的鐵道開始營運，官營的富岡製絲工廠開工。一八七三年，公佈徵兵令、修改土地稅。

一八七三年，因為李氏朝鮮拒絕開國交涉，明治政府裡的西鄉隆盛發出了征韓論。不過，從歐美回國的使節團們，例如大久保利通等人認為征韓論太魯莽，征韓論被壓下去了。為此，以西鄉和板垣退助為首的約半數政府人員辭職。不過，因為這個政變的關係，明治政府的近代化路線更加鞏固。

另一方面，為撫平因為廢藩置縣而失業的士族們的不滿，政府不得不替他們尋找出路。一八七四年，以漂流海上的琉球島民遭到殺害為由，日本政府出兵台灣。這是明治政府最初的海外派兵。

一八七四年，下野的板垣退助向政府提出設立民選議院建議書，點燃了自由民權運動的火苗。一八七五年，明治政府與俄羅斯簽署庫頁島千島群島交換條約，確定北方的國境。

日朝修好條規與西南戰爭

一八七五年，在與朝鮮的開國交涉毫無進展下，日本未經朝鮮許可，便派出兩艘軍艦進入釜山港。幾個月後，江華島事件發生了。日本軍艦受到朝鮮方面的砲擊，隨即應戰。之後，日本便以這個事件為藉口，對朝鮮施加壓力，隔年雙方簽訂日朝修好條規。日朝修好條規就像歐美列強與日本簽訂的不平等條約一樣，日本依樣畫葫蘆地讓朝鮮簽署了不平等條約。日本決心追上歐美列強。

一八七七年，西南戰爭開始了。因為廢藩置縣與廢刀令的公佈，被剝奪特權的士族們憤憤不滿，於是擁戴西鄉隆盛，展開西南戰爭。

因為與勝海舟的會談，而讓江戶城無血開城的西鄉隆盛，可以說是明治維新的象徵，也是一個擁有詩人般靈魂的人，看到因為特權被剝奪而落魄的士族，不捨之情油然而生吧？另一方面，大久保利通是個冷靜而務實的人，認為不實行近代化與富國強兵的政策，日本就不會有未來。他們兩個人在征朝韓論時曾經對立過，西鄉隆盛落敗。結果，懷抱著夢想的西鄉隆盛下野，直視現實的大久保繼續留在政府裡。這也是讓明治維新能夠往前進的一大因素吧！

西南戰爭的隔年，大久保利通被暗殺，伊藤博文掌握了實權。一八八四年，秩父發生大規模的農民起義行動。這個事件是激近化的自由民權運動之一。雖然西南戰爭後還發生了數起暴動事件，但明治政府軍在打贏西南戰爭後，政府終於得到安定，在一八八五年實現了內閣制度，伊藤博文就任首位內閣總理大臣。

同年，印度誕生了印度人的政黨——印度國民大會黨（簡稱印度國大黨）。持續到現在的這個政黨曾經出過數位印度首相。

23 中日戰爭與三國干涉

清朝是滿洲民族的國家，但是在清朝政府裡推動近代化（洋務運動）的曾國藩、李鴻章、左宗棠等人，卻都是漢人官僚。李鴻章重視沿海地區的防備，提倡海防論，左宗棠因為俄羅斯的關係，特別重視邊境地帶的防備而有防塞論的主張。

此外還有有康有為的「變法自強」的主張。康有為認為如果像洋務運動那樣，不改變國家的政治體制、不改變建國以來的國家法制，只改變社會、經濟政策的話，國家的改革就不會成功，國家也就無法富強起來。他認為中國也必須像日本的明治維新那樣進行改革才行。一八八八年，李鴻章認為有強化海軍的必要，於是成立了北洋艦隊。

一八八九年，光緒皇帝（在位：一八七五—一九〇八年親政）。這一年，因為同治皇帝早逝，四歲就被慈禧太后推上皇帝之位的光緒皇帝十八歲了，他可以處理政務了。同年，日本發布大日本帝國憲法。

一八九四年，朝鮮發生了被稱為甲午農民戰爭（東學黨之亂）的叛亂事件。朝鮮政府於是請宗主國——大清朝出兵鎮壓。但是，日本卻不請自來，也出兵到朝鮮。從這件事衍生出來許多問題，中日戰爭開始了。

對日本來說，這一次的中日戰爭是碰運氣的維新後第一次對外戰爭，卻很幸運地打贏了李鴻章的北洋艦隊。一八九五年，日本與清朝簽下的馬關條約，日本得以獲取遼東半島與台灣，及二億兩白銀的賠償金。不過，俄羅斯、法國與德國對此有意見，出面干涉馬關條約的內容。日本當時的戰力還不足以對抗這三個國家，只好不甘不願地把遼東半島還給大清朝。

之後，俄羅斯以三國干涉的主導者自居，向清朝邀功，和李鴻章簽下讓俄羅斯擁有滿洲北部鐵道鋪設權的密約。

清朝敗給日本後，加速了歐美列強對清朝的侵略，從一八九六年到一八九八年，列強展開瓜分（分割勢力）行動，大英帝國向清朝租借了九龍半島，法國租借了廣州灣，德國租借了膠州灣，俄羅斯租借了旅順與大連。

此外，一八九四年，廣東出身的孫文（孫中山）在夏威夷成立革命組織「興中會」。

光緒皇帝的百日維新

中日戰爭後，光緒皇帝看到自己國家如此不堪一擊，決心振作起來，便採取康有為變法自強的政策，準備改革國家（戊戌變法）。這是一八九八年的事。

然而擁有實權的保守派慈禧太后並不支持光緒的改革，變法派形同被孤立。在這種態勢下，光緒皇帝考慮尋求在北就擁有自己軍隊的袁世凱成為自己的助力。皇帝準備自己發動政變了。然而袁世凱向慈禧太后身邊的人洩露了光緒的祕密計畫。結果，光緒的政變失敗，被慈禧太后囚禁，康有為逃到香港。

這個戊戌政變也被稱為百日維新。

24 菲律賓獨立運動與美國的門戶開放政策

一八九二年，在西班牙留學歸國的醫學生扶西．黎剎創立菲律賓聯盟。這個聯盟是以穩健的方式尋求脫離西班牙獨立的組織。但是殖民地政府提防黎剎的人望，對黎剎處以流放之刑。

一八九六年，菲律賓的獨立運動轉為武鬥化，這個轉變雖然與已經結束流放之刑的黎剎無關，但官兵又一次逮捕了黎剎。黎剎拒絕再度被流放，選擇被槍斃，他的死讓菲律賓的獨立運動如火般的燃燒起來。

一八九八年，美軍的軍艦在古巴的哈瓦那灣被擊沈，引起了美西（美國、西班牙）戰爭。結果美國大勝，從西班牙那裡取得菲律賓、關島、波多黎各等地區，並成為古巴的保護國。菲律賓知道美國成為古巴的保護國後，因為扶西・黎剎被處死刑而激起民族意識，便熱烈地迎接美軍進入菲律賓。菲律賓以為美國可以保護他們免於西班牙的高壓統治，在美軍進入菲律賓後，宣布菲律賓獨立。但是，當時的美國總統麥金利，卻對全國佈告軍政，宣言美國要統治菲律賓。

菲律賓的獨立派開始以美國為對手，進行獨立運動。即使是資源充沛的美軍，面對菲律賓反對派的游擊戰，也會感到棘手。不過，雙方的纏鬥終於在一九一三年結束。此外，即使到了現在，扶西・黎剎仍然受到尊敬，他被處刑的十二月三十日也成為菲律賓國民的節日。

美國從美菲戰爭時期，也變成了帝國主義國家。一八九九年，美國國務卿海約翰發表了門戶開放政策（open door policy），要求西歐列強與日本尊重中國的主權與港灣的自由使用權。美國想要的，是在中國有和列強均等的機會。

25 義和團之亂

義和團是吸收了白蓮教的力量所組成的祕密黨派。義和團對西歐列強以強勢的方式傳播基督教之事感到憤怒，於是在山東省興兵，打著「扶清滅洋」的口號擴大勢力。所謂的「扶清滅洋」，就是支持大清朝，消滅列強勢力的意思，和日本明治維新「尊王攘夷」的意思相同。義和團雖然短暫地受制於袁世凱的鎮壓，但主力移動到天津、上京後，展開強大的殺傷力，殺傷了不少外國人。

看到義和團的勢力擴大，慈禧太后竟然在一九〇〇年對列強宣戰。這是一場完全沒有勝算的戰爭，只能說慈禧太后太沒有自知之明了。不過，戰爭之初，義和團也曾經包圍了外國人的居留地。

最後，列強聯手的八國聯軍逼近北京，慈禧太后逃往西安，北京淪陷。電影《北京五十五日》敘述的，就是義和團之亂的始末。

第五章　兩次世界大戰

第五千年紀的最後一百年，即二十世紀前半，世界在三十多年內經歷了兩次世界大戰。說到為何會爆發兩次世界大戰，根本問題在於，在自上個世紀鴉片戰爭以來一直位居世界領導地位的歐洲，對於勢如猛虎地擴張國力的德國究竟該如何定位。

英法兩國拿勢力急速膨脹的德國束手無策，就此迎來第一次世界大戰。德國在一次大戰的戰後處理遭到處以天文數字的賠款，燃起對法國的復仇之心，成為引發第二次世界大戰最主要的結構性因素。而人格特異的阿道夫・希特勒的登場，也成了歷史上的一大伏線。

這麼一想，就能明白這兩次世界大戰其實是有連續性的。

由於日本參與第二次中日戰爭、太平洋戰爭，甚至還遭到原子彈轟炸，所以在日本較重視二次大戰。但其實一次大戰的戰後處理也蘊藏著引發二次大戰的原因，故兩次世界大戰是互為因果的。美國羅斯福總統也因為相當清楚這點，才會從很早以前就致力於重組戰後新世界秩序。

請看一九一三年（第一次世界大戰爆發前）與一九五〇年（第二次世界大戰結束後五年）全世界的GDP（Gross Domestic Product，國內生產毛額）。

從表中可知，美國早在一九一三年時就已經成為超級大國。撇開美國，則無從談世界秩序。而一次大戰後重建新世界秩序失敗的威爾遜，也間接培育了羅斯福。

還有一點，從表中也能夠明白，一次大戰前新興德國的急速成長對大英帝國及法國造成壓迫。再看在軍艦比例問題上與英美進行海軍造艦競賽的日本的數字，就會發現日本的舉動有多輕率。第一次世界大戰採取總力戰體制。換言之，這場戰爭不僅較勁軍事力，同時也較勁國家整體經濟力及生產力。也就是說，說得極端點，現在已經進入國力等同GDP的世界，不再是軍事力就是國力的時代。日本想跟美國勢均力敵地競爭根本是天方夜譚。

第二次世界大戰後，全球已名符其實地進入美國世紀。

1—大英帝國與英日同盟

在二〇世紀初，突然急遽變強大的德國成為歐洲的爭端。自威廉二世辭退經驗老練的俾斯麥，站在政治前線後，平靜的海面開始掀起風波。

1913年與1950年世界各國的GDP

（單位：%）

	1913年	1950年	變化幅度
中國	8.9	4.5	△ 4.4
印度	7.6	4.2	△ 3.4
美國	19.1	27.3	＋ 8.2
蘇聯	8.6	9.6	＋ 1.0
大英帝國	8.3	6.5	△ 1.8
德國	8.8	5.5	△ 3.3
法國	5.3	4.1	△ 1.2
日本	2.6	3.0	＋ 0.4
歐洲整體	38.0	29.8	△ 8.2
亞洲整體	24.5	18.5	△ 6.0
南北美洲整體	23.6	35.2	＋11.6

而與德國發生對立的就是大英帝國。在領土佔地球陸地面積四分之一之多的維多利亞女王時代，德英兩國的對立達到巔峰。維多利亞女王於一九〇一年去世，英日同盟則於一九〇二年成立。為何英日兩國會締結同盟條約？

當時，大英帝國正在南非與阿非利卡人展開激烈交戰。據說大英帝國所投入的總兵力達五十萬人。雖然英國從印度及其他殖民地召集士兵，但要確保五十萬兵力並不是件容易的事。

另一方面，大英帝國也同時與俄羅斯對峙。

只要俄羅斯南下，大英帝國的心臟地帶——印度就會遭受威脅。兩國的霸權爭鬥相當激烈，稱為「大博奕」（The Great Game）。雖然大英帝國在清朝握有龐大的權益，但當時大英帝國將大多兵力調度至南非，結果造成在亞洲與俄羅斯對抗時陸上兵力不足。這時，大英帝國注意到新興國家日本。日本雖在甲午戰爭打贏清朝，卻遭到以俄羅斯為中心的三國干涉吃了悶虧。換言之，大英帝國認為可以利用敵視俄羅斯的日本作為英國在遠東的憲兵隊，成為英日同盟締結的主要原因。

就這樣，大英帝國捨棄了十九世紀時堅持不加入聯盟的「光榮孤立」政策。

2 — 3B 政策與 3C 政策

德國於一八九九年從鄂圖曼帝國取得巴格達鐵路鋪設權。只要這條鐵路修建完成，就能透過連結柏林—拜占庭（伊斯坦堡）—巴格達的鐵路輸送士兵。巴格達的前方就是波斯灣，德國企圖從這裡鎖定印度。上述戰略就稱作 3B 政策。

相對於此，大英帝國的政策則稱作 3C 政策。即連結開羅、開普敦與加爾各答的三角形鐵路。開羅—開普敦的縱軸是為了對抗法國的非洲橫斷政策。法國企圖從西非塞內加爾首都達卡向東擴張，以橫斷非洲的形式擴大在非洲的權益。

開羅到加爾各答為 3C 政策的橫軸。3B 政策則企圖從中作梗。也就是當大英帝國的艦隊穿越蘇伊士運河後，就會遇到穿越波斯灣嚴陣以待的德軍。

威廉二世採取與奪取埃及、對印度虎視眈眈的拿破崙相同的戰略，將一切都賭在

3B政策上。

而在大英帝國的世界戰略當中，波耳戰爭及英日同盟的定位相當重要。

一九〇三年，美國以武力介入內戰中的哥倫比亞所屬巴拿馬州，不但承認巴拿馬獨立，並與巴拿馬簽訂《巴拿馬運河條約》。因而接手讓雷賽布（Ferdinand Marie Vicomte de Lesseps，譯注：法國外交官、實業家。曾主持蘇伊士運河的開鑿）飲恨的巴拿馬運河建設。

這時美國的帝國主義政策變得相當露骨，不僅促使宏都拉斯、多明尼加及古巴等國獨立，還納為美國的保護國。

巴拿馬運河於一九一四年通航，運河區主權歸還巴拿馬則是在一九九九年。

3 日俄戰爭順利落幕及日比谷縱火事件

明治政府將主導三國干涉的俄羅斯視為最大的敵人。原因在於，日本考慮以朝鮮半島為踏板，像歐洲列強般入侵中國大陸，這時俄羅斯的南下政策將成為最大的阻礙。而日俄戰爭則是適逢日本獲得英日同盟的一大後盾後，由日本主動掀起戰端。當時，俄羅斯正因國內爆發反體制運動造成政局不穩，根本沒有閒工夫顧及滿洲。有關當時的狀況，在半藤一利的《日俄戰爭史（一—三）》與和田春樹的《日俄戰爭 起源與開戰（上、

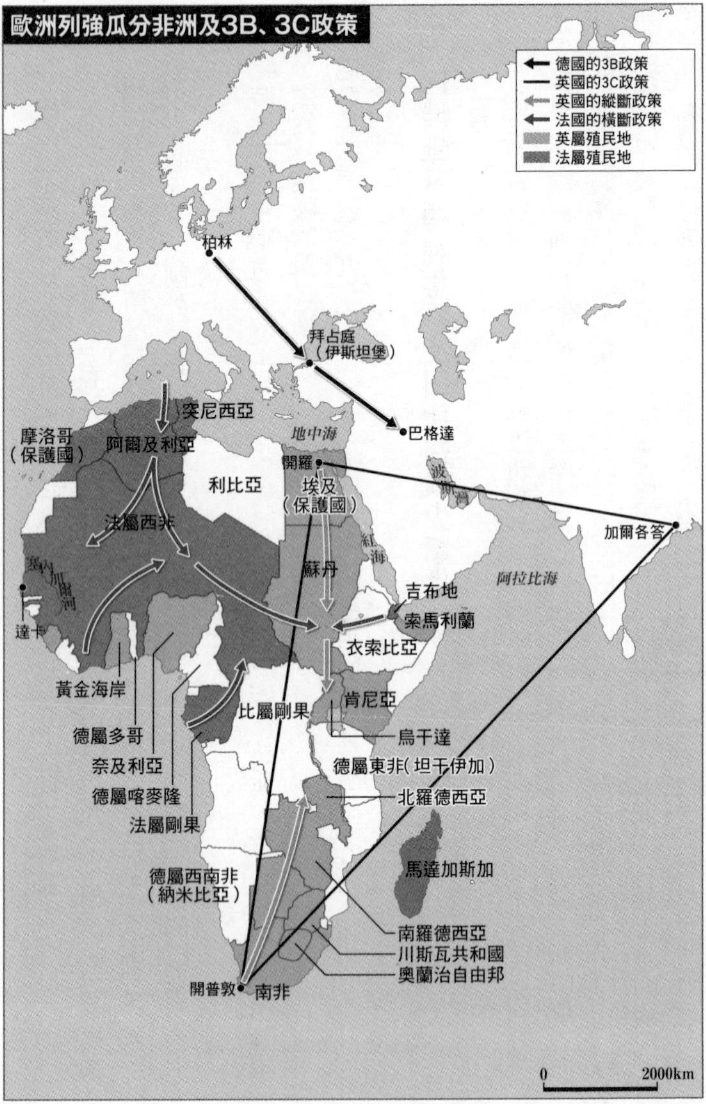
德國的3B政策
英國的3C政策
英國的縱斷政策
法國的橫斷政策
英屬殖民地
法屬殖民地
柏林
拜占庭
（伊斯坦堡）
巴格達
突尼西亞
摩洛哥
（保護國）
阿爾及利亞
地中海
開羅
利比亞
埃及
（保護國）
波斯灣
加爾各答
法屬西非
紅海
蘇丹
阿拉比海
塞內加爾河
達卡
吉布地
索馬利蘭
衣索比亞
黃金海岸
肯尼亞
比屬剛果
烏干達
德屬多哥
奈及利亞
德屬東非（坦干伊加）
德屬喀麥隆
北羅德西亞
法屬剛果
馬達加斯加
德屬西南非
（納米比亞）
南羅德西亞
川斯瓦共和國
奧蘭治自由邦
開普敦
南非
0
2000km
歐洲列強瓜分非洲及3B、3C政策

下）》當中有詳細的描述。

在小說《坂上之雲》當中，司馬遼太郎描寫俄羅斯堅持南下，堅強的日本對於俄羅斯的蠻橫霸道則一直忍耐，最後終於挺身而出，不過在史實上，為追求在大陸的利權伺機尋找開戰機會的其實是日本。

一九〇四年，日俄戰爭就在日本的突襲下正式開戰。一九〇五年，俄羅斯的聖彼得堡爆發了官方軍隊向遊行隊伍開槍的「血腥星期日」事件，成為第一次俄國革命的開端，尼古拉二世答應開設名為「國家杜馬」的國會。然而騷動並沒有因此平息，反倒在俄羅斯國內各地建立蘇維埃（代表會議＝勞動者、農民與士兵的協議會）。對馬海峽海戰就在騷動中開打，最後由俄羅斯的波羅的海艦隊吞敗。

在美國總統老羅斯福的斡旋下，俄羅斯答應將企劃興建西伯利亞鐵路的政治家賽吉・威特（Сергей Юльевич Витте）送到美國。日本的全權代表由外務大臣小村壽太郎擔任。兩國簽訂了《朴資茅斯條約》談和。日本獲得庫頁島南部，並接手俄羅斯在南滿的利權（南滿鐵路、關東州租借權）。另外在朴資茅斯會議前夕，俄羅斯國內爆發波坦金戰艦之亂。

日本在戰力上、經濟上幾乎已快耗盡國力，俄羅斯也因革命騷動及波羅的海艦隊慘敗使得國內瀰漫著厭戰氣氛，多虧老羅斯福居中調停，向日俄兩國提出有利的停戰條件。其實，老羅斯福與日本政治家金子堅太郎自哈佛大學時期以來一直是好友。伊藤博文得知這件事後，便在日俄戰爭一開戰就找來金子堅太郎，立刻派他到美國與老羅斯福敘舊。伊藤博文的深謀遠慮成功奏效。他早在一開始就開始構思如何讓這場戰爭結束。

另外，也多虧高橋是清出色的指揮，日本才能早於俄羅斯發行戰時外債以籌措戰費。

可是，日本民眾只聽到政府宣揚打贏勝戰，卻不清楚國內的經濟情況有多吃緊。全世界在克里米亞戰爭中應該學到了教訓，明白煽動輿論會有多危險才是，然而日本群眾對於政府不收取賠款感到憤怒，反對《朴資茅斯條約》，因而引發日比谷縱火事件，群眾也將憤怒的矛頭指向美國。這讓原是親日派的老羅斯福變得不再袒護日本，美國最終傾向日本威脅論。

而一五二三年起受丹麥國王統治、一八一四年起以瑞典—挪威聯盟的形式臣屬於瑞典國王的挪威，也在一九〇五年舉行全民投票並成功獨立為君主立憲國家，重新出發。

4—從英法協商、英俄條約到三國協約，列強的野心正擴大影響

大英帝國自從與日本締結英日同盟後便捨棄光榮孤立政策，在日俄戰爭開打的一九〇四年與法國簽訂《英法協商》，藉此調整兩國在非洲的權益。接著在一九〇七年又與俄羅斯簽訂《英俄條約》。

由於《英俄條約》的簽訂，使得阿富汗變成大英帝國的勢力範圍，伊朗則被劃分為

中立地帶、大英帝國圈及俄羅斯圈三部份。

由於法國老早就與俄羅斯結盟，俄羅斯、大英帝國及法國於是組成名為「三國協約」的德國包圍網。另外，協約 entente 是指比協議 agreement 更寬鬆的協力關係。

德國的威廉二世對摩洛哥動了歪腦筋，分別於一九〇五年及一九一一年引發兩次摩洛哥危機，非但沒有瓦解法國的優勢，反而陷入俾斯麥最為擔憂的德國孤立局面。

一九〇八年，美國生產了福特 T 型車（Ford Model T），成為第一輛在工廠大量生產的汽車，成為大量生產系統的象徵。

同年，青年土耳其黨在鄂圖曼帝國成功發動革命。為獲取鄰近國家的支持及國內的近代化，恢復了一八七六年所頒布的鄂圖曼憲法（《米德哈特憲法》。頒布兩年後即廢止）。然而，奧匈帝國與希臘卻趁亂分別併吞了波士尼亞與赫塞哥維納與克里特島。

一九一一年，義大利入侵鄂圖曼帝國所屬的利比亞。爆發義土戰爭。一九一二年，這場戰爭最後以義大利獲勝坐收，利比亞成了義大利的殖民地。另一方面，巴爾幹半島的希臘、保加利亞、塞爾維亞及蒙特內哥羅四國趁鄂圖曼帝國正忙著打義土戰爭的時期結成同盟，向鄂圖曼帝國發動戰爭。

鄂圖曼帝國在這場被稱為第一次巴爾幹戰爭（一九一二—一九一三）的戰役中戰敗，幾乎損失了所有在歐洲的領土。

但由於第一次巴爾幹戰爭的結果只有保加利亞的領土擴大，導致巴爾幹同盟發生內鬥，保加利亞遂進攻希臘及塞爾維亞，引發第二次巴爾幹戰爭（一九一三）。後來不僅蒙特內哥羅及羅馬尼亞也參戰，就連鄂圖曼帝國也加入成為友軍。最後，這場戰爭以保加利亞割讓領土坐收。

巴爾幹半島的地形以山地為主，很難從海上制壓。同時，距離其他大國也相當遙遠。就在強大的統治者鄂圖曼帝國逐漸衰弱，小國也不斷重複聚散離合的過程中，巴爾幹半島逐漸變成歐洲的火藥庫。

5 第一次世界大戰的開端在於哈布斯堡王朝的愚蠢

奧匈帝國的法蘭滋・約瑟夫一世與巴伐利亞王國的伊莉莎白（茜茜）結婚，但維也納保守頑固的宮廷生活讓茜茜喘不過氣來，於是踏上放浪的旅程（一八九八年，在瑞士遭到歹徒襲擊而死）。而長子魯道夫皇太子則與年輕女性以獵槍自殺（一八八九年的梅耶林事件）。因此，遂改立侄子法蘭茲・斐迪南大公為繼承人。

法蘭茲・斐迪南與生於波希米亞的霍恩貝格女公爵蘇菲相戀結婚。然而生性守舊的法蘭滋・約瑟夫一世以伯爵之女身份低賤為由，雖批准兩人以貴庶通婚方式結婚，卻要求蘇菲放棄皇族特權，同時剝奪其子嗣的皇位繼承權。

在維也納常會舉辦眾多華麗的舞會。可是蘇菲卻不得與丈夫一同出席公開場合。這對斐迪南大公及蘇菲都是種難以忍耐的屈辱。沒辦法，只能說哈布斯堡王朝太愚蠢。不過一到民間各地，戀愛結婚、思想開明的斐迪南大公夫婦卻受到民眾的熱烈歡迎。夫婦倆自然也偏好待在地方更勝維也納。

一九一四年六月，斐迪南夫婦於波士尼亞與赫塞哥維納的首都塞拉耶佛遭到暗殺（塞拉耶佛事件）。這起悲傷事件的主謀是塞爾維亞的民族主義者，奧匈帝國於是向塞爾維亞宣戰。而塞爾維亞背後的俄羅斯則宣佈總動員令。對此，與奧匈帝國締結三帝同盟的德國則向俄羅斯及法國宣戰。

由於法國與俄羅斯締結法俄同盟，迫使德國不得不面臨兩面戰線（two-front war），遂在一九〇五年制定施里芬計畫（Schlieffen Plan），先穿過比利時攻打法國，再回頭攻打俄羅斯。接任施里芬職位的德國總參謀長毛奇（俗稱小毛奇）立刻根據此一計畫入侵比利時，大英帝國在確認此事後也加入俄羅斯與法國的協約國陣營參戰。義大利因與奧匈帝國之間的領土問題而維持中立（一九一五年加入協約國參戰），與俄羅斯對立的鄂圖曼帝國則加入同盟國陣營參戰（日本則因英日同盟而加入協約國陣營參戰）。

相較於一次大戰前的國力，在掌握戰爭開打關鍵的石炭與鋼鐵生產力方面，同盟國陣營與協約國陣營幾乎勢均力敵。不過在當時，美國早已具備足以匹敵上述國家的生產力。

6 日俄戰爭後日本的出路

朝鮮已被列強公認為日本的勢力範圍，日本也加快了進軍的腳步。一九〇四年簽訂《第一次日韓協約》時，日本派顧問前往朝鮮；一九〇五年簽訂《第二次日韓條約》時，日本已掌握朝鮮的外交權，在朝鮮設置總監府，並任命伊藤博文擔任第一代總監。到了一九〇七年簽訂《第三次日韓條約》時，朝鮮的內政已歸日本管轄了。

儘管如此，日本仍然沒有併吞韓國，此乃出自伊藤博文之見。伊藤博文認為朝鮮是個歷史悠久、自尊心強的國家，併吞將會帶來極大的風險。

一九〇九年，反對併吞朝鮮的伊藤博文不幸在哈爾濱遭到信奉基督教的民族主義者安重根暗殺。一九一〇年，明治政府併吞朝鮮。

同年，元老山縣有朋及桂太郎首相以計畫暗殺明治天皇為由，將幸德秋水等社會主義者一網打盡，判處死刑。一般認為，這起幸德大逆事件其實是捏造（frame-up）的。

一九一一年，在小村壽太郎外務大臣的努力下重新簽訂《日美通商航海條約》。由於該條約的簽訂，使日本完全恢復關稅自主權。而在同年，以平塚雷鳥為中心組成了青鞜社，促成女性解放運動的誕生。

一九〇八年，掌握清朝實權的慈禧太后宣佈年僅三歲的末代皇帝宣統皇帝（愛新覺羅．溥儀）繼任皇位，不久便去世。

7 甘地在南非推動非暴力不合作運動

一九〇六年，在南非擔任律師的甘地開始提倡「非暴力不合作運動（梵語：सत्याग्रह〔Satyāgraha〕）」思想，反對歧視印度人。南非為大英帝國的殖民地，英國找來有能的印度人協助經營殖民地。對大英帝國而言，印度不但資源豐富，同時也是官僚、士兵、勞動者等豐富的人才寶庫。

一九一五年，甘地回到印度後加入印度國民會議。印度國民會議屬於大眾運動，故無論如何都會受到在宗教上佔大多數的印度教徒影響。因此，隨著印度國民會議勢力愈強，穆斯林便感到愈不安。以「分割統治」為看家本領的大英帝國注意到這點，於是任命尼札爾派的伊瑪目（譯注：在阿拉伯文中意指「領袖」，在伊斯蘭教中通常是指在伊斯蘭儀式上領導的人）阿迦汗三世為總裁，一九〇六年，在達卡組成親英的印度穆斯林聯盟。到頭來，這兩大運動反而成了將英屬印度瓜分為印度與巴基斯坦兩個國家。

另外，至今在南非與東非仍有印度人在多方領域大為活躍。

8 孫文與辛亥革命的展開

一九〇五年，中國的革命家孫文醫生接受宮崎滔天等人的支援，在東京成立中國同盟會。一九〇六年，孫文提倡三民主義（民族主義、民權主義、民生主義）。在這之前，他曾在夏威夷創設興中會（一八九四），一八九五年企圖在故鄉廣東起義，最後失敗而逃到日本。其後，為募集革命資金走遍世界各地。日本的實業家梅屋庄吉提供孫文高達一兆日圓的資金。在這之後，孫文與他所率領的革命黨屢次發動起義想推翻清朝，最後終於在第十一次，即一九一一年的武昌起義獲得勝利。

由於一九一一年以中國的干支紀年法換算正好是辛亥年，因而將始於這場起義的革命稱作辛亥革命。

蒙古趁著辛亥革命的混亂宣布獨立。一九一三年，與西藏簽訂《蒙藏條約》，兩國均脫離清朝獨立（西藏於一九一五年與中國合併）。

辛亥革命當時，人在美國的孫文緊急回國，被推選為臨時大總統，一九一二年一月一日，在南京宣布成立中華民國。亞洲史上第一個共和國就此誕生。孫文認為，想要擊垮清朝，就得建立一個強而有力的中央政府及足以守護政府的軍事力。因此他與擁有最強軍勢力的清朝宰相袁世凱交涉，以迫使宣統皇帝（溥儀）退位及遵守《中華民國臨時約法》（接近憲法的基本法）為條件，將臨時大總統的寶座讓位給袁世凱（一九一二年三月）。袁世凱接受上述條件，成立北京政府（北洋政府）。一九一三年一月，北京政府遵照臨時約法舉辦第一次國會選舉，結果由率領國民黨的孫文的同志宋教仁獲得壓倒性勝利。

因此，袁世凱於同年三月暗殺宋教仁。

孫文感到相當憤怒，於是發動二次革命與袁世凱交戰，結果失敗逃到日本。他在日本與宋慶齡結婚（其妹宋美齡是蔣介石之妻）。一九一七年，孫文回到處在軍閥割據狀態的中國，在廣州成立護法軍政府仍舊失敗，之後，他在世界各地倡導「三民主義」，邊宣傳自己的主張邊尋找下一次機會。

一九一五年十二月，袁世凱廢除共和制，自立為皇帝，後來爆發三次革命（護國戰爭），吞敗的袁世凱廢除僅維持三個月的帝政，不久便病死（一九一六）。其後由段祺瑞接手北京政府。

9　第一次世界大戰的展開、俄國革命及大英帝國的「三枚舌外交」

早在一次大戰開戰時，施里芬計畫就遭到打亂。

俄羅斯很快便動員軍隊，於一九一四年八月侵入東普魯士。德國透過鐵路從西部戰線的法國將軍事送往東部戰線，在興登堡將軍的指揮下大敗俄羅斯（坦能堡戰役）。之後，俄羅斯在東部戰線一面倒地採取守勢。這時，德國開始將主力放在與西部戰線的法國。沒想到法軍意外地強悍，自九月在巴黎開打的第一次馬恩河戰役起戰況一直陷入膠著狀態（塹壕戰）。

法國在拿破崙三世的統治下發展經濟，提高GDP，國力也因而增強。

第一次世界大戰中，日本以英日同盟為名目參戰，佔領德國在中國及南洋群島的殖民地。而在一九一五年，日本向袁世凱提出《二十一條要求》。內容是要求由日本繼承德國在山東省的利權、為鞏固在滿州的利權，要求中國聘用日本人擔任中國政府的顧問等。

對此就連袁世凱也無法忍受，於是對外公開條約內容。中國民眾深感憤怒，後來袁世凱接受該條約的主要內容，並下令將五月九日定為國恥日。另外，美國及大英帝國對日本趁火打劫之舉感到相當憤慨，開始警戒日本。《二十一條要求》成了日本的分水嶺。

《海珊－馬克馬洪協定》與阿拉伯的勞倫斯

英法聯軍以佔領君士坦丁堡為目標，一九一五年四月在面臨達達尼爾海峽的加里波利毅然進行海上登陸作戰。然而在爆發青年土耳其黨革命後的鄂圖曼帝國，有為的年輕領袖已成長茁壯。一位名叫凱末爾的年輕軍官所率領的鄂圖曼軍隊相當強大，使得協約國軍隊陷入苦戰，不得不從加里波利撤退（加里波利之戰）。

大英帝國感到束手無策，英國駐埃及高級專員亨利．麥克馬洪於是與伊斯蘭教先知穆罕默德的後裔，麥加謝里夫（譯注：對管理麥加與麥地那這兩個聖地的領袖敬稱。在阿拉伯語中，謝里夫意指「貴族」，用來形容穆罕默德的外孫哈桑·本·阿里的後裔）海珊互通信函。除了促使海珊向鄂圖曼帝國發動戰爭（阿拉伯起義）外，同時也承認阿拉伯地區的獨立及居住在巴基斯坦地區。

根據此一協議，海珊於一九一六年在阿拉伯半島建立漢志王國，脫離鄂圖曼帝國獨立。這時，協助海珊大為活躍的就是阿拉伯的勞倫斯。

協約國方面拒絕美國從中調停

進入一九一六年後，西部戰線戰況愈演愈烈。德國在東北法發動凡爾登戰役，戰爭從二月一直持續到十二月，相當激烈，兩軍死傷人數共計超過七十萬人。五月爆發的日德蘭海戰，為英德首度派出主力艦隊所進行的一場大海戰。接著在北非從七月持續到十一月的索姆河戰役中，協約國雖發動總攻擊，但戰況仍不受影響，兩軍死傷人數共計超過一百萬人以上。在這場戰爭中，大英帝國的戰車（坦克）首度出現在戰場上。是繼槍之後第四次軍事革命。

這年十二月，德國表明有意談和，對此美國總統威爾遜挺身而出擔任調停者。儘管威爾遜充滿誠意，卻遭到英法拒絕。

談和之路遭到斷絕的德國只好使出最後手段，開始發動通商破壞戰（無限制潛艇戰）。這是在一九一七年二月所發動。美國對此感到憤怒，在四月時決定參戰。由於美國的參戰，使得勢均力敵的協約國與同盟國之間維持的權力平衡轉變成二比一的局面。

蘇維埃誕生

另一方面，俄羅斯於一九一七年三月（俄羅斯曆為二月），「麵包暴動」逐漸發展成總罷工（全國規模的勞動罷工），連士兵也一塊加入，結果沙皇尼古拉二世退位，羅曼諾夫王朝被推翻（俄國二月革命）。然而接手的臨時政府卻依然持續參戰，因此列寧所率領的布爾什維克（俄國社會民主工黨的左派。普列漢諾夫所率領的右派為孟什維克）發動十月革命。世界第一個社會主義政權——蘇維埃政權就此誕生。

芬蘭也趁著十月革命的混亂終於宣佈獨立。十二月，列寧與德國簽署休戰協定後退出戰線。這時，反列寧勢力（白軍）發動內戰。而日本也出兵與列強一同參與西伯利亞干涉（一九一八－一九二二）。然而在率領紅軍（蘇維埃軍）的托洛斯基的活躍下，這場內戰最後於一九二二年以政府軍大獲勝利坐收。

另外，尼古拉二世一家人在內戰期間的一九一八年遭到槍殺。同年，布爾什維克也改名為蘇聯共產黨。

大英帝國的「三枚舌外交」為巴勒斯坦問題種下禍根

大英帝國於一九一五年與海珊締結《海珊－馬克馬洪協定》，一九一六年，與法、俄暗地在聖彼得堡決定鄂圖曼帝國的領土劃分。此一協定稱作《賽克斯－皮科協定》。賽克斯與皮科是為此一協定的簽訂盡心盡力的英、法外交官的名字。協定內容為承認敘利亞為法國領地，同時也達成「巴勒斯坦地區為國際管理地區」的共識。

在爆發俄國革命的一九一七年，大英帝國外務大臣亞瑟·貝爾福在猶太人富翁羅特希爾德家中明確表示承認巴勒斯坦為猶太人的民族家園（貝爾福宣言）。

大英帝國先是對阿拉伯說「希望貴國能夠出兵」，接著對猶太人說「希望你們能出錢」，然後又向法、俄說「巴勒斯坦地區為國際管理地區」……還真是厚顏無恥啊。在上述彼此充滿矛盾、如履薄冰的邊緣地帶以高超的技巧劃清界線，既充分展現大英帝國的外交能力，同時也證明了一次大戰時大英帝國有多麼苦惱。無論如何，英國的「三枚舌外交」確實是造成今日巴勒斯坦問題混亂的罪魁禍首之一。

10 威爾遜總統的十四點和平原則，與一次大戰的結束

一九一八年一月，美國總統威爾遜發表《十四點和平原則》。此乃威爾遜有鑑於俄

羅斯誕生了社會主義政權、隨著美國參戰使得國處於劣勢等情況，放眼大戰後的世界和平所提出的一大構想。到了三月，蘇維埃在簽訂《布列斯特－立陶夫斯克條約》後，德國與同盟國的談和會議也獲得解決，決定大幅讓步以維護蘇維埃政權，專心鞏固本國。在東部戰線大獲勝利的德國將所有兵力全都投入西部戰線，寄望在一九一八年三月春季發動攻勢。卻被美國的物資所擊退，自八月以來一直處於防戰。

到了五月，從美國傳播的西班牙流感在全球相當盛行。據說死於流感的人數遠超過一次大戰的死亡者。這也提高了德、美兩軍士兵的厭戰氣氛。

到了十一月，面向波羅的海的德國軍港基爾爆發海軍士兵叛亂，在此契機下，威廉二世宣布退位並流亡低地三國。繼早已簽訂休戰協定的奧匈帝國後，德國也簽署休戰協定，一次大戰終於結束。之後，爆發德國十一月革命，成立威瑪共和國。

這場前所未有的世界大戰造成四個帝國（德意志帝國、奧匈帝國、鄂圖曼帝國、俄羅斯帝國）消失在地表上。此外，人類也首度體驗不分前線與後方的總力戰。

11 —《凡爾賽條約》的問題點

一九一九年一月起，在巴黎召開第一次世界大戰的和會。這場和會的中心為戰勝國英、法、美三國。會議根據威爾遜總統提出的《十四點和平原則》（廢除祕密外交、海洋自由、廢除關稅障壁、軍備縮小、民族自決、設立國際聯盟等）來進行，然而過程卻進行得不大順利。

理想主義者威爾遜以充滿熱情的口吻提倡世界和平。然而精通權謀術數的法國總理克里蒙梭卻是道地的反德派。大英帝國的首相勞合．喬治也是一樣。威爾遜高遠的理想被這兩人所踐踏。

巴黎和會就在以維護英、法既得利益為主要目的，單方面地要求德國肩負所有戰爭責任的形式下進行。另外，蘇維埃政府並沒有受邀出席這場會議。

六月時簽訂《凡爾賽條約》。內容包括設立國際聯盟與ＩＬＯ（國際勞工組織）以及對德國相當嚴苛的談和條件。德國並不稱呼《凡爾賽條約》為條約，而是稱作「強迫簽訂的合約」（Diktat）。到了一月正在慕尼黑召開巴黎和會時，德國工人黨也在此時創立。九月，阿道夫．希特勒入黨，翌年一九二〇年，德國工人黨更名為國家社會主義工人黨，簡稱納粹黨，而在這一年，美國參議院否決了沒有反映威爾遜主張的《凡爾賽條約》。美國也沒有加入國際聯盟。

接著到了一九二一年，協約國在倫敦召開會議討論德國賠款問題。結果會議中決定德國應支付賠款一三二〇億馬克這筆天文數字。此一金額相當於一九一三年度德國ＧＤＰ的二．五年分。若對象換成現在的日本，則每一國民應支付約一千萬日圓賠款，相當可怕。而其中的五十二％為法國所有。由此可知，法國總理克里蒙梭對德國有多麼恨之入骨了。像這樣以國家之間的憎惡為優先的《凡爾賽條約》，為第二次世界大戰埋下了伏線。

一九一九年九月，曾與德國結為同盟的奧匈帝國與協約國簽訂《聖日耳曼條約》。結果匈牙利、捷克斯洛伐克以及南斯拉夫王國獨立。哈布斯堡王朝最後的皇帝亡命葡萄牙，領土也比過去縮小了二六．六%，成立奧地利共和國。

12 威爾遜提倡的民族自決理念傳遍全世界

威爾遜所提出的《十四點和平原則》當中提倡民族自決。該原則主張所有民族有權在政治上獨立，各自建立政府。而在《凡爾賽條約》當中，該原則也在歐洲實行。結果誕生八個獨立國家。然而，該原則並不適用於亞洲及非洲。

話雖如此，民族自決理念早已透過在當時發展興盛的大眾媒體傳遍全世界。如同法國大革命時「自由、平等、博愛」的革命理念有如痲疹般傳染全世界一樣，威爾遜充滿理想及魅力的言論振奮人心。在此影響下，一九一九年也是民族運動相當興盛的一年。

一九一九年三月，世界共產主義的司令塔共產國際（第三國際）於莫斯科召開成立大會。同月，墨索里尼在義大利成立黨派「義大利戰鬥者法西斯」。法西斯主義與納粹德國一樣，從這時起已經開始胎動。

四月，李承晚在上海的法國租界組成立大韓民國臨時政府。此乃受到韓國脫離日本獨立前一個月所爆發的「三一運動」的影響。而在印度，為追求獨立自治，甘地開始發起第一次非暴力不合作運動。

五月四日，北京的學生抗議承認將山東省利權過繼給日本的巴黎和會，舉行大規模示威運動（五四運動）。孫文看到這場示威運動擴及整個中國後，遂於十月成立中國國民黨，以期發動新革命。另外在與德國同為戰敗國的土耳其，「加里波利的英雄」凱末爾於五月登陸安那托利亞，帶頭率領抵抗協約國的運動。

八月，德國制定《威瑪憲法》。這是一部承認國民主權的民主憲法。

13 巴勒斯坦的混亂與土耳其共和國的誕生

一九二〇年，依照《海珊－馬克馬洪協定》在阿拉伯半島建立漢志王國的麥加謝里夫海珊之子費薩爾一世，在敘利亞建立阿拉伯敘利亞王國。

其後，協約國於義大利聖雷莫商討中東領土問題。商討的結果，決定伊拉克及巴勒斯坦為大英帝國的託管地，敘利亞及黎巴嫩則為法國的託管地。所謂國際聯盟託管地，是指由國際聯盟對於戰敗國德國與鄂圖曼帝國的海外殖民地進行分配託管。實際上，與殖民地經營內容大同小異。

想當然爾，獲得敘利亞託管權的法國與費薩爾一世之間就此爆發武力衝突。因此，大英帝國將伊拉克轉讓給費薩爾一世，才平息這場衝突。就這樣，費薩爾一世在一九二一年成為伊拉克王國的國王。

沙烏地阿拉伯王國與巴列維王朝

一九二四年，海珊所建立的漢志王國遭到以利雅德為根據地的阿卜杜勒－阿齊茲所奪。一九三二年，阿卜杜勒－阿齊茲建立沙烏地阿拉伯王國（意指沙特家族的阿拉伯王國之意）。自一七四四年以來，沙特家族在伊斯蘭教遜尼派當中支持嚴格的瓦哈比派，過去曾二度建立王國，這次為第三次建國。因此，海珊一族（哈希姆家族）正式統治約旦與伊拉克。

一九二五年在伊朗，卡扎爾王朝的一名士官李查汗在議會上或推舉為沙阿（意指國王、皇帝），建立巴列維王朝。李查汗仿效土耳其的凱末爾走上民族自決的道路，以中央集權與近代化為目標。這也是伊朗最後的王朝。

鄂圖曼帝國的滅亡，與開始步上近代國家道路的土耳其

接下來，鄂圖曼帝國與協約國於一九二〇年簽訂色佛爾條約，鄂圖曼帝國就此解散。反對談和、登陸安那托利亞的「加里波利英雄」凱末爾則於同年四月，在安卡拉召開「土耳其大國民議會」，建立獨立政權。

凱末爾擊退侵入安那托利亞西南部的希臘軍，一九二二年，廢除蘇丹式政權。穆罕默德六世亡命馬爾他，維持六百年之久的鄂圖曼帝國就此滅亡。

一九二三年，一次大戰後因疲憊無心征戰的英法與安卡拉政府重新簽訂《洛桑條約》。主要內容為土耳其放棄阿拉伯、伊拉克及賽普勒斯以及賠款問題實質上束之高閣。至於依照之前《色佛爾條約》的民族自決原則獲准獨立的庫德族及亞美尼亞人，則當作土耳其的內政問題不予過問。就這樣定下現在土耳其的國境。

從這時開始，凱末爾被稱為凱末爾．阿塔圖克（Atatürk）、「土耳其人之父」（譯注：一九三四年十一月二十四日，土耳其國會賜給凱末爾「Atatürk（阿塔圖克，即土耳其人之父）」作為姓氏）。土耳其是一次大戰的戰敗國。然而在優秀領導者的帶領下，土耳其以敗戰為糧食，走上近代化國家之路。

14 國際主義與軍縮潮流，德國爆發惡性通貨膨脹

一次大戰後，隨著追求和平的趨勢高漲，國際主義及軍縮也蔚為主流。一九二一年七月，陳獨秀於上海的法國租界成立中國共產黨。這是因為中國權力無法干涉法國租界，而且適用法國法律。對中國而言，屬於法國殖民地的法國租界為諸惡匯集地，但對革命家而言，這裡卻有如避難所。

一九二一年十一月，九個主要國家聚集在美國華盛頓，召開史上第一場軍縮會議。英、美、法、日四國簽訂《四國公約》，協調四國在太平洋地區的權益，同時也中止英日同盟。俄羅斯帝國瓦解後，新的共產政權仍處在動亂的漩渦中。對大英帝國而言，英日同盟已經沒必要了。

翌年一九二二年二月，上述四國加上義大利簽訂了限制海軍軍備條約。內容為規定各國的主力艦、戰艦及航空母艦的總噸比為美英：日：法義＝五：三：一．七五。在日本國內，有民眾認為這個數字乃是英美對日本的輕視，也是國辱。

不過請冷靜一想，當時美國國力可是日本的十倍以上。故就結論而言，五：三的比例其實是為了遏止美國增強軍備。然而日本卻認為，既然同為戰勝國的一員，當然應該與美國並駕齊驅採用五：五。日本開始出現光憑觀念卻沒有正視問題本質的風潮。

另外，在這場華盛頓會議中也簽訂了《九國公約》，要求保全中國領土、門戶開放

等。結果，日本放棄強逼袁世凱簽訂的《二十一條要求》，同時將山東省歸還中國。一九二二年十二月，俄羅斯共產黨打贏內戰，史達林獲選為書記長，同時成立蘇聯（蘇維埃社會主義共和國聯邦）。

支付不出賠款的德國，要求苛刻的法國

德國支付不了這筆天文數字般的賠款。於是法國便聯合比利時，於一九二三年一月對德國中工業中心魯爾區進行軍事佔領。由於最富饒的心臟地帶遭到佔領，使得德國陷入異常嚴重的惡性通貨膨脹。德國政府實施了非比尋常的財政政策，像是發行幣值為一百兆馬克的紙幣以及數字後面有數不清個零的郵票等，結果造成經濟崩潰。對此，德國總理施特雷澤曼任命沙赫特擔任貨幣局長，他在十一月發行了新的貨幣「地租馬克」（Rentenmark，實施縮小貨幣面值單位），這才成功中止通貨膨脹。而希特勒也是在這個時期發動慕尼黑政變（政變失敗）。

一九二四年，美國提出「道威斯計劃」（Dawes Plan）以減輕德國的賠款負擔，並要求法軍撤退魯爾區。由於道威斯計畫的實施使德國獲得融資，德國經濟才得已喘口氣。

15 — 為何德國人容許希特勒上台？

一九一五年，以德國外交部長施特雷澤曼與法國外交部長白里安為中心，在瑞士洛迦諾進行協議，簽訂了《洛迦諾公約》。內容為英、法、德、義、比五國簽署條約，協議維持國境現狀、萊茵蘭的非武裝以及透過國際紛爭仲裁法庭解決糾紛。

由於《洛迦諾公約》的簽訂，德國於翌年一九二六年獲准加入國際聯盟。然而，希特勒的著作《我的奮鬥》也在同一年出版。這本書是希特勒在慕尼黑政變失敗後，在獄中撰寫的。

回顧一次大戰結束時，基爾港爆發海軍起義，德國這才答應休戰。不過在當時，協約國軍隊連一兵一卒也沒有踏入德國。也就是說，這表示一般市民還沒切實體會到戰敗。

當然只要冷靜一想就明白，在美國宣布參戰之時，同盟國就已經沒有勝算了。因為雙方生產力的差距超過兩倍以上。可是一般市民並不清楚詳情。

德國明明還能繼續戰下去，卻有人從中阻止戰爭。結果還得支付一筆天文數字的賠款。這其中一定有問題。現存有一張諷刺上述思潮的海報。海報中，一名德國士兵正努力奮戰，背後卻有一名穿著體面、貌似猶太人的肥胖男人拿刀刺殺他。一般市民如此矛盾的情感，正好被納粹黨所利用。

我認為，大英帝國與法國錯誤的戰後處理才是造成希特勒抬頭最主要的原因。

16 孫文的國共合作與蔣介石登場

孫文的根據地在出身地廣州。一九二四年，孫文在廣州召開中國國民黨（一九一九年成立）第一次全國代表大會，決定與共產黨攜手合作對抗軍閥執政的北洋政府，是為第一次國共合作。

同年，矢志北伐的孫文在廣州附近建立黃埔軍校。任命剛結束蘇聯軍制視察甫回國的蔣介石擔任校長。

遭逐出紫禁城的溥儀

在北京，軍閥之間內鬥不斷，馮玉祥於一九二四年發動政變，掌握北京政權。同時，他還將經袁世凱同意居住在紫禁城的溥儀逐出。後來，盯上溥儀的日本將他藏匿在天津的日本租界。馮玉祥準備邀請孫文到北京。但在隔年一九二五年，孫文留下「革命尚未成功」這句話，在北京結束他長達五十九年的生涯。

一九二五年，孫文死後的中國國民黨在廣州建立國民政府，由蔣介石擔任領導人。

17 蔣介石北伐與張作霖炸死事件

蔣介石的國民政府於一九二六年七月宣布北伐，目標統一全中國。北伐軍僅花了三個月便到達武昌。到了一九二七年四月，蔣介石先攻佔上海，接著繼續進攻南京，將國民政府遷到這裡。蔣介石僅在一年內便稱霸廣大的江南地區。其進軍速度之快，也反映出民眾對國民政府的期待。

蔣介石趁勢追擊，發動上海政變，逮捕了共產黨員。也就是說，孫文所牽成的第一次國共合作至此宣告結束。

日本藉口保護居留民，於一九二七年至一九二八年對北伐軍發動三次山東出兵。一九二八年五月，北伐軍與日軍在濟南爆發衝突（濟南事件）。北伐軍繞過日軍前往北京，六月進入北京城。

北京的北洋軍閥政府掌權者張作霖（滿洲大軍閥的總帥）在北伐軍進城前離開北京，搭乘特別列車前往滿洲。這輛特別列車遭日本派往滿洲的關東軍所引爆，殺死張作霖（張作霖炸死事件）。

日本關東軍與目標統一中國的蔣介石進行對抗，雖然支持張作霖，但由於張作霖乃民族主義者，讓日本感到相當不妥，認為年輕的兒子張學良比較容易使喚。然而，張學良是個有骨氣的青年。他無法原諒殺害父親的關東軍，遂於一九二八年向蔣介石的國民政府投降，降下北洋政府的旗幟（此舉稱作「易幟」）。於是蔣介石的中華民國國民政府以南京為首都，統一全中國。

18──《非戰公約》與黑色星期四

因《洛迦諾公約》的簽訂氣勢大為高漲的國際主義路線，在美國國務卿凱洛格與法國外交部長白里安的提倡下，在巴黎簽訂《非戰公約》（《凱洛格-白里安公約》）後，氣勢更是到達巔峰。該公約主張以放棄戰爭作為解決國際紛爭的手段，極具劃期性，最終簽署國家達六十三國。這條公約開闢戰爭違法化的新局面，同時也影響了二次大戰後的日本國憲法。

一九二九年，在美國奇異公司總裁楊格的主導下制定了《楊格計畫》，將壓迫德國經濟的龐大賠款總額一三二〇億馬克減少為七十三億馬克左右。話雖如此，這筆賠款金額後來又減少為三十億馬克，由此可知協約國硬是將這筆異常巨大的賠款強行壓在德國身上。同年，為了讓賠款支付更順暢，在瑞士巴賽爾設立國際結算銀行（BIS）。

同樣是一九二九年，在義大利，自一九二二年開始掌權的墨索里尼與教皇庇護十一世簽訂《拉特蘭條約》。該條約為義大利政府與羅馬教廷長年來的絕交狀態劃下休止符。此外，新建立以教皇為元首的梵蒂岡城國，羅馬教廷則放棄恢復教宗國，改收取補償金。

而在一九二九年十月二十四日，世界情勢突然惡化。原因是紐約股市突然暴跌。以這個黑色星期四為契機，引發了世界性經濟大恐慌。每個國家都拼了命地想重振自國經濟，導致國際主義路線不得不大幅後退。

另外在一九二八年，大英帝國的亞歷山大·弗萊明從青黴菌發現最早的抗生素盤尼西林。

19 日本侵略滿洲

黑色星期四過後，全世界陷入一陣混亂，一九三〇年，在倫敦召開海軍軍備會議。這場會議是由一九二二年於華盛頓海軍軍備會議上決定各國主力艦總噸比例的美、英、日、法、義五國所召開，商討潛水艇及驅逐艦等輔助艦的總噸比例。

根據倫敦會議的提案，美英對日的總噸比例原為十比六。這是比照華盛頓會議所制定的。對此，日本要求改為十比七。在日本首相濱口雄幸的鍥而不捨下，最後會議以十比六·九七五為極限答應修改，這才批准條約。

說起來，其他國家原本認為五比三比較恰當，可見日本在會議上相當努力。然而，這個結果卻讓日本的在野黨及軍部大為光火。認為濱口首相擅自更改天皇陛下所批准的比例十比七，此舉不但侵犯了天皇大權，亦等於侵犯統帥權。後來濱口首相遭到狙擊，遂於翌年內閣總辭職。到了一九三六年，日本退出海軍軍備會議。

我再三提到，不論是從海軍軍備比例或是從國力比例來看，都是為了限制美國。一旦日本退出會議，美國也就沒必要遵守比例。只要國力充沛的美國願意，想建造多少軍艦就有多少。

當時，一般日本人或許會覺得美英比日的比例為五比三或十比六簡直是種國恥。這與日俄戰爭後，日本沒有收取賠款而引發民眾騷動，引發日比谷公園縱火事件的道理是一樣的。因為日本政府沒有提供民眾正確的資訊，才會造成這種悲劇。比起國力，海軍軍備會議的規定對日本壓倒性地有利，而日本就這麼輕易地退出條約。

日本建立滿洲國，國際聯盟派遣李頓調查團

一九三一年，關東軍引發柳條湖事件。

關東軍在柳條湖附近的南滿鐵路線段進行爆破，藉口中國東北軍所下的手而攻擊張學良軍，佔領整個滿洲。這起事件被稱為滿洲事件（九一八事變）。日本政府喪失了掌控力，無法抑制軍部在滿洲的暴動。關東軍將溥儀帶到滿洲拱他上台，於一九三二年宣布建立滿洲國。

接著日本國內爆發了五一五事件，首相犬養毅遭到青年軍官暗殺，政黨政治實質上

宣告結束。

一九三二年，國際聯盟任命大英帝國的李頓伯爵擔任調查團團長，派遣調查團前往滿洲。

李頓調查團的報告大致如下：

「滿洲的主權在中國。但也應尊重日本的權益。因此，我建議在中國主權下，建立一個尊重日本的居住權及商圈、非武裝的自治政府。」

滿洲原是中國的領土。日本是入侵滿洲的侵略者。儘管如此，李頓報告當中卻提議，中國的主權雖不可動搖，但也應該尊重日本的既有權益，不如建立一個自治政府。

為了和平制止失控的日本，該報告要求日本在維護中國主權的前提下「捨名求實」。

一九三三年二月，李頓報告在國際聯盟以四十二比一比一表決通過。日本反對，泰國棄權。也就是說，一九三三年一月甫掌握政權的希特勒領導的德國以及墨索里尼率領的義大利也認同這份報告。

然而，日本拘泥承認滿洲國政權這點而否決這份報告，同時退出國際聯盟。日本就此脫離世界，陷入孤立。另外繼日本之後，德國（一九三三）與義大利（一九三七）也先後退出，國際聯盟逐漸變得無能為力。

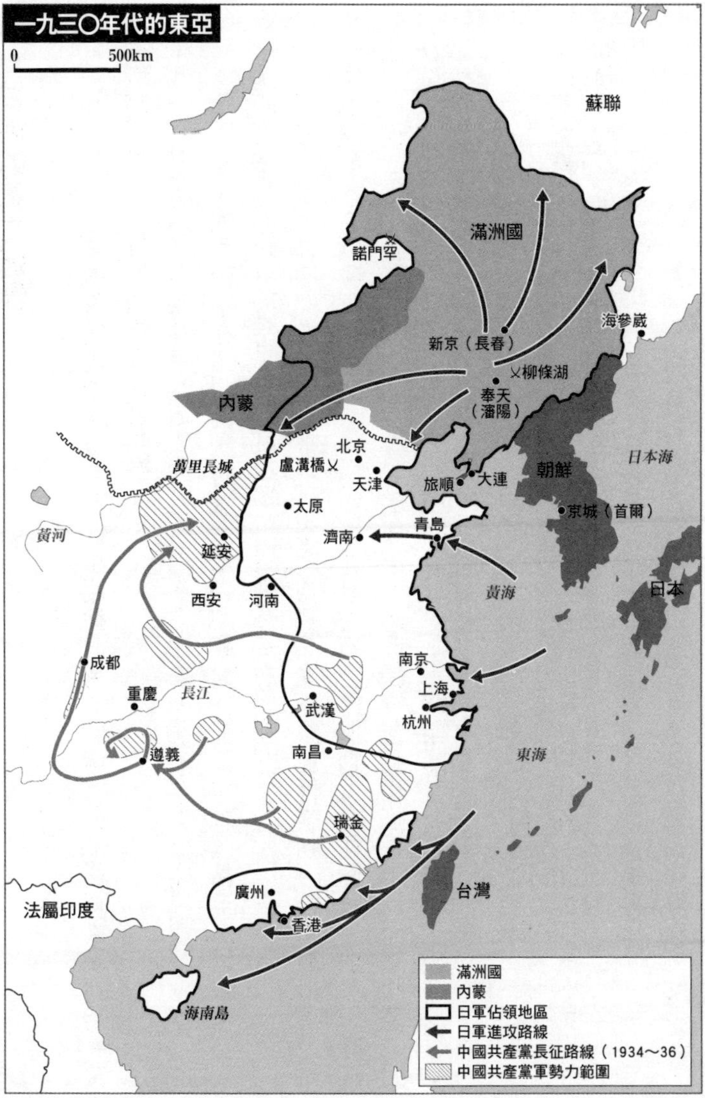
一九三〇年代的東亞
0
500km
蘇聯
滿洲國
諾門罕
海參崴
新京（長春）
柳條湖
奉天
（瀋陽）
內蒙
北京
盧溝橋
天津
旅順
大連
日本海
朝鮮
京城（首爾）
萬里長城
太原
青島
濟南
黃河
延安
西安
河南
黃海
日本
成都
南京
上海
重慶
長江
武漢
杭州
遵義
南昌
東海
瑞金
台灣
廣州
法屬印度
香港
海南島
滿洲國
內蒙
日軍佔領地區
日軍進攻路線
中國共產黨長征路線（1934～36）
中國共產黨軍勢力範圍

20 甘地的獨立運動

一九三〇年，甘地再度推動非暴力不合作運動。為了抗議大英帝國將食鹽列為專賣以抽取高額稅金，甘地到海邊自行製鹽。

此一抗爭運動（食鹽進軍）造成極大的影響，加速了非暴力不合作運動的推動。一般認為，大英帝國在一次大戰時派遣眾多印度兵在前線作戰，甚至還以戰爭結束後就讓印度獨立的花言巧語哄騙印度民眾，成了該運動興起的背景。

一九三一年，甘地與當時大英帝國的印度總督艾文勳爵進行談判，結果贏得英方做出一定的讓步。看到獨立曙光的甘地便中止非暴力不合作運動，前往倫敦參加英印圓桌會議。然而，這場會議並沒有得到多大的成果，印度獨立運動也陷入半途而廢狀態。另一方面，加拿大、澳洲、紐西蘭及南非則因一九三一年的《西敏法令》通過而獲准獨立，形式上與大英帝國形成共主邦聯。

一九三七年四月，大英帝國認為印度獨立勢不可免，故使緬甸脫離英屬印度，成為大英帝國直轄殖民地。這麼一來，即使印度獨立後也能夠確保緬甸。由此可知，大英帝國的殖民地經營方式相當冷靜且合理。

21 希特勒以電光石火之勢成為總理

始於黑色星期四的經濟大恐慌迫使美國開始提高資本，而被賠款的重擔壓得苦不堪言的德國經濟，又將再度瀕臨崩壞。一九三二年一月，德國總統興登堡終於發出聲明，表示根本付不出賠款。同年七月，主要國家針對此事於瑞士洛桑召開會議，將德國的賠款額刪減為三十億馬克（附帶一提，德國一直到二〇一〇年才償還完道威斯債券及楊格債券）。

這年七月，以打破反爾賽體系為訴求的納粹黨成了國會選舉的第一大黨。

一九三三年一月，興登堡總統指名第一大黨的黨主席希特勒擔任首相。當時的內閣就是聯合政府。在二十多名閣僚當中，包括希特勒在內，納粹黨閣僚僅三名。然而，希特勒卻立刻解散國會。二月，國會議事堂發生縱火事件，在現場逮捕到共產黨員。希特勒認定這次事件的主犯為共產黨，因而發布緊急總統令，限制言論自由，到了三月，則判共產黨不合法。而國會在改選後通過授權法案，建立希特勒的獨裁政權。威瑪共和國宣告終結。看來，這起國會縱火事件似乎是希特勒的陰謀。

一九三四年，興登堡總統去世。希特勒則繼他之後擔任元首。「元首」（Führer）在德語中意指領袖，專指希特勒。第三帝國就此成立。意思是繼神聖羅馬帝國、俾斯麥的德意志帝國後的第三個帝國。

一九三三年三月，富蘭克林．羅斯福就任美國總統。他採用「新政」（The New Deal）——推動公共投資事業的財政擴大政策來處理經濟大恐慌，重振了美國經濟。

22 第三帝國的伸長

希特勒藉由興建公共投資事業德國高速公路（Autobahn）與軍備擴張來處理經濟大恐慌。一九三五年，他無視於《凡爾賽條約》，導入徵兵制開始重整軍備。

害怕德國復興的法國，則於一九三五年五月與蘇聯簽訂《蘇法互助條約》。另一方面，大英帝國與納粹德國於六月簽訂《英德海軍協定》，以制止德國海軍增強。內容是德國的艦隊總噸位不超過英國的三十五％，潛水艇總噸為則不超過英國的六十％。然而，這項條約卻大幅跳脫《凡爾賽條約》中對德國的軍備限制：「海軍僅能擁有小型艦艇，嚴禁擁有潛水艇」。

說起來，《凡爾賽條約》中也嚴禁德國行徵兵制。沒想到大英帝國卻自行將《凡爾賽條約》視為具文。

一九三五年十月，義大利侵略衣索比亞。我認為，墨索里尼想訴諸羅馬的光榮，藉由擴張殖民地以擺脫經濟大恐慌。

到了隔年一九三六年二月，在西班牙，以共和左翼、西班牙工人社會黨、西班牙共產黨等為中心所組成的人民陣線贏得西班牙大選，組織人民陣線內閣。

三月，希特勒於實施徵兵制的一年後，出兵進攻萊茵蘭。這個地區是素有德國心臟部之稱的重工業地帶，後來在《洛迦諾公約》中被指定為非武裝地區。希特勒在萊茵蘭宣布撤銷《洛迦諾公約》，率兵進駐該地區。這時的德軍才剛重整軍備，戰力還很薄弱，假使英法這時採取毅然的態度，說不定之後的歷史發展會有截然不同的走向。可是，英法卻默許德軍進駐該區。

23 — 中國共產黨的大長征及毛澤東的崛起

希特勒擔任納粹德國元首的一九三四年，關東軍在滿洲成立滿洲國，由溥儀擔任皇帝。當然，實權則掌握在關東軍手上。

另一方面，蔣介石在中國提出「安內攘外」、「攘外（日本）必先安內（打倒中國共產黨）」的方針，攻擊共產黨。一九三四年十月，共產黨被逼退到位於長江以南的根據地瑞金，開始進行長征。簡而言之，就是被蔣介石追著到處逃。

在這場大逃難的途中，中國共產黨在位於瑞金以西超過一千公里的遵義召開幹部會議。在這場會議中，共產黨國際領導組織第三國際的想法與配合中國特有的歷史風土所孕育出中國特有共產主義的重要想法，產生了衝突。結果第三國際派在這場會議中敗北，由毛澤東掌握主導權。從這時開始，蘇聯共產黨與毛澤東之間的關係變成水火不容。

一九三六年，中國共產黨長征軍抵達萬里長城所在的陝西省延安，並於此地建立新據點。

24 在日本，軍部大臣「現役」武官制復活

一九三六年二月二十六日，希特勒進駐萊茵蘭，毛澤東抵達延安，而在同一天，日本有一群主張昭和維新的青年軍官發動政變，最後宣告失敗（二二六事件）。

同年五月，首相廣田弘毅恢復了軍部大臣「現役」武官制。此乃「文官統治」（Civilian Control of Military）的相對詞，亦即僅限現役軍人擔任陸軍大臣與海軍大臣的制度。這種制度對內閣影響重大。

比方說，假設政治家A打算重新組閣，不過陸軍卻討厭A。這時，陸軍就會拒絕派出接任者。不管指名誰都一律拒絕。這麼一來，A就不可能組閣。換句話說，只要採行軍部大臣「現役」武官制，那麼陸軍與海軍就能隨時倒閣。

這種制度是在一九〇〇年，陸軍軍閥的首腦山縣有朋擔任內閣總理大臣時所制定。對此，一九一三年擔任內閣總理大臣的海軍大將山本權兵衛將「現役」二字刪掉。這是為了保護議院內閣制。只要刪除軍部大臣的「現役」條件，就算只擔任過一年陸軍或海

軍的武官經驗也已足夠，這麼一來軍部就無法介入退役人事。

據說山本權兵衛刪掉「現役」二字時，惹毛了當時的陸軍大臣山縣有朋與陸軍，終生遭到冷遇。然而，由於廣田弘毅的愚昧之舉，使得內閣的命運再度掌握在軍部手中。

25 ── 西班牙與法國人民陣線的去向

一九三六年九月，在法國誕生了人民陣線內閣，以包括文化人在內的廣大左翼勢力為中心，由社會黨政治家布魯姆擔任首相。該內閣根據有薪休假法以及週四十小時勞動法，實現了假期與週末休假，但在親近納粹德國的右翼勢力阻礙下，造成政權基礎薄弱，於一九三七年垮台。

另一方面，一九三六年七月，西班牙軍人佛朗哥在摩洛哥對同年二月成立的西班牙人民陣線內閣發動叛亂。

希特勒留意到佛朗哥的起義。於是他利用西班牙作為實驗場所，將剛進行重整軍備階段所試作的飛機及車輛作為協助佛朗哥的武器投入。最具代表性的例子，就是一九三七年四月在格爾尼卡鎮發動無差別大空襲。畫家畢卡索對這場暴行深感憤怒，動筆畫下表現這場大空襲慘況的作品《格爾尼卡》。這幅作品在一九三七年巴黎萬國博覽會展出，獲得熱烈的迴響。

一九三六年是希特勒最光輝的一年。八月時在柏林舉辦奧運，成了向全世界展現希特勒威勢的絕佳機會。十月，他與義大利召開外交部長會議，結成「柏林－羅馬」軸心。德義陣營也因此被稱為軸心國。敵對陣營則是同盟國。以此為契機，德義兩國便公然協助西班牙的佛朗哥。接著在十一月，德國與日本簽訂《防共協定》作為圍堵蘇聯的策略。

同年十二月，大英帝國的愛德華八世堅持與曾離過婚、遭英國政府反對的美國籍辛普森夫人結婚，便捨棄皇冠退位。另外在美國，瑪格麗特·米契爾的文學名著《亂世佳人》也在這年出版。

26 從盧溝橋事變到第二次中日戰爭

一九三六年十二月，西安事件爆發。

在蔣介石麾下與中國共產黨作戰的張學良，監禁了滯留西安的蔣介石，並提出停止內戰等八項主張逼他同意。

然而，蔣介石沒那麼輕易更改方針，就這樣一直處於軟禁狀態。這時，毛澤東派遣周恩來從延安前往西安。之後，蔣介石與周恩來便朝國共合作方向開始進行交涉。

一九三七年七月，日中兩軍在北京西南方的盧溝橋爆發小衝突。日本以此為藉口，聲稱為保護居留民要派兵到華北。此外，日軍也在八月於上海開戰。中國則與蘇聯簽訂

《中蘇互不侵犯條約》，接受蘇聯的武器援助。

而蔣介石也堅定抗日的決心，中國國民黨政府就此決定與日本抗戰。此即第二次中日戰爭的開始。

第二次國共合作成立

一九三七年九月，第二次國共合作正式成立。

促成國共合作的蔣介石，在十一月從南京遷都重慶，向國內外展現對日本抗戰到底的態度。日本立刻向重慶發動無差別轟炸。這次大轟炸成為世界上首度針對大都市的無差別轟炸。飛機乃是繼戰車之後第五次軍事革命，在第二次世界大戰時，飛機與戰車的開發已臻完備。到了十二月，日軍佔領南京，造成眾多死傷者，是為「南京事件」。該事件的犧牲者人數因說法不同而差異甚鉅，少則數萬人，多達三十萬人。

一九三八年一月，日本的近衛文麿內閣發表聲明，稱「爾後不以國民政府為對手」。日本在此一令人匪夷所思的聲明當中聲稱不以交戰國的負責人為對手，令人難以理解究竟是出自何種退場策略考量。與日俄戰爭時伊藤博文的態度相差十萬八千里，令人不寒而慄。

27 希特勒併吞蘇台德區，爆發「水晶之夜」事件

一九三八年三月，德國與希特勒出生的故鄉奧地利進行合併。原本奧地利在一次大戰後想與德國合併，卻遭到《凡爾賽條約》的禁止。

希特勒引述威爾遜所提倡的民族自決理論，主張德國與同一民族的國家奧地利合併有其正當性。不僅如此，由於居住在與捷克斯洛伐克與德國國境接壤的蘇台德區德國人要求自治權，希特勒便要求將蘇台德區割讓給德國。並聲稱這是他最後一次領土要求。

對此，英、法、德、義四國首腦在九月出席大英帝國首相張伯倫主導的慕尼黑會議。會議中未經捷克斯洛伐克的同意，便決定將蘇台德區割讓給德國。英法大概認為，這麼一來希特勒就會停止要求了。張伯倫還聲稱已恢復和平，受到眾人的喝采。

十一月，在德國各地爆發了反猶騷亂。在俄文中，反猶騷亂（погром）是指在俄羅斯進行對猶太人進行集體掠奪、暴行或虐殺行為。由於當晚許多商店玻璃被打破成碎片，這起在德國爆發的反猶騷動又被稱作「水晶之夜」。自此，德國對猶太人的迫害變本加厲。

28 第二次世界大戰開打

希特勒才剛聲稱「這是最後一次領土要求」，獲得蘇台德區沒多久，隨即在一九三九年三月併吞了波希米亞與摩拉維亞（均位於現在的捷克）。這下子英法總算清醒了。

四月，佛朗哥將軍在西班牙贏得勝利，推翻人民陣線政府。

五月，德國與義大利簽訂《鋼鐵條約》，強化兩國的合作。接著在八月，希特勒又找史達林簽訂《德蘇互不侵犯條約》。

史達林不斷向英法示好。但厭惡共產主義的英法卻視若無睹。希特勒派密使向史達林提議聯手瓜分波蘭。史達林重視利益更甚於理論，自然附和這項提議。

為《德蘇互不侵犯條約》所困的日本

對德蘇簽訂《德蘇互不侵犯條約》最感意外的就是日本。

原因是，日本於一九三六年與德國簽訂《防共協定》，答應圍堵蘇聯。沒想到德國竟與蘇聯簽訂《德蘇互不侵犯條約》。當時日本的平沼騏一郎內閣留下「歐洲局勢錯綜複雜」的迷句後，宣布總辭職。

當時的日本開始出現外交能力衰弱的徵兆，像是國民政府遭到忽視、歐洲局勢錯綜複雜等。

這年五月，在滿洲與蒙古人民共和國的國境爆發諾門罕戰役，蘇軍與日軍在此發生衝突。這場衝突持續四個月，結果日本慘敗。原因是，日本戰車在強而有力的蘇聯戰車面前根本無用武之地。軍部隱瞞兩國機械化部隊能力的差距，沒有向政府高層報告。對外公開敗戰的事實，才能從失敗中學習並強化弱點，知己知彼，可是日本連這麼理所當然的事也辦不到。

德國侵入波蘭，英法無法容忍德國之舉，決定宣戰

希特勒與蘇聯簽訂《德蘇互不侵犯條約》後，隨即在九月侵入波蘭。蘇聯也跟著進攻，與德國瓜分波蘭。然而希特勒最大的誤算，就是在慕尼黑會議上同意蘇台德區割讓給德國而嘗到苦頭的英法，這次竟然沒有對波蘭見死不救。英法向希特勒宣戰，第二次世界大戰就此爆發。德國因剛實施重整軍備沒多久（僅四年），還沒做好正式開戰的準備（希特勒的目標似乎是在一九四三年發動大戰）。

不過英法也是一樣，還沒做好立刻作戰的準備。西部戰線一片寂靜，被稱為「怪戰」（Drôle de guerre）、「假戰」（Phoney War）。隔年一九四〇年五月，大英帝國舉辦大

選，結果由對德強硬派的邱吉爾擔任首相。

同年五月，德軍整備好對英法作戰體制後開始行動。在這場戰爭中，德國以曼施坦因將軍所策劃的閃電戰——以飛機及戰車帶頭攻擊——壓制英法軍。古德林將軍則率領裝甲部隊。

法國為抵禦德國的侵略，從很久以前起就開始沿著法德邊境修築堅固的大型要塞，稱作「馬奇諾防線」。馬其諾是當時法國陸軍部長安德烈．馬奇諾的名字。可是，德軍並沒有攻向法國邊境，而是先降伏比利時等低地三國，接著迅速進軍，壓迫英法軍撤至法國北部的敦克爾克。緊接著德國的裝甲部隊則進軍巴黎。

一九四〇年六月，墨索里尼見希特勒氣勢如虹，於是加入希特勒陣營參戰。法國投降後，七月，法國的一戰英雄貝當元帥在法國中部的維希建立與德國合作的政府（維希政權）。對此，戴高樂將軍則亡命倫敦（建立自由法國），對外呼籲撤抗戰到底。

由於法國已投降，希特勒便開始對英國發動空襲。這場從一九四〇年七月一直持續到一九四一年五月的空襲，稱作「不列顛空戰」。然而，這場空襲並沒有東京大空襲般來得慘烈。原因是，剛重整軍備沒多久的德國並沒有美國 B-29 超級堡壘轟炸機般的轟炸機。無法迫使邱吉爾屈服的希特勒，只好遵照向來的主張（獲取東方生存空間〔Lebensraum im Osten〕），將矛頭轉向蘇聯。

這年七月，過去德國世界戰略（3 B 政策）中的重點巴格達鐵路正式開通。

29 日本發動太平洋戰爭的過程

一九四〇年三月，日本擁立汪精衛（汪兆銘）為主席，在南京成立國民政府。日本打算與汪精衛政權談和，而非蔣中正，然而中國國民卻認為汪政府只是傀儡政權，不予認同。

七月，法國成立維希政權時，日本向貝當請求允許進駐法屬印度支那。名義上藉口阻斷美英蘇向中國輸送援助軍事物資的援蔣路線，實則想趁機坐收漁翁之利。到了九月，日、德、義簽訂《德義日三國同盟條約》。

根據渡邊延志的《虛妄的三國盟約——發掘．日美開戰前夜外交祕史》指出，三國同盟本來就不是能有效發揮機能的組織，而是當時的外務大臣松岡洋右自以為是所簽署的條約。原因是，松岡洋右被希特勒的大成功所吸引，認為只要與德國結成同盟，事情就會船到橋頭自然直。十二月，美國羅斯福總統在「爐邊談話（Fireside Chats，譯注：美國羅斯福總統所開創的廣播發言形式）」表示，「美國將成為民主國家的兵工廠」。

美國明確支持同盟國

一九四一年三月，美國制定了《租借法案》（武器租借法）。羅斯福總統如此形容該法案：「就像借鄰居水管救火一樣」，此一發言是繼「爐邊談話」後明確表示，原本處於中立立場的美國將踏向同盟國。在這個時間點，世界大戰的趨勢幾乎大勢已定。這是因為美國擁有壓倒性的國力。

四月，日本與蘇聯簽訂《日蘇中立條約》。然而，當希特勒於六月時發動德蘇戰爭（巴巴羅薩行動）後，日本也著眼於進攻蘇聯而在滿洲舉行大規模演習。

由於日本順利進駐印度支那北部，七月時進而進駐印度支那南部的西貢（現胡志明市）。對此，到了八月，美國決定對包括日本在內的「所有侵略國」全面禁運石油。這對石油儲存量只有兩年份左右的日本而言，可說是出乎意料的嚴厲處置。

八月，邱吉爾與羅斯福進行會談，對外宣布《大西洋憲章》。內容為陳述關於戰爭結束後世界秩序的構想。美國雖然尚未參戰，不過羅斯福卻懷有以美國為中心領導戰後世界的明確念頭。

到了九月，美、英、蘇在莫斯科舉辦第一次莫斯科會議，美國宣布蘇聯亦可適用《租借法案》。

日本遭到美國逼迫從中國及印度支那撤退後，遂於十二月在夏威夷的珍珠港發動突襲，展開太平洋戰爭。而受到俄羅斯的「冬將軍」（譯注：由於俄羅斯的冬天寒冷刺骨，故俄羅斯人稱寒冬為「冬將軍」）所阻擋的德國及義大利，也同時向美國宣戰。

30 美國的國力決定世界大戰的趨勢

一九四二年一月，美國羅斯福總統在華盛頓召集同盟國二十六個國家，發布《聯合國共同宣言》，表明與法西斯諸國抗戰到底，絕不單獨進行休戰、談和。由此可以體會羅斯福與邱吉爾的決心。而蔣介石則以聯合國中國戰區最高領導人的身份參加這場會議。

同年一月，納粹德國在柏林郊外召開萬湖會議，會中決定計劃性進行猶太人大屠殺（希伯來語：השואה，Shoah）。會議結束後，納粹集中營開始正式啟動，超過五〇〇萬名猶太人成為犧牲者。

由於美國參加同盟國軍，使得歐洲戰線的情況發生變化。美國開始對德國都市展開地毯式轟炸。三月時，美國先對波羅的海沿岸的大城市呂北克進行空襲。

另一方面，在太平洋戰爭中，日軍在序戰狀況絕佳，在東南亞屢創戰果。可是到了六月，日本在夏威夷西北方的中途島海戰損失四艘重要的航空母艦，開戰後僅過了半年，戰爭主導權便轉移到美國手上。接著在八月，美國登陸了位於新幾內亞以東、同時也是日本南方戰略重要據點的瓜達康納爾島。同月，美國開始執行曼哈頓計畫（製造原子彈）。

另外在十月，德國隆美爾將軍率領德義軍在埃及西部與英軍交戰，結果英軍獲勝（第二次阿拉曼戰役）。一九四二年尾聲，德軍與蘇聯軍在蘇聯南部窩瓦河畔的史達林格勒（現伏爾加格勒）持續進行激戰。這場戰爭始於一九四二年夏季，其戰況趨勢備受全球矚目。

納粹德國徹底敗給蘇聯，義大利向德國宣戰

一九四三年二月，德軍在史達林格勒戰役中終於投降。史達林贏得這場戰爭後，於五月解散第三國際。原因在於，比起維持國際共產主義運動的中心，史達林更重視利用同盟國一員的身份加入反法西斯戰爭的好處。儘管史達林有著與希特勒不分軒輊的殘酷人格，卻擁有卓越的商業感覺。比起意識型態，他更重視利益。

七月，德軍在位於烏克蘭東北的庫斯克會戰發動最後一次大規模進攻，但卻無法突破蘇聯堅固的陣地。在這之後，德軍轉採取守勢。同是七月，義大利國內爆發政變，墨索里尼遭到逮捕，誕生了新內閣（巴多格里奧政權），九月投降，到了十月開始向德國宣戰。穩操勝算的戰爭則中途參戰，一看戰況不妙就提早退出。擅長見風轉舵可說是義大利的傳統。

十一月，隸屬於日本的南京、滿洲、緬甸及菲律賓之四名首腦以及泰國代總理、印度的錢德拉·鮑斯出席在東京召開的大東亞會議。一般認為這場會議是為了對抗《大西洋憲章》。

31 第二次世界大戰即將落幕

在太平洋戰線方面，塞班島於一九四四年六月淪陷。美軍登陸塞班島後，將該島作為空襲日本的基地，開始對日本進行地毯式轟炸。自一九四四年底起，美軍對日本本土的空襲愈趨激烈。

而在歐洲戰線方面，同年六月，同盟國軍成功地發動諾曼第登陸。這讓德國陷入兩面作戰。同盟國軍自此開始展開大反攻。七月，羅斯福總統在新罕布夏州召集同盟國四十五國的代表，針對戰後經濟體制進行討論，決定設置國際貨幣基金組織（IMF）以及國際復興開發銀行（IBRD）（《布列敦森林協定》）。

八月，巴黎解放。同月，羅斯福召集美、英、蘇、中四國代表在華盛頓召開敦巴頓橡樹園會議。與會中商討聯合國憲章草案。羅斯福是名相當傑出的政治家，他不受戰況影響，始終著眼於建構有秩序的戰後世界。

九月，德軍開始使用V-2火箭。V-2火箭雖是種威力強大的兵器，但開發太晚，無法改變戰況。另一方面，無計可施的日本則開始組織以飛機撞擊敵艦的特別攻擊隊。

十一月，羅斯福在美國總統大選四度當選總統。

另外，美國的奧斯瓦爾德·埃弗里也是在一九四四年發現DNA是構成基因的主體。

一九四五年，德國與日本無條件投降

一九四五年二月，羅斯福、邱吉爾及史達林聚集在蘇聯克里米亞半島的雅爾達，決定德國的分割統治、聯合國的五個常任理事國享有否決權等戰後處理的大致框架。此外，蘇聯也決定對日參戰（雅爾達會議）。

四月，美國登陸沖繩，犧牲了不少民眾。同月，羅斯福總統去世，由杜魯門繼任總統。不過羅斯福已經制定好藍圖，因此美國的戰後處理戰略絲毫不受影響。四月召開的舊金山會議召集了同盟國五十國成員，商討聯合國憲章。六月成案，並舉行簽約儀式。

五月，德國無條件投降。希特勒自殺。

七月，同盟國的杜魯門、邱吉爾及史達林在德國波茨坦進行會談，對日本發布《波茨坦宣言》，催促日本無條件投降。日本卻置之不理。八月六日，美軍在廣島丟下原子彈；八日，蘇聯對日本宣戰後進攻滿洲；九日，美軍也在長崎丟下原子彈；八月十四日，日本接受《波茲坦宣言》，無條件投降。

第一次世界大戰的犧牲者約三七〇〇萬人，第二次世界大戰的犧牲者估計約五千萬人到八千萬人，使人類體驗前所未有的慘禍。另外，戰後一九五〇年的世界人口數量約達二十五億三千萬人。

第六章 冷戰時代

如果說用一句話來表現二十世紀後半的世界，那就是冷戰時代。也就是美國圈（自由主義、資本主義陣營）與蘇聯圈（共產主義、社會主義陣營），西方與東方的對立。這時期的熱戰，則是在朝鮮、越南及阿富汗等國所爆發的局部「代理人戰爭」（譯注：指兩個敵對國家不直接參加的戰爭。兩個敵對的力量利用外部衝突以某種方式來打擊另一方的利益或領地）。由於蘇聯的綜合國力敵不過美國，故特別加強軍事力及宇宙開發。有時蘇聯也會獲勝，美國受到刺激後始催生阿波羅計畫。就這點來看，冷戰促進了諸多科學技術的發展。

蘇聯毫不留情地以戰車踏平勢力圈下東歐諸國的反抗，對此，美國並沒有介入。原因是，蘇聯也擁有強大的核子武器。在冷戰體制下，只要在其中一方的陣營內平息紛爭，就能姑且保障安定。歸根究柢，核嚇阻作用（Deterrence theory）能防止東西兩陣營爆發全面衝突。

破壞冷戰的平衡關係的就是石油危機。從石油危機的對應方式來看，自由經濟與計畫經濟之間孰勝孰劣一目了然，蘇聯的戈巴契夫明白這點後才決心終結冷戰。

1——二次大戰後的東亞

在第二次世界大戰剛結束後的東亞，過去佔領該地區的日軍形同浮萍，隨後盟軍進駐，迎接權力交替時期。然而在這段權力空白期，東亞地區脫離列強的獨立運動卻如雨後春筍般地展開。

在緬甸，英軍於一九四五年驅逐日軍後進駐首都仰光，民族運動遂開始高漲；一九四八年，緬甸獨立。

而法軍雖重回越南，曾在第三國際接受指導的胡志明卻於一九四五年八月發動武裝起義，九月在河內建立越南民主共和國。這場起義被稱作越南八月革命，法國承認胡志明政府為法蘭西聯盟的一員，而胡志明也准許法軍駐留。然而到了一九四六年，雙方卻發生衝突，賭上殖民地獨立引發第一次法越戰爭（—一九五四年）。

另外，印尼於一九四五年八月十七日發布獨立宣言，可是過去殖民印尼的荷蘭卻不予承認。戰爭一直持續到一九四九年，最後印尼終於獨立。在這場戰爭中，有眾多舊日軍軍人加入印尼方面參戰。

同年八月，在中國，蔣介石與毛澤東於重慶展開會談。商討中國共產黨的統治地區（解放區）及國民政府的關係，會議一直延長，到了十月十日雙方終於達成共識，簽署《雙十（十月十日）協定》，避開引發內戰的危機。

至於在無條件投降的日本，盟軍最高司令官麥克阿瑟元帥於八月三十日到任。麥克阿瑟透過GHQ（盟軍最高司令官總司令部）來治理日本。而在德國，十一月時進行紐倫堡審判，審判納粹德國的戰爭犯罪。另外自一九四六年五月起，在東京召開審判日本戰爭犯罪的遠東國際軍事法庭。

2 提前激烈化的東西對立，及邱吉爾的「鐵幕」演講

一九四五年十月，聯合國很快便展開活動。由此可知，羅斯福所擬定的戰後世界和平構想有多穩固。

另外，一九四六年一月至二月期間在倫敦召開第一次聯合國大會，緊接著在同年三月，又召開IMF（國際貨幣基金組織）與IBRD（國際復興開發銀行，又稱世界銀行）的成立大會。

然而，世界未必會照著羅斯福所描繪的路線朝著和平安穩的方向前進。早在二次大戰末期起，以蘇聯為中心的共產主義陣營與以美國為中心的自由主義陣營之間就已經埋

下對立的種子，到了戰後則變本加厲。一九四六年三月，英國首相邱吉爾在美國密蘇里州富爾頓市發表「鐵幕」演講（在二次大戰喪失眾多殖民地的大英帝國，重新恢復「大不列顛及北愛爾蘭聯合王國」的名稱），讓全世界認識此一事實。

「從波羅的海的斯賽新到亞得里亞海的第里雅斯特，蘇聯已經拉下一幅鐵幕。」

同時，邱吉爾還主張必須建立反共聯盟。

另一方面，中國國民政府於一九四六年五月將首都從戰時的重慶遷回南京，六月，蔣介石發布全面進攻共產黨旗下佔四分之一國土的解放區，再度爆發國共戰爭。

一九四七年八月，印度終於贏得獨立。這時，信奉印度教的印度與信奉伊斯蘭教的巴基斯坦開始分治。巴基斯坦成為國土分成東西兩部份（現在的孟加拉及巴基斯坦），形狀變形的國家。

3—美蘇進入冷戰體制。馬歇爾計劃與共產黨和工人黨情報局

一九四七年三月，美國總統杜魯門於國會聯席會議上發表「杜魯門主義」，主張現在全球已分成極權主義與自由主義兩個世界，因此美國非得採取守護自由主義的政策不可。亦即明確表達封鎖共產主義陣營政策。

之後，美國對與共產游擊隊抗戰的希臘與土耳其提供軍事經濟援助。

到了六月，美國國務卿喬治．馬歇爾在哈佛大學畢業典禮上發表「馬歇爾計畫」（歐洲復興計畫）。馬歇爾計畫有著遠大的目的，即透過美國的經濟援助協助復興整個歐洲。杜魯門著手推動此一計畫。然而，蘇聯及被蘇軍解放建立共產政權的東歐諸國拒絕參加，結果只有西歐十六國參加馬歇爾計畫。

史達林在二次大戰中為了討美國歡心而解散第三國際，有鑑於戰後的世界局勢形成東西對立的圖式，深感有必要再度成立共產主義世界性組織，遂於一九四七年九月成立共產黨和工人黨情報局（Cominform）。參加者包括東歐七國以及法、義的共產黨。就這樣，歐洲分裂成東西兩陣營。

美國的評論家沃爾特．李普曼將上述東西對立、沒有爆發戰火的世界情勢，稱之為「冷戰」（cold war）。

另外在十月，美國主導的戰後體制的一環GATT（關稅暨貿易總協定）在瑞士日內瓦簽署。

4 蘇聯的柏林封鎖與第一次中東戰爭

德國遭到美、英、法、蘇四國分據佔領，蘇聯所佔領的德國首都柏林也同樣遭到分據佔領。美國為實施馬歇爾計畫，打算統合德國的三國共同佔領區（美、英、法佔領區）實施通貨改革。史達林對此提出抗議，遂於一九四八年六月完全封鎖柏林通往三國共同佔領區的道路及鐵路。而西柏林也因此變成蘇聯佔領區的陸上孤島。

對此，美國立刻採取對抗措施。也就是柏林空運。每隔數分鐘派遣一班飛機，食品等生活必需品完全採用空運方式運輸。柏林空運一直持續到隔年一九四九年五月，蘇聯總算解除了封鎖。可說是相當激烈的冷戰。

在柏林陷入一片混亂的一九四八年五月，英國結束了巴勒斯坦委任統治，以色列也宣佈獨立。聯合國於一九四七年十一月通過巴勒斯坦分割方案，提出建立阿拉伯國與猶太國共存，將耶路撒冷設為特別市，結果遭到阿拉伯諸國的反對。反對以色列單方面獨立的阿拉伯諸國軍隊進攻巴勒斯坦，展開第一次中東戰爭。這場戰爭最後在認可現狀下，於隔年七月結束。

朝鮮半島北緯三十八度線以北由蘇聯所佔領，以南則由美國所佔領，一九四八年八月，在南韓建立由李承晚擔任總統的大韓民國；接著在九月，於北韓建立由金日成擔任首相的朝鮮民主主義人民共和國。

5—NATO的設立與蘇聯的核爆試驗

一九四八年十二月，聯合國大會通過《世界人權宣言》。該宣言是歷經兩次世界大戰慘禍的教訓下所誕生，由前文及三十項條文所構成，堪稱為人類憲法。

戰後一直到《世界人權宣言》宣布的階段，都是在美國的倡導下進展。可是，蘇聯的頑固抵抗卻出乎意料。一九四九年一月，蘇聯與東歐五國（保加利亞、捷克斯洛伐克、匈牙利、波蘭及羅馬尼亞）成立經濟互助委員會（COMECON）。此乃對抗馬歇爾計畫的對策。

另一方面，西方十二國於四月簽署《北大西洋公約》，並成名為立北大西洋公約組織（NATO）的軍事同盟。此外在五月，建立德意志聯邦共和國（西德）。蘇聯為了與之對抗，於十月建立德意志民主共和國（東德）。德國就此分裂成東西兩國。

一九四九年九月，發生了一件令美國震驚的消息。那就是蘇聯的核爆試驗成功。美國獨占核武的時代結束，連帶大幅動搖美國對蘇聯的軍事優勢。

歐洲在一九五一年四月成立歐洲煤鋼共同體（ECSC）。該機構乃法國、西德、義大利及低地三國（比利時、荷蘭、盧森堡）決定共同管理戰爭根源煤與鋼所組成。該機構成為今日歐洲聯盟（EU）的基礎。

6 被迫轉換遠東戰略的美國，與命運的形勢開始改變的日本

一九四九年十月，國共內戰以毛澤東的勝利坐收。毛澤東宣布建立中華人民共和國，吞敗的蔣介石則逃到台灣。

到了隔年一九五〇年一月，英國承認毛澤東政權（英國以外的西方各國之後也一直認為台灣的國民黨政府為中國代表）。二月，毛澤東訪問莫斯科，與史達林簽署《中蘇友好同盟互助條約》。

二次大戰後美國的遠東戰略整體構想，就是與蔣介石聯手封鎖蘇聯。然而，關鍵人物蔣介石卻落敗。這時，美國注意到的就是「不沉空母」日本。決定讓這個國家盡快復興，作為對抗共產圈的防波堤。這麼一想，美國立刻決定重新擬定遠東戰略。

由於中國誕生新政權，促使美國國內的反共運動愈演愈烈，一九五〇年，美國參議員麥卡錫發起大規模紅色恐慌（將共產黨員及其同情者逐出公職及企業），稱之為「麥卡錫主義」。卓別林被逐出好萊塢的原因，也是源自麥卡錫主義。這波美國本土的風潮也吹至日本。到了六月，麥克阿瑟將二十四名日本共產黨的中央委員全都逐出公職，自此開始展開大規模赤色整肅。

六月下旬，北韓軍進攻大韓民國，韓戰就此開打。這時，由於擁有否決權的聯合國五大常任理事國之一蘇聯碰巧缺席，故聯合國安全理事會通過聯合國決議，認定北韓為

侵略者。於是組織聯合國軍介入韓戰。而聯合國軍的主體為在日美軍。

開戰當初，北韓軍壓倒性的強大，介入戰爭的聯合國軍向北壓制，進軍至北韓與中國國境的附近。到了十月，這次換成中國義勇軍參戰，使得戰況陷入膠著狀態。

7—韓戰與日本復興

一九五一年七月，在蘇聯的號召下，於北緯三十八度附近的開城與板門店召開韓戰休戰會談。一直到一九五三年七月會談才結束，簽署停戰協定。

對日本而言，韓戰成為復興的一大跳板。當時，由於歸還者回國造成日本人口增加，同時也因放逐戰犯與赤色整肅，使得管理階層年齡大幅下降。或許因冷戰體制的關係，美國也希望日本早日復興。逐一整頓復興條件。

此外，當時在GHQ的經濟顧問道奇所指導的財政金融緊縮計畫（道奇計畫。匯率固定為一美元兌三六〇日圓）下，正努力想辦法增加輸出之時，意外獲得韓戰所帶來的有效需求。即所謂的「朝鮮特需」，換算成現代的物價水準來看，總額約二十～三十兆日圓的有效需求持續四年之久。

就這樣，韓戰成了讓日本經濟復活的強力原動力。

韓戰休戰後又過兩個月，一九五一年九月於舊金山召開對日和會，日本與蘇聯、中國等共產圈及印度等部份中立國以外的同盟國成員簽署和約。這時，日本國內的輿論分成全面談和及單獨談和，兩派爭論不斷，最後日本首相吉田茂決定進行單獨談和。「趁早獨立方為上策。現在由美國領導全世界。說得極端點，就算對象只有美國也要談和。光是這樣就能促進日本經濟發展。」

接受日本國憲法、主導輕軍備及經濟發展的吉田茂不顧反對派的反對，在他的英斷下，對日本經濟發展帶來正面影響。

繼和平條約後，日本又簽署了《美日安保條約》。就這樣，戰後日本安全保障的方案建立在日本與美國的同盟關係上。另外在《舊金山和約》中，日本承認放棄朝鮮、台灣與千島群島，並同意沖繩交由美國託管。當時日本所放棄的千島列島範圍是否包括北方四島，日後成為引發日本與蘇聯之間關於北方四島爭議的開端。

日本在美國舊金山與同盟國四十八國談和，另外在一九五二年四月及六月分別與台灣及印度進行談和。

8 美蘇的氫彈試驗與第三世界的抬頭

一九五二年十一月，美國成功進行氫彈試驗，遙遙領先蘇聯。

一九五三一月，艾森豪繼杜魯門之後當選美國總統。他曾在歐洲擔任盟軍遠征軍最高總司令，是名國民英雄。三月，史達林去世，由將馬林科夫趕下台的赫魯雪夫接任共產黨第一書記。

八月，蘇聯也成功進行氫彈試驗。與核試爆成功相隔不過才四年。蘇聯拼命地想追趕超越美國。可是，蘇聯的GDP低於美國的三分之一以下。為了與GDP相差三倍的美國競爭軍事力，蘇聯選擇優先發展軍事，陷自己於困境。

召開萬隆會議

一九五二年七月，阿卜杜勒・納瑟率領自由軍官在埃及發動無血政變，將穆罕默德・阿里王朝的法魯克一世放逐國外，宣布實施共和制。納瑟終於受到世界的矚目。

一九五四年五月，在寮國附近的北越爆發奠邊府戰役，人稱「紅色拿破崙」的武元甲將軍率領越軍給予法軍毀滅性的打擊。到了七月簽署《日內瓦協定》，結束第一次印度支那戰爭，越南、寮國及柬埔寨獲得獨立。然而，越南以北緯十七度為分界分成南北兩區。以北為胡志明所領導的越南民主共和國，以南則是越南共和國（繼承曾是法國殖民地的越南國）。

六月，印度的尼赫魯總理與中國政務院總理周恩來會談，以共同聲明的形式發表和平共處五原則。和平共處五原則乃第三世界對於美蘇對立所提出的自我主張，內容如下：

「相互尊重領土及主權、互不侵犯、互不干涉內政、平等互惠、和平共存」。

九月，成立亞洲版的NATO「SEATO（東南亞條約組織）」。美國、英國、法國、澳洲、紐西蘭、菲律賓、泰國、巴基斯坦八個參加國於馬尼拉舉行會談，確認強化共產圈封鎖體制。

接著在十月，西方陣營在召開倫敦九國會議後簽署《巴黎協定》，除了同意西德恢復主權（獨立）與重整軍備，也同意西德加入NATO。

一九五五年四月，在印尼的萬隆召開萬隆會議。包括日本在內的二十九國出席這場會議，通過了由和平共處五原則所延伸的十項原則。

這場會議是由周恩來與印度的尼赫魯，印尼的蘇卡諾與埃及的納瑟所主辦，成功地對外宣告世界不是只有美國陣營與蘇聯陣營，還存在著以亞非新興國家為軸心的第三世界。

9—納瑟總統的蘇伊士運河國有化宣言

一九五六年六月，納瑟當選印度總統。推翻王制的自由軍官為守護基礎薄弱的共和國體制，因而向西方請求武器援助。可是，美國因顧慮猶裔群體，態度顯得相當消極。因此埃及為請求武器支援，不得不接近東方。

結果美國對此表示感到不快，拒絕對亞斯文水壩的融資。就任總統的納瑟遂於七月宣布蘇伊士運河國有化，以此作為對抗措施。

擁有蘇伊士運河利權的英法便暗中聯絡以色列，準備進行戰爭。到了十月，爆發第二次中東戰爭。然而，英法以軍的行動遭到美蘇強烈反對。在聯合國的決議下，到了十一月，英法以答應停戰。

就這樣，納瑟成了讓蘇伊士運河國有化的英雄，聲望也如水漲船高，被視為阿拉伯民族主義的旗手。

10 赫魯雪夫批判史達林與匈牙利一九五六年革命

一九五五年九月，蘇聯與東歐諸國發起華沙公約組織，以對抗NATO。

十月，奧地利宣布成為永久中立國。因此，維也納也成了東西兩陣營諜報機構活動的中心。這也是戰後的諜報小說與電影大多以維也納為舞台的原因。

一九五六年二月，赫魯雪夫在共產黨第二十次大會上嚴厲批判史達林對反對派所進行的大清洗以及過大個人崇拜。這原是祕密報告，卻由美國國務院所公開。而在史達林領導下所組成的共產黨和工人黨情報局，也於四月解散。

蘇軍武力鎮壓匈牙利一九五六年革命

與蘇伊士動亂同一時期（十月），在匈牙利爆發民眾群起暴動，要求深受民眾支持的納吉復任總理，發表中立宣言。對此，赫魯雪夫在十一月，趁世人的耳目都集中在蘇伊士運河時率軍進攻匈牙利。待鎮壓了暴動勢力後，隨即強行建立親蘇政權。

十月，日本與蘇聯共同發布《日蘇共同宣言》（談和）。關於北方四島領土問題，該宣言中明文記載：「蘇聯締結和平條約後就會將齒舞群島及色丹島移交給日本」。十二月，與蘇聯談和後的日本加入聯合國。

史普尼克1號成功發射

一九五七年八月，蘇聯自行將德國的V2火箭改良進化，成功研發出ICBM（洲際彈道飛彈）。對此，美國則於十二月研發出ICBM。

在這之前，蘇聯在核彈與氫彈的開發拼命追趕美國。這回蘇聯卻首度在軍事方面超越美國。緊接著在十月，蘇聯成功發射人造衛星史普尼克1號，對美國造成一大衝擊（史普尼克危機）。對此，美國則在隔年一月發射人造衛星（探險者1號）。這讓赫魯雪夫感到相當得意。隨後在十一月，赫魯雪夫宣布蘇聯在工業及農業生產方面將於十五年內超越美國。

一九五七年三月，法國、西德、義大利及比荷盧聯盟在巴黎會面並簽署條約，發起EEC（歐洲經濟共同體）。ECSC（歐洲煤鋼共同體）成立後六年，歐洲向經濟統合邁出一大步。

11 戴高樂就任法國總統

法屬阿爾及利亞於一九五四年組成民族解放陣線（FLN），以獨立為目標正式展開武裝鬥爭。另一方面，法國政府懦弱的態度讓駐阿爾及利亞的法軍感到不滿，遂在一九五八年五月，以「法國的阿爾及利亞」為主張發動政變。阿爾及利亞有不少自第一次印度支那戰爭歸還的士兵，駐留當地的軍隊人數也比本土多一倍。

法蘭西第四共和國政府對於這場佔領科西嘉島，目標進攻巴黎的政變束手無策，於是全權委託二戰英雄戴高樂。六月，老謀深算的戴高樂對阿爾及利亞發表演講：「我能理解各位的想法」，平息了這場叛亂。戴高樂於九月舉行公投，通過新憲法，十月時成立法蘭西第五共和國。接著在一九五九年一月就任總統後，立刻宣布非常事態並出面收拾。

戴高樂相當清楚，過去法國曾在中南半島與胡志明對抗陷入膠著狀態。於是在一九五九年九月，承認阿爾及利亞的民族自決。

對此，支持「法國的阿爾及利亞」主張的駐阿爾及利亞法軍及殖民者（Colons）覺得遭到背叛，大為憤怒。於是組織法國祕密軍組織OAS，企圖暗殺戴高樂。曾拍成電影的弗瑞德里克·福賽斯小說《胡狼末日》，就是以此為故事背景而寫成。政治家戴高樂身為軍人卻不徇私，冷靜地看清國家與民族的將來，他的決策值得讚賞。一九六二年，阿爾及利亞終於獨立。

12 古巴革命與達賴喇嘛逃亡

一九五九年一月，卡斯楚與格瓦拉推翻軍事政權，古巴革命大獲成功。卡斯楚在革命後隨即訪問美國，卻遭到冷淡的對待，因而接近蘇聯。一九六〇年八月，卡斯楚開始實施外國資產國有化，美國因此停止與古巴通商。然後在一九六一年一月與古巴斷交，四月時，派反革命軍登陸古巴（豬玀灣事件）。卡斯楚擊退反革命軍後，於五月宣布實施社會主義。

從上述看來，埃及的納瑟也好古巴的卡斯楚也罷，原先都無意反美。倒不如說他們是向美國請求援助。美國卻盛勢凌人地威脅他們，他們才會狗急跳牆反過來反美。不禁讓人覺得，隨著冷戰愈演愈烈，美國也逐漸喪失了寬容心。

一九五九年三月，藏區爆發叛亂，中國很快便派軍隊鎮壓，結果第十四世達賴喇嘛逃亡印度。

13 蘇聯火箭登陸月球，赫魯雪夫正春風得意

一九五九年九月，蘇聯的月球2號成功登陸月球。ICBM、人造衛星以及登陸月球均贏過美國，讓赫魯雪夫春風得意，訪美時與艾森豪總統舉行大衛營協議。兩國首腦達成共識，決定採取和平手段解決國際問題。有好一段時間，「和平共存」這句話成為全世界的口號。

當時，赫魯雪夫是認真考慮讓蘇聯在十五年後超越美國，成為世界第一大國。他在訪美歸途中順道拜訪中國。雖然赫魯雪夫與毛澤東進行會談，但對蘇聯產生不信任的毛澤東並沒有與蘇聯一同發表共同聲明。從這時起，中蘇對立開始激烈化。

一九六〇年五月，英國為了對抗EEC，創立以英國及北歐諸國為中心的EFTA（歐洲自由貿易聯盟），考慮對成員國有利的經濟統合，但終究還是無法對抗EEC，之後英國開始摸索加入EEC。

14 戰後世界秩序穩定的一九六〇年

二次大戰結束後過了十五年，正是一九六〇年。這一年，非洲大陸有十七個國家（其中有十三個國家脫離法國戴高樂政權獨立）達成獨立（非洲獨立年）。九月，伊朗、伊拉克、科威特、沙烏地阿拉伯、委內瑞拉五國組成OPEC（石油輸出國家組織）。該組織乃是石油生產國為掌握過去由國際石油資本掌控決定石油價格等的各項權利，因而組成卡特爾（Cartel）。

翌年九月，成立OECD（經濟合作暨發展組織）。該組織是由先進諸國組成的先進國俱樂部，改組自作為協助馬歇爾計畫的整頓組織所設立的OEEC（歐洲經濟合作組織），目標為協助發展中國家開發、藉由成員國之間彼此協調來穩定金融與擴大貿易等。

以美蘇冷戰為基調，世界各陣營的立場也變得更明確，可以說戰後世界的秩序是在一九六〇年開始穩定。而在這年二月，繼美蘇英之後，法國戴高樂政權也成功進行核試驗。另外在五月，發生美國祕密偵察機U-2在蘇聯被擊落的事件。由於美國承認間諜飛行，使得原訂在巴黎舉行的東西首腦會議流會。提前澆了「和平共存」一頭冷水。

15 甘迺迪登場、加加林飛向宇宙、柏林圍牆

一九六一年一月，甘迺迪就任美國總統。

四月，蘇聯成功進行人類史上首度載人航太。太空人加加林的發言「地球是藍色的」立刻傳遍全世界。

甘迺迪開始認真加入太空競賽，下令啟動為與蘇聯對抗而投入龐大預算的阿波羅計畫。

六月，赫魯雪夫與甘迺迪於維也納召開首度會談。然而，雙方在柏林問題上意見分歧，最後以決裂坐收。甘迺迪表態要守護西德到底。對此，赫魯雪夫於八月修建柏林圍牆力抗美國。

柏林分成東柏林及西柏林。原本往來東西柏林相當容易，因此厭惡蘇聯者就逃到西柏林，從此一去不返。赫魯雪夫為了阻止東德人逃往西德，硬是在東西柏林的邊界築起一道牆。

十二月，甘迺迪發表加強對南越的軍事援助，明確表態阻止在北越支援下所成立的NLF（越南南方民族解放陣線）之滲入與擴大。

16 艾德諾與戴高樂的遠見

一九六二年九月，戴高樂訪問西德首都波恩，與西德總理艾德諾進行會談。兩國領袖首度敞開心胸長時間會談。幸運的是，兩位領袖都具備長期視野。

兩位領袖都認為，身為西歐中心的法國與西德若失和，歐洲就會任憑美國為所欲為（戴高樂提出「歐洲人的歐洲」口號），連蘇聯也對抗不了。因此兩國絕不能發生戰爭，必須一直維持友好關係才行。於是兩國締結了名為「巴黎—波恩軸心」（法國—西德軸心）的深厚羈絆。

艾德諾與戴高樂也達成共識，不但編纂共同的歷史教科書，甚至還締結不少姊妹都市。另外他們也認為，只要國境相接的兩國都市締結為姊妹都市，加深日常交流，就不易引發糾紛。這是件兩國都必須忍耐，而且費時的工作。不過艾德諾與戴高樂都放眼長遠的未來。

一九六三年一月，艾德諾與戴高樂簽署將兩人的會談內容具體化的《愛麗舍條約》（法國．西德協約）。該條約是是基於每個月會面以化解雙方誤解的構想，由兩國首腦與部長定期集會所商討制定的條約。到了現在，兩國關係更進一步強化，各部部長甚至會出席另一國的閣議等。

同月，由於EFTA進展不順，英國遂申請加入EEC。英國這個國家，說好聽點叫身段柔軟，骨子裡是自國利益擺中間。

沒想到，戴高樂卻堅決回絕英國的申請，說「不需要貴國的加入」。原因是，歐洲人的歐洲不需要美國代言人的加入。

17—古巴危機、部分禁止核試驗條約與越戰

一九六二年十月，甘迺迪公佈蘇聯正在古巴國內興建導彈基地，強制封鎖海上。美蘇正處於全面核戰一觸即發的狀態，使得全球充滿一股緊張感（古巴危機）。但幸運的是，赫魯雪夫下令從古巴撤掉「攻擊性武器」，成功地避開古巴危機。

一九六三年八月，美英蘇簽署《部分禁止核試驗條約》。內容是除了地下實驗外，所有核試驗一律禁止。這是因為在古巴危機時，赫魯雪夫與甘迺迪在按下核彈發射鈕前一刻體認到核兵器的恐怖。認為若不減少核兵器，地球將會遭到破壞，最終做出削減核兵器的打算。然而，法國與中國對此卻提出抗議。原因是，該條約也反映出美英蘇想阻止後進國家參與核武競賽。

甘迺迪遇刺與北部灣事件

一九六三年十一月，南越爆發政變，吳廷琰政權遭到推翻，改建立軍事政權。由於吳廷琰政權的羅馬教廷優遇政策引發佛教徒的反抗，接二連三地發生放火自殺，連美國也束手無策。

到了十一月下旬，甘迺迪在遊說地德克薩斯州達拉斯遭到暗殺。

隔年一九六四年八月，美國發布美國驅逐艦在北越的北部灣遭到北越的魚雷艇攻擊（亦有說法認為此事純屬捏造）。基於這項原因，美國空軍於隔年二月開始在北越進行空襲。緊接著美國海軍陸戰隊登陸中越的峴港市，美國正式介入越戰。原因是，美國將北越與NLF（越南南方民族解放陣線）視為一體。

18 中蘇對立、赫魯雪夫失勢與第三世界勢力後退

一九六三年五月，在衣索比亞的皇帝海爾．塞拉西一世以及幾內亞總統塞古．杜爾等的奔波下，在衣索比亞的阿迪斯阿貝巴召開非洲獨立國家會議，並組成由三十國參加的OAU（非洲統一組織）（二〇〇二年，改組為非洲聯盟）。該組織的目的在於反對殖民地主義，促進非洲發展。

七月，中蘇兩國在莫斯科召開的中蘇會談上決裂，中共代表團回國。蘇共向全世界發表中蘇兩黨之間的論爭。就這樣，兩大共產主義國家交惡的事實公諸於眾。一九六四年一月，法國也承認中國。

設立於一九四五年的阿拉伯國家聯盟則在納瑟的提倡下，於一九六四年一月召開第一次阿拉伯國家聯盟首腦會議，到了五月，基於會議做出的決定成立以解放巴勒斯坦為目標的組織PLO（巴勒斯坦解放組織）。

一九六四年十月，中國成功進行核試驗，成為第五個核武器擁有國。

同月，蘇聯的赫魯雪夫失勢。試想一下，為什麼赫魯雪夫會失勢？原因在於赫魯雪夫的警覺性稍嫌不足，而且個性直爽坦率。所以對此感到不安的蘇共官僚才會開除他吧。

繼任的布里茲涅夫掌權後便開始修正赫魯雪夫路線，同時也嚴禁批判史達林。蘇聯就此進入世人所說的保守的布里茲涅夫停滯時代。

終於簽署《韓日基本條約》

一九六五年六月，日韓兩國在一九五二年的預備會議後經過七次會談，終於簽署了《韓日基本條約》。戰爭結束後已過了二十年。韓國是最靠近日本的鄰國，儘管兩國同樣與美國締結軍事同盟，但從日韓兩國關係恢復正常竟花費如此漫長的時間，就能明白兩國的關係確實相當微妙。韓國放棄對日請求權，日本則答應提供無償援助等。

八月，新加坡脫離馬來西亞獨立。

另外，在印尼爆發九三〇事件。這起事件是印尼軍方以共產黨發動政變計畫為契機（也有說法認為純屬捏造），推翻巧妙地採取國軍與共產黨兩大政治勢力進行分割統治的蘇卡諾總統。

第三世界雖在萬隆會議上向全世界展現其存在感，其勢力卻隨著諸領袖的退場而逐漸衰退。納瑟變成親蘇派，周恩來領導的中國與蘇聯不合，印度的尼赫魯於一九六四年去世，接著蘇卡諾也下台了。

拜第三世界國家的偉大領袖步調一致，第三勢力才得以在美蘇兩大強大勢力之間立足。但由於缺乏經濟力與軍事力，亞非國家的第三勢力之衰退自然也就勢在必行。

19 毛澤東——從大躍進的失敗到文化大革命

一九六五年一月，姚文元在中國發表一篇論文，標題是〈評新編歷史劇《海瑞罷官》〉。

這篇論文是在批判北京市副市長兼歷史學家吳晗所寫的《海瑞罷官》。海瑞是位清廉的政治家，因對皇帝直言進諫而遭到罷官。

姚文元斷言道：「海瑞是影射彭德懷，皇帝則是影射毛澤東。此劇是在批判毛澤東」。彭德懷是批判後面會提到毛澤東「大躍進」政策的政治家。

這件事成了文化大革命的導火線。文化大革命是以批判封建性、資本主義性文化，開創新社會主義文化為名目，在一九六六年五月發起於北京大學的壁報（大字報）。之後大肆宣揚《毛主席語錄》的紅衛兵打著「造反有理（意思是造反才是正論）」的口號，使整個中國陷入一片混亂。

文化大革命的背景究竟是什麼？

毛澤東受到赫魯雪夫所發出的豪語「蘇聯將在十五年內超越美國」啟發，在心生對抗意識下，於一九五八年發動大躍進。他聲稱要在三年內超越當時世界第二大國英國。

毛澤東骨子裡是個詩人，也是夢想家。而他所發動的大躍進，旨在建立以農民為主體的共產主義國家，創造眾人平等、沒有所得差距的世界。毛澤東否定蘇聯的計畫經濟型社會，並批判蘇聯是修正主義。

舉例來說，毛澤東認為採用農村的土法煉鋼就能輕易煉鐵。可是在現實中，採用大型製鐵廠的高爐才能大量生產便宜且堅固的鐵。採用土法煉鋼所生產的鐵有六十%是劣質品。另外，由於麻雀被當成害鳥進行驅逐，反倒助長害蟲增殖。

不出所料，大躍進運動完全失敗，甚至還造成自然災害。中國不但陷入前所未有的經濟危機，甚至有說法指出造成數以千萬計的死者。熟悉實務的劉少奇與鄧小平等實權派按耐不住，於是說服毛澤東。毛澤東進行自我批判，遂於一九五九年將中共國家主席之位讓給劉少奇。然而，在會議上嚴厲批判毛澤東的彭德懷卻遭到罷官。

就這樣，中國的營運遂轉交給劉少奇、鄧小平以及總理周恩來治理。毛澤東雖暫且將國家治理權轉交給實權派，卻無法容許中國變成像蘇聯般的修正主義國家。於是他計畫再次發起革命，奪回政權。此即文化大革命。這也是文革被稱作爭權鬥爭的原因。

中國在文化大革命期間優先開發軍事，一九六六年十月成功進行核彈發射實驗，之後在一九六七年六月也成功進行氫彈實驗。

20 戰況膠著化的越戰，造成美國人心慌亂

一九六六年六月，美國將轟炸北越的範圍擴大至北越首都河內及鄰近的海防。可是NLF的勢力未減，反倒拉美軍打游擊戰，使戰況陷入膠著。而在一九六八年三月，爆發美軍虐殺無抵抗之力村民的美萊村屠殺事件，另外越戰中美軍士兵戰死者人數高於韓戰，累計達十三萬六九五一人。這件事在對本國戰死者人數特別敏感的美國人心中留下陰影，加深了美國的厭戰氣氛。

事情演變至此，甘迺迪的後任總統詹森發表單方面部分停炸北越以及放棄競選連任。

到了五月，北越與美國在巴黎舉辦官方會談，進行談和。

然而，越戰使美國社會產生深邃的裂痕。民權運動領袖金恩牧師以及參議院議員甘迺迪（甘迺迪總統之弟）分別於四月及六月遭人暗殺。

在這樣的世界情勢中，聯合國於一九六八年七月簽署不擴散核武相關條約《核武禁擴條約》（NPT）。該條約意味著，至今擁有核武的美、蘇、英、法、中五國獨占核武。其中美國之所以熱心防止核武擴散的原因，是因為每當有新的核武器擁有國加入時，就會讓遊戲變得更複雜。

21—第三次中東戰爭及布拉格之春

一九六七年六月，以色列在察覺到埃及的納瑟與PLO的亞西爾．阿拉法特議長企圖引發戰爭後，採取先發制人，在六天內將耶路撒冷、西奈半島以及戈蘭高地歸為己有。以色列之所以壓倒性地強，最大的原因在於採用的美國製兵器遠比埃及等國所採用的蘇聯製常規武器來得優秀。第三次中東戰爭（六天戰爭）就此分出勝負。

另外，一九六七年七月，歐洲的EEC（歐洲經濟共同體）、Euratom（歐洲原子能共同體）及ECSC（歐洲煤鋼共同體）統合為一，成立EC（歐洲共同體）。英國主動退出EFTA，一九七三年加入EC。

一九六八年八月，華沙公約組織的戰車入侵捷克斯洛伐克首都布拉格，摧殘捷克斯洛伐克共產黨第一書記杜布切克所推動的民主化運動「布拉格之春」。蘇聯根據布里茲涅夫所提出的「布里茲涅夫主義」（The Brezhnev Doctrine）——為顧全社會主義國家陣營的利益，就算限制一國主權也無妨——理論，將此一暴舉正當化。

一九六八年，日本的名目GDP位居世界第二。大戰結束後才過了二十多年，日本便創下世界史上幾乎未有前例的壯舉。這也證明了以輕軍備、經濟成長為訴求的吉田茂做出正確的判斷。

22 中蘇武力衝突、阿波羅十一號登陸月球，與布蘭特的東方政策

一九六九年三月，中蘇兩軍在烏蘇里江的達曼斯基島（在中國稱作珍寶島）爆發武力衝突。到了七月，雙方在黑龍江也爆發戰火。這兩條河川均流經中蘇兩國的交界。接著在八月，中蘇兩軍也在新疆維吾爾區的鐵列克提進行交戰。

毛澤東在國內逐步推動文化大革命，壓制劉少奇與鄧小平的實權派。中共國家主席劉少奇在前年十月遭中國共產黨開除黨籍。

到了四月，毛澤東選擇林彪作為自己的接班人。林彪是個軍人，曾在對日抗戰與國共內戰立下功績。政府方面，毛澤東則派周恩來專執實務，成功奪取政權。

一九六九年七月，指令長阿姆斯壯等三名駕駛員搭乘美國阿波羅十一號飛船成功登陸月球。美國在宇宙開發方面終於超越蘇聯。

一九六九年九月，利比亞的青年軍官格達費上校推翻王制，建立阿拉伯利比亞共和國。

同月，越南國父胡志明去世。蘇聯部長會議主席柯西金在出席胡志明葬禮前，曾順道前往北京與周恩來進行會談，解決國境糾紛。

一九六九年十月，曾任西柏林市長的社會民主黨的布蘭特擔任西德總理。布蘭特認真思考如何改善與蘇聯及東歐諸國的關係，因此展開東方政策，為納粹德國的暴行謝罪。

由於布蘭特為人誠實，使得東方政策成為東西關係解凍的一大助力。

23 美中關係正常化

一九七〇年一月，美中在華沙再度召開大使級會談。前年才當選美國總統的尼克森正在摸索如何改善與中國的關係。另一方面，與蘇聯對立的毛澤東也認為有必要改善中國對美關係。毛澤東雖是詩人，但他的戰略眼的確相當準確。

三月，柬埔寨軍人政治家龍諾趁柬埔寨元首施亞努國王出遊時發動政變。到了四月，美軍開始發動進攻柬埔寨。這是因為美國從以前就推測，北越軍應是透過柬埔寨及寮國所謂的「胡志明小道」，將兵隊及物資運送到南越，然而抱持中立主義的施亞努卻不准美軍入侵。

四月，中國成功發射人造衛星。

美軍持續進攻柬埔寨，一九七一年二月，南越軍入侵寮國。

一九七一年四月，東巴基斯坦脫離西巴基斯坦，獨立為孟加拉人民共和國。巴基斯坦分成東西兩區，西巴基斯坦不斷榨取東巴基斯坦，西區的六十六%為旁遮普人，東區的九十八%為孟加拉族，兩區不論是在社會還是風土方面都截然不同。除了同為穆斯林外沒有其他的共通點，因此東西分裂自是理所當然。

乒乓外交與季辛吉訪中

一九七一年三月，在日本名古屋舉行世界桌球選手權大會，睽違六年參賽的中國隊於四月邀請美國隊到北京。對此，美國以發布對中貿易緩和措施回應中國。美中這一連串的互動被稱作「乒乓外交」，接著在七月，尼克森暗中派國家安全顧問季辛吉訪中，與周恩來進行會談。

歷經越戰及阿波羅計畫等之後，美國的財政與經濟陷入困境。尼克森是個為追求國益絕不猶豫的人。八月，尼克森發布美元防衛政策，主要內容為停止黃金兌換美元等。

結果造成美元大量出售且大幅貶值，引發尼克森震撼（The Nixon Shock），動搖全世界。

另一方面在中國，九月，毛澤東接班人林彪去世。

林彪遭人揭露，在看到毛澤東及周恩來與美國的交涉後，對於自己是否能掌權開始感到不安，因此企圖發動政變（另有說法認為純屬捏造）。林彪協同妻子搭飛機逃往蘇聯，沒想到所搭飛機竟在蒙古上空墜落，全員死亡。

十月，隨著中國加入聯合國，台灣退出聯合國（共產政權被承認為中國正統政權）。日本並不曉得季辛吉訪中一事，因此直到最後始終反對中國加入聯合國。

一九七二年二月，尼克森訪問中國並與毛澤東及周恩來會談，之後發表會談內容，是為上海公報。由於該公報的發表，促使中美關係正常化。中美自蔣介石離開中國大陸以來睽違二十多年，恢復友好關係。

一九七二年五月，沖繩歸還日本，被定為沖繩縣。有關沖繩歸還，先是於一九六九年十一月舉行佐藤－尼克森會談，接著於一九七一年六月日美兩國簽署《沖繩歸還協定》。

24 從水門案到越戰結束

在與中國關係恢復正常，並將沖繩歸還日本後，尼克森正打算解決越南問題，遂於一九七二年五月宣布對北越採取強硬措施。內容為強化轟炸北越，並以水雷封鎖北越所有港灣。

然而，六月時爆發了水門案。

水門案乃於一九七二年美國總統大選時，發現共和黨的尼克森陣營在位於華盛頓哥倫比亞特區的水門綜合大廈的民主黨總部安裝竊聽器，並逮捕五名嫌犯。

雖然尼克森幸運贏得總統大選，之後他也因涉及此案的事跡敗露，被迫辭職下台。

簽署越南和平協定

一九七三年一月，美國國安顧問季辛吉與北越的黎德壽特別顧問之間達成最終協議，簽署越南和平協定（《巴黎和平協約》）。並決定美軍將在三月以前從南越撤退。

一九七四年五月，印度成功進行核試驗。於是印度成為第六個核武器擁有國，瓦解了美蘇英法中五國獨占核武器狀態。八月，尼克森因水門案引咎辭職，由副總統福特繼任總統。

一九七五年四月，北越軍在美軍撤退後的中南半島上積極活動，紅色高棉（柬埔寨共產黨）侵入柬埔寨的金邊，接著南越的西貢也跟著淪陷。始於一九六〇年的越戰（第二次印度支那戰爭）終於結束。

25 皮諾契特的政變、第四次中東戰爭，及石油危機

一九七三年九月，南美的智利爆發政變，人民團結聯盟政權的阿葉德總統慘遭皮諾契特將軍襲擊官邸而亡。

這場政變，是軍方行使暴力推翻經合法選出的政權。在這之前，西方陣營諸國從未發生這類事例。不僅如此，皮諾契特在往後長達十六年的軍事獨裁政權時代殺害了數萬名政敵，而流亡者高達一百萬人，佔人口的十%。

OPEC在第四次中東戰爭的發現

在埃及，納瑟死後，由盟友沙達特繼任其位。沙達特計畫奪回在第三次中東戰爭中遭以色列奪走的土地，遂於一九七三年十月突襲以色列。是為第四次中東戰爭。

在這場戰爭中，OPEC（石油輸出國家組織）的阿拉伯產油國實行石油戰略。即禁輸石油給以色列支援國以及調漲油價為公示價格的兩倍。姑且不談石油自給率高的美國，此一戰略的實施，使得仰賴中東石油的日本及歐洲經濟大受打擊。這場大騷動被稱為石油危機（Oil crisis），在日本甚至出現洗劑及衛生紙的搶購風潮。而在一九七九年，同樣也發生OPEC調漲油價所造成的石油危機。

在第四次中東戰爭中，OPEC發現石油是相當強力的武器。

26─兩德基礎條約、先進國高峰會，與西班牙波旁王朝的復活

一九七二年十二月，東西德簽署《兩德基礎條約》。該條約內容為東西德彼此承認主權，促進關係正常化。促使《兩德基礎條約》得以完成簽署的過程中，布蘭特的東方政策可說是貢獻良多。一九七一年，布蘭特因和平外交的成果榮獲諾貝爾和平獎。

一九七五年十一月，美國、英國、西德、義大利、日本等六大先進國於巴黎西南方的杭布葉召開先進國高峰會（summit）。若是在聯合國在思考全球問題時，由於蘇聯與中國擁有否決權，使得議論進展不易。故召集西方陣營的主要先進國，製造商討的機會。翌年加拿大也加入，變成G7。

同月，西班牙總統佛朗哥去世。根據其遺言，由波旁王朝的胡安．卡洛斯一世即位。佛朗哥將胡安．卡洛斯一世帶離父親身邊，對他實施帝王教育。

然而，胡安．卡洛斯一世卻大膽地轉換跑道，改走民主化路線，西班牙因此成為君主立憲制國家。

27 毛澤東去世後改採鄧小平體制，中日邦交正常化

在沖繩歸還日本後，自民黨舉辦總裁選舉，田中角榮歷經激烈的選戰後擊敗福田赳夫，就任首相。田中角榮於一九七二年九月訪中，與周恩來進行交涉後發表《中日聯合聲明》，終於達成日中邦交正常化。

一九七三年三月，在中國，實權派的鄧小平復權。

當時，周恩來已罹患癌症。眼下擁有足以治理廣大中國的高度實務能力的人才只有鄧小平。因此毛澤東才讓鄧小平復權，支持周恩來。

一九七六年一月，不世出的實務家周恩來去世，華國鋒被選為國務院代總理。在這期間，文革派的四人幫（江青、王洪文、張春橋、姚文元）與鄧小平起衝突，結果鄧小平再度失勢。翌年一九七七年七月，鄧小平三度復權。為收拾文化大革命所造成的混亂，光靠華國鋒的力量是不夠的。藉由能力卓越、實務經驗豐富的鄧小平之手，才得以收拾中國這場長達十餘年的混亂。

之後，中國由主張「不管黑貓白貓，捉到老鼠就是好貓」的鄧小平掌權，開始朝優先發展經濟的國家向前直衝。

一九七八年八月，為慶祝簽署《中日和平友好條約》，鄧小平訪問日本。另外，中國共產黨於十二月決定將黨的重點轉移在近代化建設上，正式啟動鄧小平體制。

28 沙達特與以色列和平共處，若望．保祿二世被選為教宗

在中東，埃及總統沙達特接近美國，開始考慮如何打開與以色列的局面。一九七七年十一月，沙達特突然訪以，並在以色列國會上進行演講，自以色列建國以來，埃以兩國四度交戰，沙達特呼籲兩國應進行破冰和解。到了翌年一九七八年九月，埃及、以色列及美國在美國總統卡特的提倡下，簽署了中東和平綱要（《大衛營協議》）。

一九七九年三月，埃及與以色列簽署了《埃以和約》，以色列將在第三次中東戰爭時奪取的西奈半島歸還給埃及。

而在羅馬教廷，若望．保祿二世於一九七八年十月被選為教皇。若望．保祿二世是波蘭人，實乃睽違四百五十年選出非義大利人的教皇。他不僅為十字軍東征等過去羅馬教廷所犯的過錯向大眾道歉，同時也開始著手推動羅馬教廷真正的近代化。

29 波布的大屠殺及中國的先富論

波布乃是柬埔寨的統治者，一九七五年以紅色高棉的最高領導人身份率領紅色高棉入侵金邊，也是毛主義者。一九七八年一月，波布越境攻擊越南。一九七八年十一月，

越南與蘇聯簽署友好協力條約；十二月，越南進攻柬埔寨；一九七九年一月，建立韓桑林政權。

由於韓桑林政權的建立，才揭露波布政權實施大屠殺的實態。據說波布針對都會區的知識份子，殺害將近百萬人。

中國設立四大經濟特區

一九七九年二月，中國因越南攻擊盟國柬埔寨而進攻北越北部，展開長達約一個月的戰爭。結果中國軍遭到重大損害而撤退。

同年七月，鄧小平公佈改革開放政策，根據先富論（讓可能富有者先富起來，同時幫助落伍者）設立四大經濟特區。經濟特區是指形成以輸出為主要目的的產業構造，同時對外國資本實施特別優惠措施的地區。深圳、珠海、汕頭及廈門被指定為經濟特區。

30 ─ 伊朗伊斯蘭革命、伊朗人質危機，以及蘇聯－阿富汗戰爭

一九七九年二月，伊朗在伊斯蘭教什葉派十二伊瑪目派的大阿亞圖拉（譯注：伊斯蘭教中最高的教職人員地位。宗教領袖）霍梅尼的領導下發動革命，推翻巴列維王朝（第

二任穆罕默德—李查・巴勒維沙王於一月時逃到埃及）。自此，伊朗便從君主立憲制轉為伊斯蘭共和制。

七月，在伊拉克成立了薩達姆・海珊政權。自此，伊拉克一直處在海珊的獨裁政治下。

在霍梅尼發動革命後，伊朗前任沙王（Shah）以治療癌症為名目進入美國，對此表示抗議的學生遂於十一月佔領德黑蘭的美國大使館，將館員作為人質，要求美國交出前任沙王。由於這起事件難以解決，一直到一九八一年一月才解放人質。這起事件成為促使兩國交情惡化的決定性關鍵。

一九七九年十二月，蘇軍進攻阿富汗。

當時的阿富汗正處於內戰狀態，親共的阿富汗人民民主黨政權與自稱是聖戰者（Mujahideen）的伊斯蘭宗教組織爆發對立與抗爭。國境與阿富汗相接的蘇聯為防止伊斯蘭原教旨主義流入領土內，同時也為了支援阿富汗親蘇政權，遂率兵進攻阿富汗。

對此，美國以「敵人的敵人即是朋友」為由，提供聖戰者武器。

然而，聖戰者並非堅若磐石的組織。

該組織當中也有不少為了伊斯蘭復興運動不擇手段的過激派（即所謂的伊斯蘭原教旨主義）加入。美國基於「敵人的敵人即是朋友」理論所提供的武器與彈藥大多交到這群過激派的手上。歐瑪所率領的塔利班（意思是神學士）以及蓋達組織（基地之意）的創立者奧薩瑪・賓・拉登，就是從這群過激派中誕生的。

另外，「原教旨主義」一詞在美國原是用來指信奉《聖經》乃正確無誤的保守新教徒，因此也有人批判該詞不應該用在伊斯蘭教上。

31 南斯拉夫內戰、兩伊戰爭與波蘭的「團結工聯」

一九八〇年四月，美國的卡特總統宣布與引發伊朗人質危機的伊朗斷交，並發動經濟制裁。同時美國也擬定拯救美國大使館館員的作戰計畫，卻宣告失敗。這起事件成了卡特政權的致命傷。

五月，南斯拉夫總統狄托去世。南斯拉夫在痛失貫徹自成一格的社會主義領導者後，最終分列為斯洛維尼亞、克羅埃西亞、馬其頓共和國、波士尼亞與赫塞哥維納、塞爾維亞、蒙特內哥羅及科索沃七國。在這過程中，爆發了悲慘的內戰（一九九一－二〇〇〇）。

九月，伊拉克的海珊總統在得到美國的支援後進攻伊朗（兩伊戰爭）。

這場戰爭持續八年之久，卻沒有分出明顯的勝負。從人口比例來看，明顯看出伊朗是個大國。然而伊拉克有美國的武器與資金援助，加上波斯灣沿岸產油國唯恐受到霍梅尼所領導的伊斯蘭革命的波及而支援伊拉克，拖長這場戰爭。戰爭的結果，伊拉克成為軍事強國。

一九八一年九月，波蘭的獨立自治工會「團結工聯」在格但斯克召開第一次大會，推選萊赫·華勒沙為議長。在共產獨裁國家召開自治工會大會這件事，足以證明民主化運動的盛行。波蘭國內氣氛頓時變得緊張，一九八一年十二月波蘭政府發布戒嚴令，逮捕華勒沙，不過在一九八二年便釋放他，同時也停止戒嚴令。

32 鄧小平成為「造王者」／福克蘭戰爭與《聯合國海洋法公約》

一九八一年六月，中國共產黨通過一項歷史性決議，即否定文化大革命，並評價毛澤東「功績是第一位的，錯誤是第二位的」。結果，深受毛澤東信賴的華國鋒落選黨中央與中央軍職位。而在中國共產黨黨規規定，重要大事全都效法鄧小平同志的經驗與智慧。

不同於毛澤東終生君臨中國共產黨主席的寶座，鄧小平採取讓胡耀邦（總書記）與趙紫陽（總理）站在幕前，自己位居幕後的方式。毛澤東為第一代領導，鄧小平則成為第二代領導。此外，鄧小平還指名第三代及第四代領導，亦即江澤民與胡錦濤。既然造王者（Kingmaker）已決定好下任領導了，江澤民與胡錦濤的背後自然有強大的權威撐腰。不過第五代領導習近平背後就沒有如此強大的權威撐腰。關於這部份，我想可作為解讀鄧小平行動的關鍵之一。

一九八二年四月，柴契爾夫人為首的英國政府圍繞著位在阿根廷近海的福克蘭群島領有權，與阿根廷政府爆發戰火（福克蘭戰爭）。現在該島的領有權歸於戰勝的英國。

十二月，聯合國簽署《聯合國海洋法公約》。該公約規定，領海（該國主權所及的沿海）定為十二海浬，經濟海域（以該國經濟利益為優先的海域）定為兩百海浬。一海浬等於一八五二公尺。

33 戈巴契夫登場與《廣場協議》

一九八一年一月，雷根就任美國總統。一九七九年五月，英國成立柴契爾夫人政權，這兩人都提倡新自由主義，企圖重建經濟。

一九八二年，蘇聯的布里茲涅夫總書記去世。一九八五年三月，米哈伊爾．謝爾蓋耶維奇．戈巴契夫就任蘇聯共產黨中央委員會總書記，打著經濟改革（перестройка）與開放政策（гласность）的旗幟，改走大膽的改革開放路線。

九月，美國、英國、法國、西德及日本五大先進國的財政部長及中央銀行行長（簡稱G5）在美國紐約廣場飯店召開會議，發布《廣場協議》。該協議的目的，在於透過協調性美元貶值以重建出現巨額雙赤字（twin deficits）的美國經濟。結果在協議簽訂後的一年內，日圓兌美元匯率從一美元兌二三五日圓飆漲為一美元兌一五〇日圓。

十一月，在日內瓦舉辦美蘇兩國首腦會談，戈巴契夫首度與雷根面對面。

一九八六年四月，在蘇聯烏克蘭發生車諾比核子事故。直到現在，據說該事故的死者多達數萬人。

十月，在冰島首都雷克雅維克舉行第二次美蘇兩國首腦會談。

一九八七年三月，蘇聯外交部長愛德華．謝瓦納茲表示將在一九八八年底前完全撤出阿富汗。

十二月，在美國華盛頓舉行第三次美蘇兩國首腦會談，兩國簽署《中程飛彈條約》。該條約有助於保障歐洲的安全。

儘管如此，戈巴契夫與雷根的首腦會談頻率之高令人驚訝。柴契爾夫人也很早就認同戈巴契夫，說：「他是可以打交道的人」，看來包括柴契爾夫人在內這三人相當氣味相投。

同月，在巴勒斯坦爆發巴勒斯坦人抵抗以色列運動，稱作第一次巴勒斯坦大起義。

一九八八年六月，在莫斯科舉辦第四次美蘇兩國首腦會議。

七月，戈巴契夫在華沙公約組織首腦會議上宣布名為「布里茲涅夫主義」的有限主權論無效。

九月，緬甸爆發政變，成立軍事政權。該政權將帶領緬甸民主化運動的翁山蘇姬軟禁在其宅邸中。

十二月，戈巴契夫在聯合國大會上聲明計畫刪減蘇軍五十萬人，他對軍縮的熱忱讓全世界印象深刻。此一舉動成為美蘇關係恢復的決定性關鍵，毫無疑問，東西陣營的冷戰正邁向終結。

34 冷戰的終結（馬爾他峰會）

一九八九年二月，蘇軍完全撤離阿富汗。阿富汗人民民主黨在一九九二年瓦解，一九九六年，塔利班雖鎮壓喀布爾，阿富汗內亂仍然持續不斷。

六月，中國爆發天安門事件，在鄧小平堅定的意志下，這個由學生及民眾所發起的民主化運動遭到武力鎮壓。事件的經過經由媒體報導傳遍全世界，鄧小平也遭到輿論強烈譴責。

七月，戈巴契夫在法國史特拉斯堡發布「共同歐洲家園」（Common European Home）構想。他說，「歐洲是大家的共同家園，在家園中誰也不許爭吵」。戈巴契夫在這場演講中，誓言要徹底廢除有限主權論。過去，蘇聯戰車曾踐踏東歐諸國民主化運動等民眾意志，而現在蘇聯再也不會做出這樣的舉動。

東歐諸國深信戈巴契夫的這番發言，接二連三地爆發革命。匈牙利繼六月成為非共產黨國家的波蘭之後，於十月修改憲法，正式成為民主國家；十一月，柏林圍牆倒塌，東西德可以自由往來；而在捷克斯洛伐克也爆發天鵝絨革命；到了十二月，在羅馬尼亞實施獨裁體制的壽西斯古遭到逮捕與處刑。

同樣在十二月，美國總統喬治．布希（父）與戈巴契夫召開馬爾他峰會。兩國首腦達成停止冷戰的共識。

冷戰就這樣宣告終結，可以說，冷戰的終結是受到戈巴契夫一連串大膽提案與行動的重大影響所致。

成為冷戰終結關鍵的石油危機

所謂冷戰，是指以美國為中心的資本主義陣營與以蘇聯為中心的社會主義陣營一邊避開全面性武力衝突（只要擁有核武器就會造成兩敗俱傷，因此雙方絕不可能爆發全面戰爭），一邊相互競賽鬥智。因此，在越南與阿富汗發動的戰爭也帶有美蘇代理戰爭的性質。

冷戰也是自由經濟體系與計畫經濟體系的戰爭，而石油危機成了如實呈現兩大經濟體系孰優孰劣的一大契機。

在一九七三年的石油危機，OPEC一口氣將油價調漲兩倍之高，使得依賴中東石油的西歐及日本經濟大受打擊。那麼東方陣營又是如何？

東方陣營的石油與天然氣幾乎全由蘇聯供給。蘇聯目睹西方陣營因油價高漲而陷入混亂的局面，便趁此良機，維持石油與天然氣低價不予調漲。好讓東方陣營的民眾體會計劃經濟體制的優勢。

然而，隨著石油危機接二連三地發生，西方諸國也開始構思對策。為減少石油用量，在各方面不斷下功夫與努力研發，結果促進了技術革新。人類愈是處於困境，愈會努力想出解決辦法。西方國家的經濟歷經北風的鍛鍊後，反而變得更強。

另一方面，東方諸國因能充裕使用石油，即使是耗油量高的機械也無須改良，只要維持現狀就相當夠用了。然而在不知不覺中，東西陣營的技術力差距竟成了決定性關鍵。經過實證後可知，市場（自由經濟）比人腦（計劃經濟）還要聰明。

戈巴契夫大概是看穿了這點。他了解到，如今東方陣營再怎麼打腫臉充胖子，也無法在軍事力或是生活水平方面贏過西方陣營。唯有改變冷戰這一世界體制才行，因此戈巴契夫才會下定決心終結冷戰。

就這層意義上，我認為戈巴契夫是位在世界史上值得受到高度評價的領袖。可是站在蘇聯的立場來看，戈巴契夫的作為形同親手毀掉自己辛苦建立的東方陣營，就不難理解他為何會如此不受歡迎。

35 蘇聯的瓦解與消滅，以及波斯灣戰爭

一九九〇年二月，在南非，與南非種族隔離（Apartheid）政策持續抗戰，於一九六四年入獄的納爾遜·曼德拉獲得釋放。南非總統戴克拉克將曼德拉當作夥伴，企圖與南非種族隔離體制訣別。

三月，非洲最後的殖民地納米比亞脫離南非獨立。

同月，波羅的海三國中的立陶宛及愛沙尼亞脫離蘇聯獨立。剩下的拉脫維亞也於五月獨立。六月，蘇聯的中心俄羅斯宣布恢復主權。蘇聯開始步上實質解散的道路。

八月，伊拉克開始攻佔位於波斯灣最深處的科威特。其背景在於，伊拉克總統海珊為了償還兩伊戰爭時的巨額戰時債務，於是發動OPEC減少石油產量並調漲油價，可是科威特卻視若無睹。

十月，德國統一。這是在柏林圍牆倒塌後不過才一年所發生的事。

十一月，提倡新自由主義重建經濟的鐵娘子柴契爾夫人辭去英國首相一職。

一九九一年一月，以美國為中心的多國部隊獲得聯合國決議授權行使武力手段，開始空襲伊拉克，波斯灣戰爭正式開打。科威特在多國部隊協助下獲得解放，三月，海珊全面接受停戰條件。

二月，南非決定廢除規定南非種族隔離制度的基本三法。

六月，在俄羅斯舉行俄羅斯共和國總統大選，鮑利斯．尼古拉耶維奇．葉爾欽大獲全勝。另外，經濟互助委員會與華沙公約組織也先後在六月及七月解散。

七月，在英國倫敦召開的G7峰會邀請戈巴契夫參加。俄羅斯自一九九四年起成為G7峰會的成員，G7也改名為G8（不過二〇一四年因俄羅斯佔領克里米亞半島，G8遂發表《海牙宣言》凍結俄羅斯的參加權，現在名稱改回G7）。同月，美蘇簽署《第一階段削減戰略武器條約（START I）》，開始進行計劃性軍縮。

八月，蘇聯爆發反自由化政變。葉爾欽盡力鎮壓政變，戈巴契夫則權威失墜。

十二月，蘇聯的十一個共和國首腦群集在哈薩克，簽署《阿拉木圖宣言》，蘇聯就此消滅，並決定成立獨立國協（CIS）。蘇聯自一九一七年十一月的俄羅斯革命起長達七十四年之久的歷史，就此劃下句點。

36 布希的冷戰勝利宣言及地球高峰會

一九九二年一月，美國總統老布希接獲蘇聯消滅的消息後，發布冷戰勝利宣言。同時也開始刪減國防預算及展開和平紅利（peace dividend）。

所謂和平紅利，是指隨著冷戰結束，蘇聯這一強敵也不復存在，故將至今所開發的軍事技術轉用於民間以協助經濟發展的戰略。其中，讓全世界最為受惠的技術就是網際網路。

美國在冷戰爆發後（尤其是毛澤東在國共內戰大獲勝利以來），仍然一貫秉持將日本當作對付共產圈的不沉空母，協助日本成長。日本如同倚靠父母生活的小孩般，從纖維及鋼鐵業起到汽車、半導體等依序發展美國的基幹產業。這些產業的輸出國絕大部分為美國。

超級大國美國對日本一直很寬大，然而在越戰時的不景氣及政治不安當中，開始實施「重挫日本」（Japan bashing）的政策。特別是進入一九八〇年代後，日本的汽車產量已超越美國，位居世界之首，甚至在美國開始出現毀壞日本車的風潮（底特律問題或日美貿易摩擦）。

像這樣，美國經濟一直到十年左右以前一直處在千瘡百孔的狀態，隨著網際網路導入民間後促使ＩＴ產業興盛，經濟才得以重建。

二月，ＥＣ的十二國聚集在荷蘭，簽署《馬斯垂克條約》。該條約讓ＥＣ的結合更為強化，翌年一九九三年一月，ＥＣ十二國的市場統合得以實現，到了十一月正式成立歐洲聯盟（ＥＵ）。

一九九二年六月，在巴西里約熱內盧召開地球高峰會（ＵＮＣＥＤ，聯合國環境與發展會議）。在這場高峰會中，包括非政府組織（ＮＧＯ）在內總計四萬人齊聚一堂，是聯合國史上規模最大的會議。除了簽署了《聯合國氣候變遷綱要公約》與《生物多樣性公約》外，同時也發布了《森林原則（污染者負擔原則）》。上述成果以「里約宣言」及行動藍圖《二十一世紀議程》的形式對外公開。冷戰結束後，全球的關注焦點開始轉向環境問題。

美俄簽署《START II》

一九九三年一月，美國總統老布希訪問克里姆林宮，與葉爾欽簽署《第二階段削減戰略武器條約》（START II），但俄羅斯議會卻沒有批准。然而，透過《第二階段削減戰略武器條約》能將美俄的核戰力刪減至約冷戰期的六十%之多。

一九九三年八月，在日本成立以細川護熙為首相的「非自民連立內閣」。該內閣成為自民黨創立以來，第一個沒有自民黨參與的內閣。

37 原是為巴勒斯坦帶來和平而簽署的《奧斯陸協議》……

一九九三年最受全世界矚目的一大事件，就是PLO與以色列在美國總統比爾・柯林頓的仲介下於八月簽署《奧斯陸協議》。原因在於，該協議被認為是解決長年來懸而未決的巴勒斯坦問題的頭緒。

巴勒斯坦在歷史上是指位於大敘利亞南部的地中海東岸地區，原意是「非利士人的土地」。非利士人乃公元前十三世紀時定居在該地區的民族，據說是海上民族。其後在公元前十世紀時，猶太人在巴勒斯坦地區建立大衛王及所羅門王王國。其後歷經亞述王國、埃及、新巴比倫王國、波斯等的統治，後來被納為羅馬帝國的一部分。七世紀時歐瑪爾佔領該地區，歷經奧米亞王朝、阿拔斯王朝及短暫的十字軍國家後，接著又經過埃宥比王朝、馬木路克蘇丹國的統治，該地區在十六世紀以後成為鄂圖曼帝國的領土。

值得一提的是，在歐瑪爾以後，扣除十字軍國家的短暫時期外，猶太教徒、伊斯蘭教徒及基督教徒在巴勒斯坦地區一直和平共存。一次大戰後，巴勒斯坦成為英國的託管地。後來，以色列雖根據聯合國的巴勒斯坦分割方案建國，但阿拉伯諸國卻不予承認，雙方發生多次嚴重糾紛及第一次巴勒斯坦大起義等，並歷經四次中東戰爭。

巴勒斯坦解放組織（PLO）主席阿拉法特徹底了解到，不斷進行恐怖活動與鎮壓是無法打開局面的，於是委託柯林頓為仲介，與以色列總理伊扎克・拉賓進行會談。雙方達成協議，簽署具劃期性的《奧斯陸協議》，同意讓約旦河西岸與加薩走廊地區經過五年臨時自治期後再建立巴勒斯坦國。

《奧斯陸協議》之所能順利簽署，除了得歸功於一九九三年一月甫就任美國總統的柯林頓的開明思想以及阿拉法特的決斷與勇氣外，更重要的是拉賓為實現自國及巴勒斯坦

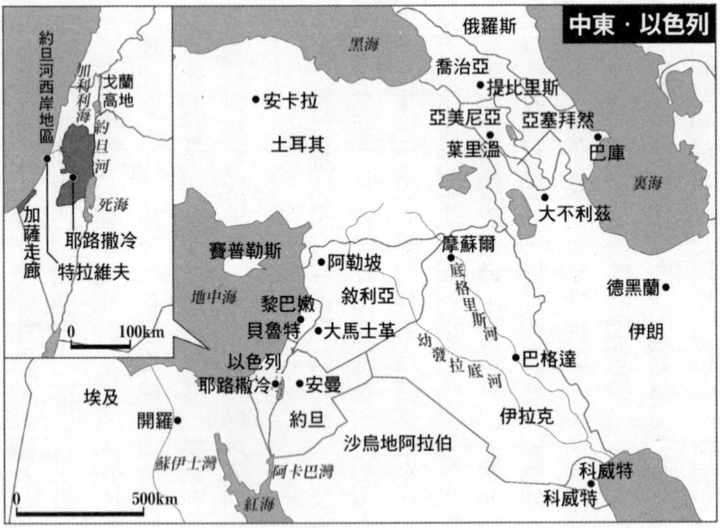

和平共處的誠實政治態度，才是促成該協議的一大主因。過去他也曾擔任以色列國防軍參謀長，是名與阿拉伯諸國進行奮戰的戰士。

一九九四年，根據《奧斯陸協議》誕生了巴勒斯坦自治政府。然而在《奧斯陸協議》具體實施之前卻遭遇失敗，即一九九五年十一月，拉賓遭到一名極右翼激進派青年暗殺。到了一九九六年六月，右翼派以色列聯合黨的班傑明．納坦尼雅胡就任以色列總理，和平交涉就此停滯，使得恐怖行動與軍事報復的惡性循環再度復活。

38 曼德拉就任南非總統，美國與越南恢復邦交

聯合國自一九九二年起，派遣以美軍為中心的聯合國維和部隊（PKO）前往一九八〇年代後半起爆發內戰的索馬利亞。然而，美國在一九九三年的摩加迪休之戰喪失十八名士兵，於是決定撤退，一九九五年三月，最後的聯合國維和部隊留下維持失敗國家模樣的索馬利亞（現在分裂成三個區域）而撤離。

南斯拉夫自一九九一年起陷入內戰，一九九四年四月，北大西洋公約組織介入波士尼亞與赫塞哥維納的內戰，決定實施空襲。由於反對獨立的塞爾維亞人與多數派的波士尼亞克人（穆斯林族）開始進行種族清洗，使得一九九二年獨立的波士尼亞與赫塞哥維納國內局勢日趨嚴重（一九九五年，根據《岱頓協定》規定，以波士尼亞與赫塞哥維納成為採取邦聯制國家坐收）。

同月，非洲的盧安達爆發胡圖族對圖西族進行種族大屠殺。對此，由於聯合國維和部隊與美軍記取索馬利亞時的教訓暫緩介入盧安達，悲劇也因而擴大。據說犧牲者多達五十萬，甚至有高達一百萬人的說法。

同樣在四月，GATT加盟國聚集在摩洛哥的馬拉喀什，新成立世界貿易組織（WTO）。相對於GATT為各國政府間的協定，WTO則強化組織性，為擁有常設理事會的國際性組織。

五月，曼德拉在南非總統大選中大獲勝利，就任南非總統。七月，北朝鮮的金日成去世，由金正日繼任其位（二〇一一年十二月，金正日去世，政權移交到其三男金正恩之手）。

一九九五年七月，美國與越南恢復邦交。

39—上海合作組織、鄧小平去世、亞洲金融風暴，及京都議定書

一九九六年四月，在中國主導下，中國、俄羅斯、哈薩克、吉爾吉斯與塔吉克五國在上海召開首腦會議。該會議的目的在於確立蘇聯解體後中亞的安全保障。

二〇〇一年，該會議改名為上海合作組織，在烏茲別克加入後共計六個加盟國，蒙古、印度、巴基斯坦及伊朗則以觀察員國身份加入。

一九九七年二月，中國改革開放的總設計師鄧小平去世。

五月，英國工黨的布萊爾取得政權。

七月，香港歸還中國，變成香港特別行政區。同月，以泰國貨幣泰銖暴跌為契機，爆發了亞洲金融風暴。泰國與印尼受到這場經濟危機影響引發政變，泰國的差瓦立政權及印尼的蘇哈托政權分別在十一月及隔年一九九八年五月垮台。中國何時讓人民幣貶值成為當時金融市場的焦點，但最後終究沒有實施貶值（假使中國實施人民幣貶值的話，亞洲金融危機將會持續惡化）。

一九九七年十二月，在日本京都召開一九九二年地球高峰會時所制定的《聯合國氣候變遷綱要公約》會議。並簽署規定溫室氣體規制的《京都議定書》。現在全球人口已超過七十二億人。有說法指出，地球的環境人口容量（環境承載力）為一百二十億人，然而全球暖化對人類的未來而言成為一大問題。現已進入就社會整體來考慮I＝PAT方程「環境影響I＝人口P×人均財富A×技術T」（譯注：西方學者在二十世紀經過反覆討論與無數次驗證後，用作定量計算確定各指標的公式，可用來進行污染排放方面的預測）的時代。

一九九八年五月，印度睽違二十四年進行地下核試驗。巴基斯坦為以示對抗，也在同月成功進行地下核試驗。現在核武器擁有國除了五大國外，又多了印度及巴基斯坦，而北朝鮮與以色列也擁有核武器。

40 EU導入歐元，日銀採行零利率政策

一九九九年一月，EU開始採用共同貨幣歐元。在這個時間點，歐元不過是結算用的無形貨幣，自二〇〇二年一月起才正式開始流通現金貨幣。早在一九九八年，歐洲中央銀行就已經設立在法國法蘭克福。自此，EU開始實施單一化金融政策，然而各國政府各自實施財政政策，並未整合，如何克服此一構造上的矛盾將成為EU的重大課題。

希臘國債危機（財政赤字與粉飾太平）就是最典型的問題。

一九九九年二月，日本銀行導入零利率政策。在這之前，零利率只存在於觀念上，日本則是世界第一個實施零利率的國家。

十月，法國導入民事互助契約（PACS）制度。此一制度是賦予不分性別、共同生活的伴侶相當於結婚的保障。

41 二〇〇〇年，若望．保祿二世的特別彌撒

在二〇世紀最後一年的三月，羅馬教皇若望．保祿二世舉行一場特別彌撒。

在彌撒上，他承認過去羅馬教廷在歷史上所犯的種種錯誤。諸如宗教戰爭、十字軍東征、東西教會大分裂、宗教審判、反猶太主義、強制原住民改教及蔑視其他宗教等，並進行懺悔。同時他向全世界尋求和解。此乃極具勇氣的歷史之舉。

同月，因俄羅斯總統葉爾欽辭職而舉行總統大選，最後由普丁當選。六月，南韓金大中總統與北韓金正日總書記在平壤首度召開首腦會談。

42—二十世紀後半是冷戰時代，其後誕生和平紅利

接下來，我們試以中國文化大革命將近尾聲的一九七三年與一九九八年年度來看，比較二十世紀後半的全球 GDP 佔比。

夢想家毛澤東去世後，由提出黑貓白貓論的鄧小平掌握中國政權，其躍進（恢復）相當顯著。可是，自有史以來一直到十九世紀中期為止，人口龐大的中國一直是佔全球 GDP 約兩成至三成以上的大國。倒不如說，這一百五十年內的下跌幅度相當異常。

美國的 GDP 佔比約二二％，比二次大戰剛結束後低兩成。不過贏得冷戰的美國在運用高科技的軍事力方面，擁有前所未見的突出力量。這也意味著二十世紀後半的美國擁有超乎 GDP 佔比以上的力量。

由於蘇聯早已解體，俄羅斯的 GDP 佔比自然會下跌。不過考慮到俄羅斯擁有豐富的石油資源及廣大的領土，可以期待 GDP 佔比恢復到一定程度。

相較於十九世紀末到二十世紀初的全盛期，歐洲的全球 GDP 佔比幾乎減少一半。由於歐洲經濟已相當成熟，在全球 GDP 佔比方面今後將持續下降。相對的，亞洲的重要性也會逐漸增大。

在這個時期，日本確保有史以來最高的市場佔有率。總的來說，二次大戰後的半世紀以來，日本可說是處在政治統治相當順利，民眾生活富裕幸福的時代。這得歸功於吉田茂的

「大計劃」（Grand Design）。

可是，支撐吉田茂的大計劃的冷戰構造、人口增加、（對美國的）追趕模式（catch-up model）、高度成長等前提條件都已完全消失。因此，少子高齡化、財政重建及競爭力復活等為當前課題的先進國日本，正進入擬定下一個大計劃的時期。

冷戰結束後，美國與蘇聯的軍事技術轉化為和平紅利流入民間。此即網際網路與GPS（全球定位系統）。「享受和平紅利的和平富裕時代或許即將到來」此一充滿希望的預感，是迎接二十世紀尾聲的全球民眾最真切的心境。

1973年與1998年的全球GDP佔比

（單位：%）

	1973年	1998年	變化幅度
中國	4.6	11.5	＋ 6.9
印度	3.1	5.0	＋ 1.9
美國	22.0	21.9	△ 0.1
蘇聯・俄羅斯	9.4	3.4	△ 6.0
英國	4.2	3.3	△ 0.9
德國	5.9	4.3	△ 1.6
法國	4.3	3.4	△ 0.9
日本	7.7	7.7	0
歐洲整體	29.1	22.6	△ 6.5
亞洲整體	24.1	41.0	＋16.9
南北美整體	30.7	30.6	△ 0.1

最終章　在滂沱大雨中起步的二十一世紀

隨著冷戰終結，二十一世紀被認為將會是一個彩色的時代，然而一開始就發生了二〇〇一年九月的九一一恐怖攻擊事件。

美國的喬治·布希（小布希）總統認為是蓋達組織主導了這次的恐怖攻擊，於是下令進攻藏匿賓拉登的阿富汗（塔利班政權）（十月）。很快地就在十二月的時候建立以哈米德·卡爾扎伊為首領的臨時政權（卡爾扎伊於二〇〇四年當上總統）。

賓拉登在二〇一一年五月，於藏身的巴基斯坦遭到美軍擊斃，但與阿富汗接壤的巴基斯坦，一直都在政情不穩定的情況之下發展。

另外，美國於二〇〇三年三月，以擁有大規模殺傷性武器為由，發動伊拉克戰爭，推翻海珊政權，佔領伊拉克（法國強烈反對。最終並沒有找到大規模殺傷性武器）。到了二〇〇四年六月，反海珊的什葉派建立了以什葉派為主體的臨時政權，但遭到遜尼派的反彈，伊拉克於是陷入內戰狀態。

正當伊拉克逐漸走向安定的時候，可說是「鬼子」的新恐怖組織ＩＳＩＬ（自稱伊斯蘭國）於二〇〇六年左右開始發展，現在已經將勢力延伸到了敘利亞。

二〇一三年，恐怖攻擊造成超過一萬六千人的市民犧牲，其中八十％都集中在五個國家，分別是伊拉克、阿富汗、巴基斯坦、奈及利亞（名為博科聖地的恐怖組織默默發展）、敘利亞。除了奈及利亞之外的四個國家，都是因為美國強行推翻阿富汗和伊拉克的政權，造成政情不穩定所導致。從這裡可以看出，姑且不論善惡或好惡，推翻一個相對安定的政權是一件多麼可怕的事情。

接下來二〇〇八年九月，以美國的大型投資銀行雷曼兄弟破產事件為開端，國際級的金融危機衝擊全世界（金融海嘯）。從二〇〇七年的美國次級房貸問題開始（房貸泡沫破裂），金融世界已經亮起黃燈，但雷曼兄弟的破產，讓人以為第二次經濟大恐慌即將到來。

然而，美國立即投入大量的國庫資金，且占世界ＧＤＰ約九〇％的Ｇ２０等國際機制發揮作用，成功避免大恐慌再度來臨。此外，自二〇〇八年起，Ｇ２０也舉辦與金融和世界經濟相關的領袖會議（金融高峰會），Ｇ７的功能也因此逐漸降低。

到了二〇一一年三月，東日本大震災（三一一大地震）衝擊日本。這是世界少見的大規模自然災害。

無論是九一一恐怖攻擊事件或是三一一大地震，都是預料之外的事。然而，這些都不是絕對不可能發生的事。「因為這些原因導致這樣的結果」等，人們很容易以直接的因果關係來解說歷史（地球愈來愈冷，導致遊牧民族開始移動等），但其實不見得如此。最近開始有人主張，就算沒有直接的因果關係，還是會引發某些重大的事件。混沌理論就是這類型主張最典型的例子。

「巴西的一隻蝴蝶展翅，造成德州颳起龍捲風」（蝴蝶效應）等，就算看起來沒有直接關連的小事，累積之後可能成為一個重大事件，在自然科學的領域當中，已經確立承認這種可能性的看法。人類的世界想必比自然界更複雜，也有許多事情無法用直接的因果關係說明。

自二〇一〇年起至二〇一二年之間，在中東和北非連續發生被稱為「阿拉伯之春」的一連串民主化運動。從突尼西亞的茉莉花革命開始，二〇一一年的埃及革命也是具代表性的政變。

將這些政變視作是反對長期獨裁政權的運動是一件非常簡單的事。然而，導火線是先進國家的量化寬鬆政策造成流動性過剩，激化發展中國家的通貨膨脹，造成包括麵包在內的日常生活用品價格高漲。然而，反體制運動以驚人的速度擴展，主要還是因為網路技術的發達。在過去，抗議活動的動員都是集合在領袖的藏身處，一個人負責延攬十個人等，聚集到一定人數之後才會出現有組織的抗議團體。然而現在，「明日傍晚六時，在開羅的廣場進行反對麵包漲價的遊行」，只要在網路上貼文，一瞬間就可以召集許多人。

而且就阿拉伯之春來說，還透過網路隨時掌握其他國家反體制運動的進度，讓參加的人更加勇氣百倍。在阿拉伯之春當中，無論是麵包的漲價或是作為團結武器的網路，都是源自美國，這一點可說是非常諷刺。

最終，阿拉伯之春的突尼西亞、埃及、利比亞、葉門四國推翻了長期獨裁的政權（敘利亞無法成功推翻阿薩德政權，處於內戰狀態）。埃及則是在二〇一三年由軍方發動政變，直到現在。

如前所述，美軍於二〇一一年五月擊斃賓拉登。首領雖死，但由於蓋達組織是網絡型組織，因此得以生存下來。同時，在內戰狀態的伊拉克和敘利亞邊境有ＩＳＩＬ橫行，並逐漸擴展活動範圍（二〇一五年一一月一三日發生巴黎連續恐怖攻擊事件，造成一二九名市民死亡）。另外，從敘利亞脫逃的難民蜂擁至歐洲，成為動搖歐盟的重大政治問題。

根據美國智庫和平基金會每年公布的脆弱國家指數（二〇一五），南蘇丹、索馬利亞、中非、蘇南、剛果共和國、查德、葉門、阿富汗、敘利亞、幾內亞是最脆弱的前十名，伊朗排名十二，巴基斯坦排名十三。背後的原因包括人口壓力的增加（尤其是青年膨脹〔youth bulge〕）和貧困等，但非洲有許多脆弱國家的主因被認為是特權階級中飽私囊，且沒有培育中間階層的機制。這樣的脆弱國家很有可能成為國際恐怖份子的大本營，令人憂心。順道一提，日本排名一五七名。

二〇一五年四月，美國和古巴舉行睽違五十四年的高峰會議，邁出緩和緊張關係的第一步。二〇一五年七月二十日，兩國恢復外交。另外，美國的歐巴馬總統也於同月宣布，針對核武問題，與至今為止一直對立的伊朗達成共識，關係逐漸解凍。

前所未見的大規模恐怖攻擊、世界級的金融危機、大自然災害等，第六千年紀的開始不僅沒有一片光明，甚至是在滂沱大雨中起步。

然而，歷史本來就是有起有伏。不好的開始也許代表接下來會愈來愈好。

我經常提到所謂的「接線思考」。與圓圈相接的直線，只要圓圈稍微轉動，就會大幅改變直線的方向。如此一來，注意力都會落在直線方向的變動，反而錯過其實才是事情本質的圓圈轉動。與這個道理相同，人們總是過度放大眼前的事。

下不停的滂沱大雨難免讓人悲觀。「民主主義已經走到盡頭」、「資本主義已經達到極限」等主張就是最典型的例子。然而，真的是這樣嗎？

「也許可以長時間蒙蔽少數人（如奧姆真理教），或是短時間蒙蔽多數人（如希特勒），但無法長時間蒙蔽多數人」，這個人類的經驗法則正是民主主義的基礎。人類是否已經成熟到可以想出比民主主義更好的統治制度呢？

「民主主義是最差的政治形態，但至今為止的君主制和貴族制除外」，這是邱吉爾的名言。想必他想說的是：「要抱怨，等投票率提升到八〇%或九〇%之後再說」。另外，就如同石油危機決定了市場經濟的優勢，世界是否存在其他可以取代資本主義的社會和經濟制度呢？

找出問題點是相對容易的事情。這是因為無論在哪一個世界裡，都有數不盡的缺陷。但重要的是制度整體的安定性。無論是什麼時代，人類社會都是集合各種缺陷，最終形成一個安定的狀態。

因此，無論是什麼樣的系統或制度，至關重要的不是「個別的缺陷」，而是「以整體來看的時候，是否相對圓滿」。這種觀念適用於所有事情，從學術論文或書籍，到世界的機制（富蘭克林・羅斯福建構的戰後世界秩序等），都是相同的道理。

關於二次大戰後的世界秩序，經常有人說中國曾試圖挑戰建構G2體制（美中二強體制）。然而，戰後世界的秩序建立絕對不是這麼單純的問題，而是由以聯合國為頂點的IMF和世界銀行等國際組織布下天羅地網的複雜機制。孤陋寡聞的我從未聽說中國提出足以代替這個架構的藍圖。

無論是民主主義、資本主義、市場經濟，或是戰後世界的機制，重要的不是指責個別的缺陷，而是實際檢證整體而言是否圓滿安定，如果不是，那麼就應該提出取而代之的完整機制架構。就像保守思想家伯克說的一樣，如果沒有替代方案，那麼除了改善現狀之外別無他法。

看到二十世紀的兩次世界大戰，對人類的無可奈何，可說是到了無話可說的地步。

回顧五千年的歷史也可以明顯看出，人類世界是如何地草率和愚蠢。

然而，就算是如此愚蠢的人類不斷地重複愚蠢的行為，人類今日依舊生存在這個地球上。這是無論哪一個時代，人類共通的唯一歷史，也就表示還是有人多少從五千年的歷史當中學到了什麼。現在人類存活在這個地球上是一個絕對的事實，也正因為如此，我確信人類社會還是值得信賴。

誰也不知道世界將來會發生什麼事。然而，為未來做準備的教材只有過去。向歷史學習的意義在於研究人類過去做過的事情，並從中學習。歷史充滿生存了五千年的人類所留下的豐富案例。我認為，向歷史學習可以讓我們在面臨未來人生中的各種遭遇時派上用場。

有人說，人類的腦子在這一萬數千年之間沒有進化。無論是喜怒哀樂、政治判斷，或是經營判斷都相同。如果是這樣的話，那麼無論物質文明如何變化，人類走過的五千年歷史，之後也將繼續在人類和人類社會之間傳承。

將來也一定如此。

參考文獻

1 全集・系列書籍

『イスラーム原典叢書』岩波書店全12巻
『岩波講座世界歴史』（旧版）岩波書店全31巻
『岩波講座世界歴史』（新版）岩波書店全29巻
『ケンブリッジ版世界各国史』創土社全12巻
『興亡の世界史』講談社全21巻
『週刊朝日百科 世界の歴史』朝日新聞社全131冊
『諸文明の起源』京都大学学術出版会全15巻
『書物誕生』岩波書店全30巻
『新版 世界各国史』山川出版社全28巻
『図説 世界の歴史』創元社全10巻
『世界史史料』岩波書店全12巻
『世界史リブレット』山川出版社（刊行中）
『世界の教科書シリーズ』明石書店全43巻
『世界の名著』中央公論社全81巻
『世界の歴史』（旧版）中央公論社全16巻＋別巻
『世界の歴史』（新版）中央公論社全30巻
『世界歴史大系』山川出版社全19巻
『中国の歴史』（新版）講談社全12巻
『物語○○の歴史』シリーズ中公新書（刊行中）
『ヨーロッパの中世』岩波書店全8巻
『ヨーロッパ史入門』岩波書店全10冊
『historia』山川出版社全28巻
塩野七生全著作
杉山正明全著作
陳舜臣『中国の歴史』平凡社全15巻

2 總論

網野善彦『歴史を考えるヒント』新潮選書
板谷敏彦『金融の世界史』新潮選書
市井三郎『歴史の進歩とは何か』岩波新書
井筒俊彦『イスラーム文化』岩波文庫
井波律子『中国人物伝』岩波書店
井上たかひこ『水中考古学』中公新書
入江昭『歴史を学ぶということ』講談社現代新書
上田信『伝統中国』講談社選書メチエ
梅原郁『皇帝政治と中国』白帝社
大塚柳太郎『ヒトはこうして増えてきた』新潮選書
岡崎正孝『カナート イランの地下水路』論創社
加藤九祚『中央アジア歴史群像』岩波新書
北岡伸一、歩平編『「日中歴史共同研究」報告書』勉誠出版
黒田明伸『貨幣システムの世界史』岩波書店
近藤和彦編『ヨーロッパ史講義』山川出版社
阪倉篤秀『長城の中国史』講談社選書メチエ
佐藤健太郎『炭素文明論』新潮選書
杉田英明『葡萄樹の見える回廊』岩波書店
鈴木大拙『日本的霊性』岩波文庫
田家康『気候で読み解く日本の歴史』日本経済新聞出版社
内藤湖南『支那史学史』東洋文庫
長澤和俊『海のシルクロード史』中公新書
西尾哲夫『ヴェニスの商人の異人論』みすず書房
藤井毅『歴史のなかのカースト』岩波書店
三谷博『愛国・革命・民主』筑摩選書
本村凌二『多神教と一神教』岩波新書
ジャック・アタリ『ユダヤ人、世界と貨幣』作品社
タミム・アンサーリー『イスラームから見た「世界史」』紀伊國屋書店
ロイド・E・イーストマン『中国の社会』平凡社
H・G・ウェルズ『世界史概観』岩波新書
I・ウォーラーステイン『近代世界システム』名古屋大学出版会
ジョン・L・エスポジト『イスラームの歴史』共同通信社
E・H・カー『歴史とは何か』岩波新書
ジョン・キーン『デモクラシーの生と死』みすず書房
マイケル・クック『世界文明一万年の歴史』柏書房
グレゴリー・クラーク『10万年の世界経済史』日経BP社
グレゴリー・クレイズ『ユートピアの歴史』東洋書林
レイ・タン・コイ『東南アジア史』文庫クセジュ
アラン・コルバン『キリスト教の歴史』藤原書店
イヴァン・コンボー『パリの歴史』文庫クセジュ
ジェイン・ジェイコブズ『アメリカ大都市の死と生』鹿島出版会
ジュリアン・ジェインズ『神々の沈黙』紀伊國屋書店
シュヴエーグラー『西洋哲学史』岩波文庫
ポール・ジョンソン『ユダヤ人の歴史』徳間書店
P・D・スミス『都市の誕生』河出書房新社
ジェイコブ・ソール『帳簿の世界史』文藝春秋
ジャレド・ダイアモンド『銃・病原菌・鉄』草思社
ダーウィン『種の起原』岩波文庫
リチャード・ドーキンス『利己的な遺伝子』紀伊國屋書店
ニーダム『中国の科学と文明』思索社
ネルー『父が子に語る世界歴史』みすず書房
ジョン・ハーヴェイ『黒の文化史』東洋書林

エルヴィン・パノフスキー『イコノロジー研究』ちくま学芸文庫
イブン＝ハルドゥーン『歴史序説』岩波文庫
キティ・ファーガソン『ピュタゴラスの音楽』白水社
クライブ・フィンレイソン『そして最後にヒトが残った』白揚社
リチャード・フォーティ『〈生きた化石〉生命40億年史』筑摩選書
クリスチャン・ベック『ヴェネツィア史』文庫クセジュ
ヨハン・ベックマン『西洋事物起原』岩波文庫
A・M・ホカート『王権』岩波文庫
ウィリアム・エ・マクニール『世界史』中公文庫
ウィリアム・エ・マクニール『戦争の世界史』中公文庫
ニール・マクレガー『100のモノが語る世界の歴史』筑摩選書
アンガス・マディソン『経済統計で見る世界経済2000年史』柏書房
マンフォード『歴史の都市　明日の都市』新潮社
ローター・ミュラー『メディアとしての紙の文化史』東洋書林
マリア・ロサ・メノカル『寛容の文化』名古屋大学出版会
イアン・モリス『人類5万年　文明の興亡』筑摩書房
ヨアヒム・ラートカウ『木材と文明』築地書館
マッシモ・リヴィーバッチ『人口の世界史』東洋経済新報社
ジョン・ルカーチ『歴史学の将来』みすず書房
『十八史略　新釈漢文大系』明治書院
『詳説世界史研究』山川出版社
『詳説世界史図録』山川出版社
『世界史小辞典』山川出版社
『世界史二〇講』岩波書店
『世界史年表・地図』吉川弘文館
『世界史年表』岩波書店
『歴史の「常識」をよむ』東京大学出版会

3　第一千年紀～第三千年紀（BC3000-BC1）

青柳正規『皇帝たちの都ローマ』中公新書
浅野裕一『古代中国の文明観』岩波新書
荒井献他『ナグ・ハマディ文書』岩波書店
上田信『森と緑の中国史』岩波書店
大貫隆『グノーシスの神話』岩波書店
岡田明子、小林登志子『シュメル神話の世界』
岡村秀典『夏王朝』講談社
長田俊樹『インダス文明の謎』京都大学学術出版会
愛宕元『中国の城郭都市』中公新書
落合淳思『殷』中公新書
落合淳思『漢字の成り立ち』筑摩選書
落合淳思『甲骨文字に歴史をよむ』ちくま新書
川又正智『ウマ駆ける古代アジア』講談社選書メチエ
孔祥林『図説孔子』国書刊行会
小林登志子『シュメル』中公新書
小林登志子『文明の誕生』中公新書
桜井万里子『ヘロドトスとトゥキュディデス』山川出版社
蔀勇造『シェバの女王』山川出版社
関野吉晴『グレートジャーニー』角川文庫
鶴間和幸『人間・始皇帝』岩波新書
月本昭男『古代メソポタミアの神話と儀礼』岩波書店
月本昭男『ギルガメシュ叙事詩』岩波書店
長谷川修一『聖書考古学』中公新書
秦剛平『空白のユダヤ史』京都大学学術出版会
林巳奈夫『中国古代の神がみ』吉川弘文館
平勢隆郎『よみがえる文字と呪術の帝国』中公新書
前田耕作『宗祖ゾロアスター』ちくま新書
満田剛『三国志』白帝社
宮元啓一『わかる仏教史』春秋社
山我哲雄『一神教の起源』筑摩選書
湯浅邦弘『諸子百家』中公新書
吉川幸次郎『漢の武帝』岩波新書
アッリアノス『アレクサンドロス大王東征記』岩波文庫
マリア＝ジュリア・アマダジ＝グッゾ『カルタゴの歴史』文庫クセジュ
ベアトリス・アンドレ＝サルヴィニ『バビロン』文庫クセジュ
マックス・ヴェーバー『古代ユダヤ教』岩波文庫
ハンス・ゲオルク・ヴンダーリヒ『迷宮に死者は住む』新潮社
モスタファ・エル＝アバディ『古代アレクサンドリア図書館』中公新書
オウィディウス『変身物語』岩波文庫
カエサル『ガリア戦記』岩波文庫
カエサル『内乱記』岩波書店
クセノポン『アナバシス』岩波文庫
アレクサンドル・グランダッジ『ローマの起源』文庫クセジュ
マティアス・ゲルツァー『ローマ政治家伝Ⅰ～Ⅲ』名古屋大学出版会
司馬遷『史記列伝』岩波文庫
ローズ・マリー・シェルドン『ローマとパルティア』白水社
シュリーマン『古代への情熱』岩波文庫
イアン・ショー『古代エジプト』岩波書店
タキトゥス『ゲルマーニア』岩波文庫
トゥキュディデス『歴史』ちくま学芸文庫
マーティン・バナール『黒いアテナ』藤原書店
ウィリアム・W・ハロー『起源』青灯社
レジス・ビュルネ『新約聖書入門』文庫クセジュ
フェルドウスィー『王書』岩波文庫
ジャン・ブラン『ストア哲学』文庫クセジュ
ドミニク・ブリケル『エトルリア人』文庫クセジュ
ジョン・プレヴァス『ハンニバル　アルプス越えの謎を解く』白水社

プルターク『プルターク英雄伝』岩波文庫
ヘシオドス『神統記』岩波文庫
ホメロス『イリアス』『オデュッセイア』岩波文庫
ディオゲネス・ラエルティオス『ギリシア哲学者列伝』岩波文庫
リーウィウス『ローマ建国史』岩波文庫
『韓非子』岩波文庫
旧約聖書翻訳委員会『旧約聖書』岩波書店
『古代オリエント事典』岩波書店
『史記 新釈漢文大系』明治書院
『春秋左氏伝』岩波文庫
『荘子』岩波文庫
『ゾロアスター教論考』東洋文庫
『孫子』岩波文庫
『ニーベルンゲンの歌』岩波文庫
『ブッダのことば』岩波文庫
『マハーバーラタ』ちくま学芸文庫
『孟子』岩波文庫
『論語』岩波文庫

4 第四千年紀（AD1-1000）

青山和夫『マヤ文明』岩波新書
大山誠一『天孫降臨の夢』NHKブックス
岡田温司『黙示録』岩波新書
小川環樹『唐詩概説』岩波文庫
小川英雄『ローマ帝国の神々』中公新書
栗生沢猛夫『「ロシア原初年代記」を読む』成文社
下定雅弘『白居易と柳宗元』岩波現代全書
東野治之『遣唐使』岩波新書
遠山美都男『白村江』講談社現代新書
中村修也『天智朝と東アジア』NHKブックス
中村愿『三国志逍遥』山川出版社
原百代『武則天』毎日新聞社
平岡聡『大乗経典の誕生』筑摩選書
三田村泰助『宦官』中公新書
南川高志『新・ローマ帝国衰亡史』岩波新書
宮崎市定『科挙史』東洋文庫
渡辺金一『中世ローマ帝国』岩波新書
アウグスティヌス『告白』岩波文庫
マルクス・アウレーリウス『自省録』岩波文庫
イブン・アッティクタカー『アルファフリー』東洋文庫
アルベルト・アンジェラ『古代ローマ帝国1万5000キロの旅』河出書房新社
スーザン・ウィットフィールド『唐シルクロード十話』白水社
ヤコブス・デ・ウォラギネ『黄金伝説』人文書院
エウセビオス『コンスタンティヌスの生涯』京都大学学術出版会
エウセビオス『教会史』講談社学術文庫
円仁『入唐求法巡礼行記』東洋文庫
カウティリヤ『実利論』岩波文庫
エドワード・ギボン『ローマ帝国衰亡史』ちくま学芸文庫
ロバート・クナップ『古代ローマの庶民たち』白水社
ジリアン・クラーク『古代末期のローマ帝国』白水社
ピエール・グリマル『アウグストゥスの世紀』文庫クセジュ
シュヴァリエ／ポワニョ『ハドリアヌス帝』文庫クセジュ
スエトニウス『ローマ皇帝伝』岩波文庫
アエリウス・スパルティアヌス他『ローマ皇帝群像』京都大学学術出版会
G・ダウニー『地中海都市の興亡』新潮選書
オーギュスタン・ティエリ『メロウィング王朝史話』岩波文庫
アンリ・ピレンヌ『ヨーロッパ世界の誕生』創文社
ベルナール・フリューザン『ビザンツ文明』文庫クセジュ
ジュディス・ヘリン『ビザンツ』白水社
ヴィンセント・F・ホッパー『中世における数のシンボリズム』彩流社
ピエール・マラヴァル『皇帝ユスティニアヌス』文庫クセジュ
ルネ・ミュソ＝グラール『クローヴィス』文庫クセジュ
I・モンタネッリ『ローマの歴史』中公文庫
ジャック・ル＝ゴフ『ヨーロッパは中世に誕生したのか？』藤原書店
ジャック・ル＝ゴフ『中世とは何か』藤原書店
レジーヌ・ル・ジャン『メロヴィング朝』文庫クセジュ
ポール・ルメルル『ビザンツ帝国史』文庫クセジュ
ベルナール・レミィ『ディオクレティアヌスと四帝統治』文庫クセジュ
『漢書』ちくま学芸文庫
『後漢書』岩波書店
『コーラン』岩波文庫
『三国志』岩波文庫
『三国史記』東洋文庫
『貞観政要 新釈漢文大系』明治書院
新約聖書翻訳委員会『新約聖書』岩波書店
『正史三国志』ちくま学芸文庫
『トリスタン・イズー物語』岩波文庫
『福音書共観表』岩波書店
『ミリンダ王の問い』東洋文庫
『洛陽伽藍記』東洋文庫

5 第五千年紀—現在（1001-現在）

阿部謹也『中世の風景』中公新書
阿部謹也『中世の窓から』朝日新聞社

阿部謹也『中世を旅する人びと』平凡社
阿部謹也『ハーメルンの笛吹き男』平凡社
阿部謹也『ヨーロッパを見る視角』岩波書店
天児慧『中華人民共和国史』岩波新書
荒松雄『多重都市デリー』中公新書
石井美樹子『エリザベス』中央公論新社
石井美樹子『王妃エレアノール』平凡社
泉靖一『インカ帝国』岩波新書
板谷敏彦『日露戦争、資金調達の戦い』新潮選書
猪木武徳『戦後世界経済史』中公新書
梅原郁編訳『宋名臣言行録』講談社
岡田温司『グランドツアー』岩波新書
笠原十九司『海軍の日中戦争』平凡社
川口琢司『ティムール帝国』講談社選書メチエ
木畑洋一『二〇世紀の歴史』岩波新書
合田昌史『マゼラン』京都大学学術出版会
小坂井敏晶『民族という虚構』東京大学出版会
佐藤賢一『英仏百年戦争』集英社新書
佐藤賢一『カペー朝』『ヴァロワ朝』講談社現代新書
佐藤賢一『小説フランス革命』集英社
佐藤次高『イスラームの「英雄」サラディン』講談社学術文庫
佐藤次高『イスラームの国家と王権』岩波書店
佐藤次高『砂糖のイスラーム生活史』岩波書店
佐藤雅美『大君の通貨』文春文庫
猿谷要『検証アメリカ500年の物語』平凡社
柴田三千雄『フランス革命』岩波現代文庫
白石隆『海の帝国』中公新書
白石典之『チンギス・カン』中公新書
杉山清彦『大清帝国の形成と八旗制』名古屋大学出版会
高山博『中世シチリア王国』講談社現代新書
高山博『中世シチリア王国の研究』東京大学出版会
竹田いさみ『世界史をつくった海賊』ちくま新書
田村うらら『トルコ絨毯が織りなす社会生活』世界思想社
檀上寛『永楽帝』講談社選書メチエ
氷川玲二『アンダルシーア風土記』岩波書店
中嶋浩郎、しのぶ『フィレンツェ歴史散歩』白水社
中野美代子『乾隆帝』文春新書
中野好夫『アラビアのロレンス』岩波新書
奈良岡聰智『対華二十一ヵ条要求とは何だったのか』名古屋大学出版会
橋口倫介『十字軍』岩波新書
服部英雄『蒙古襲来』山川出版社
羽田正『勲爵士シャルダンの生涯』中央公論新社
半藤一利『昭和史』平凡社
半藤一利『日露戦争史』平凡社
広河隆一『パレスチナ』岩波新書
藤田みどり『アフリカ「発見」』岩波書店
保阪正康『昭和史のかたち』岩波新書
本田創造『アメリカ黒人の歴史』岩波新書
前川久美子『中世パリの装飾写本』工作舎
『前嶋信次著作選』東洋文庫
前田耕作『玄奘三蔵、シルクロードを行く』岩波新書
宮紀子『モンゴル時代の出版文化』名古屋大学出版会
宮紀子『モンゴル帝国が生んだ世界図』日本経済新聞出版社
宮崎正勝『鄭和の南海大遠征』中公新書
村上陽一郎『ペスト大流行』岩波新書
本村凌二『多神教と一神教』岩波新書
森島恒雄『魔女狩り』岩波新書
森安孝夫『東西ウイグルと中央ユーラシア』名古屋大学出版会
八木久美子『慈悲深き神の食卓』東京外国語大学出版会
山内昌之『スルタンガリエフの夢』東京大学出版会
山室信一『キメラ』中公新書
和田春樹『日露戦争』岩波書店
渡辺一夫『フランス・ルネサンスの人々』岩波文庫
渡辺京二『逝きし世の面影』平凡社
渡辺延志『虚妄の三国同盟』岩波書店
渡邊啓貴『シャルル・ドゴール』慶應義塾大学出版会
アーヴィング『アルハンブラ物語』岩波文庫
ハロルド・アクトン『メディチ家の黄昏』白水社
ジャック・アダ『経済のグローバル化とは何か』ナカニシヤ出版
J・L・アブー＝ルゴド『ヨーロッパ覇権以前』岩波書店
ベネディクト・アンダーソン『想像の共同体』リブロポート
イェーリング『権利のための闘争』岩波文庫
『イブン・ジュバイルの旅行記』講談社学術文庫
リヒャルト・フォン・ヴァイツゼッカー『ドイツ統一への道』岩波書店
ジョルジョ・ヴァザーリ『ルネサンス画人伝』白水社
ジョルジョ・ヴァザーリ『ルネサンス彫刻家建築家列伝』白水社
ジョフロワ・ド・ヴィルアルドゥワン『コンスタンチノープル征服記』筑摩書房
マックス・ヴェーバー『プロテスタンティズムの倫理と資本主義の精神』岩波文庫
エラスムス『痴愚神礼讃』岩波文庫
イリス・オリーゴ『プラートの商人』白水社
ジャン・オリユー『カトリーヌ・ド・メディシス』河出書房新社
オールコック『大君の都』岩波文庫
ガザーリー『誤りから救うもの』ちくま学芸文庫
エルンスト・H・カントーロヴィチ『王の二つの身体』平凡社
エルンスト・H・カントーロヴィチ『皇帝フリードリヒ二世』中央公論新社

ポール・キンステッド『チーズと文明』築地書館
ドリス・カーンズ・グッドウィン『フランクリン・ローズヴェルト』中央公論新社
クラウゼヴィッツ『戦争論』岩波文庫
ナイジェル・クリフ『ヴァスコ・ダ・ガマの「聖戦」』白水社
トビー・グリーン『異端審問』中央公論新社
マルティン・ゲック『ワーグナー』岩波書店
ジョン・ケリー『黒死病』中央公論新社
ルネ・ゲルダン『フランソワ一世』国書刊行会
ケンペル『江戸参府旅行日記』東洋文庫
フィリップ・ゴス『海賊の世界史』リブロポート
コロンブス『全航海の報告』岩波文庫
アンガス・コンスタム『図説スペイン無敵艦隊』原書房
フィリップ・コンタミーヌ『百年戦争』文庫クセジュ
サアディー『薔薇園』東洋文庫
エドワード・W・サイード『オリエンタリズム』平凡社
フランコ・サケッティ『ルネッサンス巷談集』岩波文庫
ヴォー・グエン・ザップ『愛国とは何か』京都大学学術出版会
アーネスト・サトウ『一外交官の見た明治維新』岩波文庫
アラン・サン＝ドニ『聖王ルイの世紀』文庫クセジュ
シイエス『第三身分とは何か』岩波文庫
『シェイクスピア全集』白水Uブックス
シェンキェーヴィチ『クオ・ワディス』岩波文庫
シーシキン他『ノモンハンの戦い』岩波現代文庫
ウィリアム・L・シャイラー『第三帝国の興亡』東京創元社
トニー・ジャット『ヨーロッパ戦後史』みすず書房
J・シャルダン『ペルシア見聞記』東洋文庫
ゲオルク・シュタットミュラー『ハプスブルク帝国史』刀水書房
グレゴーア・ショレゲン『ヴィリー・ブラントの生涯』三元社
R・F・ジョンストン『紫禁城の黄昏』岩波文庫
シルレル『三十年戦史』岩波文庫
ジョナサン・スタインバーグ『ビスマルク』白水社
ティモシー・スナイダー『ブラッドランド』筑摩書房
セルバンテス『ドン・キホーテ』岩波文庫
ホセ・ソリーリャ『ドン・ファン・テノーリオ』岩波文庫
フィリップ・ソレルス『ルーヴルの騎手』集英社
E・A・ターナー・ジュニア『独裁者は30日で生まれた』白水社
バーバラ・W・タックマン『八月の砲声』ちくま学芸文庫
バーバラ・W・タックマン『遠い鏡』朝日出版社
レオ・ダムロッシュ『トクヴィルが見たアメリカ』白水社
ジョン・ダワー『敗北を抱きしめて』岩波書店
ダンテ『神曲』岩波文庫
W・S・チャーチル『第二次世界大戦』河出文庫
チョーサー『カンタベリー物語』岩波文庫

陳高華『元の大都』中公新書
A・J・P・テイラー『ハプスブルク帝国1809-1918』筑摩書房
トクヴィル『アメリカのデモクラシー』岩波文庫
ドーソン『モンゴル帝国史』東洋文庫
マイケル・ドブズ『ヤルタからヒロシマへ』白水社
トルストイ『セストーポリ』岩波文庫
アンリ・トロワイヤ『アレクサンドル一世』中央公論社
アンリ・トロワイヤ『イヴァン雷帝』中央公論社
アンリ・トロワイヤ『女帝エカテリーナ』中央公論社
アンリ・トロワイヤ『大帝ピョートル』中央公論社
ルイス・ネイミア『1848年革命』平凡社
オマル・ハイヤーム『ルバイヤート』岩波文庫
パオルッチほか『芸術の都フィレンツェ大図鑑』西村書店
エドマンド・バーク『フランス革命についての省察』岩波文庫
ピーター・バーク『ルネサンス』岩波書店
チャールズ・エ・ハスキンズ『十二世紀ルネサンス』みすず書房
イブン・バットゥータ『大旅行記』東洋文庫
イザベラ・バード『中国奥地紀行』平凡社
イザベラ・バード『日本奥地紀行』東洋文庫
トーマス・デ・パドヴァ『ケプラーとガリレイ』白水社
『ハーフィズ詩集』東洋文庫,
バーブル『バーブル・ナーマ』東洋文庫
アラン・パーマー『オスマン帝国衰亡史』中央公論社,
ニナ・バーリー『ナポレオンのエジプト』白揚社
ハリス『日本滞在記』岩波文庫
ジョナサン・ハリス『ビザンツ帝国の最期』白水社
アントニー・ビーヴァー『第二次世界大戦1939-45』白水社
ヒュースケン『ヒュースケン日本日記』岩波文庫
オーランドー・ファイジズ『クリミア戦争』白水社
ニコラス・ファレル『ムッソリーニ』白水社
ブーヴェ『康熙帝伝』東洋文庫
リュシアン・フェーヴル『ミシュレとルネサンス』藤原書店
プーシキン『ボリス・ゴドゥノフ』岩波文庫
アンネ・フランク『アンネの日記』文春文庫
V・E・フランクル『夜と霧』みすず書房
ブルクハルト『イタリア・ルネサンスの文化』中央公論新社
アントニア・フレイザー『スコットランド女王メアリ』中央公論社
ルイス・フロイス『フロイス日本史』中公文庫
ジュール・ブロック『ジプシー』文庫クセジュ
マルク・ブロック『王の奇跡』刀水書房
トマス・ペイン『コモン・センス』岩波文庫
ピエロ・ベヴィラックワ『ヴェネツィアと水』岩波書店
ジャン＝ジャック・ベッケール他『仏独共同通史第一次世界大戦』岩波書店
アンドルー・ペティグリー『印刷という革命』白水社

『ペトラルカ=ボッカッチョ往復書簡』岩波文庫
レジーヌ・ペルヌー他『ジャンヌ・ダルク』東京書籍
レジーヌ・ペルヌー『中世を生きぬく女たち』白水社
レジーヌ・ペルヌー『テンプル騎士団』文庫クセジュ
レジーヌ・ペルヌー他『フランス中世歴史散歩』白水社
『ペルリ提督日本遠征記』岩波文庫
ホイジンガ『中世の秋』中公文庫
ボッカチオ『デカメロン』岩波文庫
ホッブズ『リヴァイアサン』岩波文庫
K・ポメランツ『大分岐』名古屋大学出版会
マルコ・ポーロ『東方見聞録』東洋文庫
アミン・マアルーフ『アラブが見た十字軍』ちくま学芸文庫
アミン・マアルーフ『レオ・アフリカヌスの生涯』リブロポート
マキアヴェッリ『君主論』岩波文庫
マキァヴェッリ『フィレンツェ史』岩波文庫
バーナード・マッギン『フィオーレのヨアキム』平凡社
H・J・マッキンダー『マッキンダーの地政学』原書房
ロバート・K・マッシー『エカチェリーナ大帝』白水社
アルフレッド・T・マハン『マハン海上権力史論』原書房
マルクス『ルイ・ボナパルトのブリュメール十八日』岩波文庫
マルクス　エンゲルス『共産党宣言』岩波文庫
ジョン・マン『チンギス・ハン』東京書籍
マンゾーニ『いいなづけ』河出書房新社
J・マンデヴィル『東方旅行記』東洋文庫
ジュール・ミシュレ『フランス革命史』中公文庫
ミシュレ『魔女』岩波文庫
J・S・ミル『自由論』岩波文庫
スレイマン・ムーサ『アラブが見たアラビアのロレンス』リブロポート
ギャヴィン・メンジーズ『1421』ソニー・マガジンズ
トマス・モア『ユートピア』岩波文庫
孟元老『東京夢華録』東洋文庫
モーゲンソー『国際政治』岩波文庫
E・S・モース『日本その日その日』東洋文庫
フレデリック・モートン『ロスチャイルド王国』新潮選書
テイルソ・デ・モリーナ『セビーリャの色事師と石の招客』岩波文庫
L・H・モルガン『古代社会』岩波文庫
モンテスキュー『法の精神』岩波文庫
モンテーニュ『エセー』岩波文庫
ジャン・ユレ『シチリアの歴史』文庫クセジュ
コンドリーザ・ライス『ライス回顧録』集英社
ラス・カサス『インディアス史』岩波文庫
エリック・ラーソン『第三帝国の愛人』岩波書店
S・ランシアン『十字軍の歴史』河出書房新社
ヨルゲン・ランダース『2052』日経 BP 社

ティエリー・ランツ『ナポレオン三世』文庫クセジュ
ジョン・リード『世界をゆるがした十日間』岩波文庫
ルイーズ・リヴァシーズ『中国が海を支配したとき』新書館
リヒトホーフェン『リヒトホーフェン日本滞在記』九州大学出版会
アシル・リュシエール『フランス中世の社会』東京書籍
リンドレー『太平天国』東洋文庫
ジャック・ル=ゴフ『中世の身体』藤原書店
ルソー『エミール』岩波文庫
ルソー『社会契約論』岩波文庫
ルソー『人間不平等起原論』岩波文庫
マルティン・ルター『キリスト者の自由・聖書への序言』岩波文庫
マルティン・ルター『現世の主権について』岩波文庫
H・ルフェーヴル『パリ・コミューン』岩波文庫
トビー・レスター『第四の大陸』中央公論新社
マーカス・レディカー『海賊たちの黄金時代』ミネルヴァ書房
ギヨーム=トマ・レーナル『両インド史』法政大学出版局
レーニン『帝国主義』岩波文庫
トレヴァー・ロイル『薔薇戦争新史』彩流社
ユージン・ローガン『アラブ 500 年史』白水社
ジョン・ロック『統治二論』岩波文庫
フランシス・ロビンソン『ムガル皇帝歴代誌』創元社
ブルース・ローレンス『コーラン』ポプラ社
スタンリー・ワイントラウブ『ヴィクトリア女王』中央公論社
『アラビアン・ナイト』東洋文庫
『現代の起点　第一次世界大戦』岩波書店
『元朝秘史』岩波文庫
『資料　フランス革命』岩波書店
『東アジア近現代通史』岩波現代全書

國家圖書館出版品預行編目 (CIP) 資料

世界史躺著讀 II : 從文字的誕生到現代世界的形成 , 輕鬆掌握
人類文明 5000 年 / 出口治明著 ; 陳心慧 , 郭清華 , 黃琳雅譯 .
-- 二版 . -- 新北市 : 遠足文化事業股份有限公司 , 2023.05
384 面 ; 12.8×19 公分

譯自 : 「全世界史」講義 . II, 近世 . 近現代編 : 教養に効く !
人類 5000 年史

ISBN 978-986-508-215-4 (平裝)

1. CST: 近代史　2. CST: 現代史　3 .CST: 世界史
712.4　　112007017

世界史躺著讀II

從文字的誕生到現代世界的形成，輕鬆掌握人類文明5000年

「全世界史」講義 II 近世・近現代編：教養に効く！人類5000年史

作　　者 —— 出口治明
譯　　者 —— 陳心慧、郭清華、黃琳雅

執 行 長 —— 陳蕙慧
資深主編 —— 賴虹伶
責任編輯 —— 郭昕詠（初版）、賴虹伶（二版）
封面設計 —— ivy_design
內頁排版 —— 簡單瑛設
行銷企畫 —— 陳雅雯、余一霞、趙鴻祐、林芳如、張偉豪

社　　長 —— 郭重興
發 行 人 —— 曾大福
出 版 者 —— 遠足文化事業股份有限公司
地　　址 —— 231 新北市新店區民權路 108-2 號 9 樓
電　　話 —— (02)2218-1417
傳　　真 —— (02)2218-8057
客服信箱 —— service@bookrep.com.tw
郵撥帳號 —— 19504465
客服專線 —— 0800-221-029
部 落 格 —— http://777walkers.blogspot.com/
網　　址 —— http://www.bookrep.com.tw
法律顧問 —— 華洋法律事務所 蘇文生律師
印　　製 —— 呈靖彩藝有限公司

定　　價 —— 400 元
二版一刷 —— 2023 年 5 月
I S B N —— 978-986-508-215-4 (紙本)
978-986-508-219-2 (PDF)
978-986-508-220-8 (EPUB)

Printed in Taiwan